民间融资的刑事法网研究

刘媛媛　王立争　著

南开大学出版社
天　津

图书在版编目(CIP)数据

民间融资的刑事法网研究 / 刘媛媛，王立争著. —
天津：南开大学出版社，2017.6
ISBN 978-7-310-05390-2

Ⅰ. ①民… Ⅱ. ①刘… ②王… Ⅲ. ①企业融资—刑事犯罪—研究—中国 Ⅳ. ①D922.291.914

中国版本图书馆 CIP 数据核字(2017)第 133287 号

南开大学出版社出版发行
出版人:刘立松
地址:天津市南开区卫津路 94 号　　邮政编码:300071
营销部电话:(022)23508339　23500755
营销部传真:(022)23508542　　邮购部电话:(022)23502200
*
唐山新苑印务有限公司印刷
全国各地新华书店经销
*
2017 年 6 月第 1 版　　2017 年 6 月第 1 次印刷
230×160 毫米　16 开本　13.75 印张　2 插页　193 千字
定价:42.00 元

如遇图书印装质量问题，请与本社营销部联系调换，电话:(022)23507125

教育部人文社会科学研究青年基金项目
《现代金融体系语境下民间融资刑事法网的建构》
（13YJC820055）

目　录

第一章　民间融资与刑法的交织 …… 1

第一节　民间融资刑法规制的理论回顾与展望 …… 1

第二节　民间融资刑法规制的社会背景：金融危险 …… 11

第二章　民间融资刑事法网的理念塑造 …… 23

第一节　风险社会的兴起与民间融资刑事法网的理念转换 …… 23

第二节　刑法谦抑性与民间融资刑事法网的理念更新 …… 35

第三章　民间融资刑事法网的中心犯罪：非法吸收公众存款罪 …… 50

第一节　非法吸收公众存款罪中“公众”及“非法吸收公众存款”的认定 …… 50

第二节　非法吸收公众存款罪的犯罪属性辨析 …… 58

第三节　非法吸收公众存款罪中“扰乱金融秩序”的判定 …… 64

第四节　非法吸收公众存款罪的总体思考 …… 68

第四章　民间融资刑事法网与周边犯罪 …… 83

第一节　民间融资与洗钱罪 …… 83

第二节　民间融资与逃税罪 …… 89

第五章　民间融资中的暴力型犯罪：以绑架罪为例 …… 98

第一节　绑架罪立法概况 …… 98

第二节　绑架罪的罪名与罪数 …… 111

第三节　绑架罪的死刑适用问题 …… 124

第六章　民间融资刑事法网的刑罚适用 …… 145

第一节　酌定减轻处罚权与民间融资犯罪的刑罚改革 …… 145

第二节　减轻处罚在民间融资犯罪中的具体适用 …… 162

第三节　减刑制度在民间融资犯罪中的具体适用 …………………… 170
第四节　民间融资犯罪中宽严相济刑事政策的贯彻 ……………… 180
主要参考文献 ………………………………………………………… 199
后　记 ……………………………………………………………… 211

第一章

民间融资与刑法的交织

第一节　民间融资刑法规制的理论回顾与展望

民间融资问题是集法制性、经济性、社会性于一体的体制和机制创新问题。我国对民间融资的研究始于20世纪90年代后期，近年来，随着民间融资的日渐活跃，学界对该问题的研究呈较快的上升态势。民间融资刑事法网构建问题也受到了刑法学界的重视，学界对刑法在民间融资中的应有地位和作用问题进行了较为深入的研究，为构建科学、合理的民间融资刑事法网体系奠定了理论基础。本节就民间融资刑法规制问题的理论研究进行回顾，并对其未来面临的课题进行了展望。

一、民间融资刑法规制一般性问题研究的理论梳理

民间融资刑法规制问题的研究，主要有两种研究思路：一种是从类罪角度，对非法集资类犯罪的行为表现、刑法介入限度等问题展开研究，属于对民间融资刑法规制一般性问题的研究；二是从个罪角度，主要对非法吸收公众存款罪、集资诈骗罪等犯罪的构成要件、刑事处罚、立法完善等问题进行研究，属于对民间融资刑法规制具体路径的

研究。下面首先对前一问题的研究情况进行梳理。

（一）非法集资类犯罪的行为特征

非法集资行为的基本内涵和构成条件，在2011年1月4日施行的《最高人民法院关于审理非法集资刑事案件具体应用法律若干问题的解释》（以下简称《非法集资刑事案件解释》）中有明确的规定。依该司法解释第1条的规定，非法集资是指“违反国家金融管理法律规定，向社会公众（包括单位和个人）吸收资金的行为”。《非法集资刑事案件解释》的起草者依据上述规定，将非法集资行为的特点概括为非法性、公开性、利诱性以及社会性四个方面，[①]有的学者则将其概括为非法性、回报性和社会性三个特征。[②]所谓回报性，实际上与利诱性的基本意蕴是一致的，差别在于是否承认公开性为非法集资行为的属性。有的学者则认为，集资性和公开性应成为认定非法集资行为的关键要素，而非法性要件只是认定非法集资活动的辅助要件，因为只有在相关交易活动被认定为构成公开集资行为时，才需要讨论该行为是否经过有权机关批准，或者是否合法。[③]本书基本赞同这一观点，同时认为，民间融资的公开属性，必然使其具有面向社会的特性，因而在公开性和社会性之间择一作为民间融资的基本属性即可。

在非法集资行为的诸多属性中，关于公开性问题，理论界争议较多，概括而言，主要有两种观点：一种观点认为其应符合三方面的特征，一是募集资金的对象具有多维性，包括亲戚，朋友，亲戚、朋友介绍的人以及陌生人；二是募集资金的对象具有可变性，其范围可随着行为人社交圈的大小、信誉的好坏、利率的高低而变化；三是募集的资金对象具有逐利性，其看重的是集资者承诺的高额经济利益。[④]另一种观点则主张从吸收资金的主观态度、方式、对象三个层面出发来认定公开性：就吸收资金的主观态度而言，非法集资者吸收资金没有特别的指向；就吸收资金的方式而言，如果集资者是通过公开宣传的

---

① 刘为波.《关于审理非法集资刑事案件具体应用法律若干问题的解释》的理解与适用[J].人民司法，2011（5）.

② 李晓强. 集资类犯罪研究[D]. 济南：山东大学，2012：14.

③ 彭冰. 非法集资行为的界定[J]. 法学家，2011（6）.

④ 董福庆. 非法吸收公众存款犯罪初探[J]. 辽宁警专学报，2009（6）.

方式来吸收资金，就可以认定其在主观上具有向不特定对象吸收资金的故意；就吸收资金的对象而言，如果其已经明显超出亲友、熟人范围，就可以认定为非法集资。[①]前一种观点注重从被集资人的角度进行分析，后一种观点则倾向于从集资人的角度进行分析。

（二）非法集资行为的刑法介入限度

刑法作为社会的最后一道防线，如何介入非法集资行为，其具体限度如何确定，是刑法学界关注的重点。从近年来的研究成果来看，较为倾向性的主张是要适度控制刑法的介入程度，不能盲目扩大刑法的打击面。由此，学界对我国现行刑法所持的严惩非法集资行为的立场进行了较为深入的反思。

从刑法的基本属性来看，严惩非法集资行为有违刑法的谦抑性。刑法谦抑性的基本内涵，学界表述不一，但均强调刑法的最后手段性。本书认为，谦抑性所要求的刑法的消极性、内敛性、补充性，对于重刑主义传统盛行的中国刑法具有不可忽视的历史进步意义，尤其与时代背景下的人权保障、宽严相济刑事政策等的内核不谋而合，应当予以充分肯定。[②]而我国的民间金融繁荣是金融压抑的必然结果。从经济学意义上讲，金融压抑扭曲了资金配置。[③]因此，学界认为，将有正当需求的集资行为定性为犯罪，粗暴地禁止所有未经批准的集资活动，就势必无法满足我国经济持续发展所产生的合理资金需求，也无法为今后民间融资合法化预留空间，更不符合保护投资者利益的公共政策。[④]因此，基于刑法谦抑性的考量，有必要对现行刑法对民间融资的过度介入进行修正。

就刑法的基本原则来看，刑法对民间融资的过度介入，有违罪刑法定原则。有的学者指出，由于金融监管部门和司法部门并不希望大量对社会秩序有着潜在威胁的集资行为游离于刑事法网之外，因此在司法实践中采用了对非法集资行为进行背离其原意的扩张解释这一

① 李勋文．金融危机背景下如何处理民间融资与非法集资的界限[J]．法制与社会，2009（22）．

② 刘媛媛．刑法谦抑性及其边界[J]．理论探索，2011（5）．

③ 刘媛媛．论非法吸收公众存款罪的立法完善[J]．浙江金融，2007（9）．

④ 刘宪权．刑法严惩非法集资行为之反思[J]．法商研究，2012（4）．

“变通做法”。在非法集资案件中，金融监管部门在法律定性环节中具有较强的话语权，往往集资者是否被检察机关起诉以及是否被法院定罪，在很大程度上取决于银行业监管部门最初是否认定其集资行为属于非法集资。在由公安机关、金融监管部门、检察机关和法院所协同构建的打击非法集资“流水作业线”的操作过程中，法院在一定程度上主要扮演配合行政执法者打击非法集资行为的角色，因而“罪刑法定原则”被有意无意地忽略似乎也就成了常态，毕竟维护金融和社会秩序的稳定才是当务之急。[①]为了维护罪刑法定原则，我们有必要对这种行政权力实质刑事化的做法进行反思，从而守护刑法的精神。有的学者进而将刑法介入民间金融活动概括为逐步放宽和完善前置立法两个原则，[②]本书认为，上述两项原则，也应当以不违反罪刑法定原则为前提。

二、民间融资刑法规制个罪问题研究的理论梳理

非法集资涉及非法吸收公众存款罪、集资诈骗罪、擅自设立金融机构罪、擅自发行股票及公司企业债券罪、非法经营罪、虚假广告罪等诸多罪名，目前，学界对其中涉及的两项主要罪名——非法吸收公众存款罪和集资诈骗罪进行了较深入的研究。

（一）非法吸收公众存款罪研究的理论梳理

1. 关于本罪中“公众”的认定标准

一般认为，所谓公众，就是社会上较大范围不特定多数的储户。而虽然只吸收了少数几个储户的存款，但如果吸收的资金达到一定的数额标准，也应当认为是非法吸收公众存款。[③]有的学者认为，如果集资人在集资之初就已经将集资对象限定于亲友、单位内部人员，由于其不具有随时向多数人扩展的危险性，不能认定其向公众吸收存款。[④]有

① 黄韬. 刑法完不成的任务——治理非法集资刑事司法实践的现实制度困境[J]. 中国刑事法杂志，2011（11）.

② 杨兴培，刘慧伟. 论刑法介入民间金融活动的原则和界限[J]. 海峡法学，2012（3）.

③ 赵秉志. 新千年刑法热点问题研究与适用（下）[M]. 北京：中国检察出版社，2001：804.

④ 刘仁文，田坤. 非法集资犯罪适用法律疑难问题探析[J]. 江苏行政学院学报，2012（1）.

的学者则认为，在人数多且特定的情况下，如果否定其公众特征可能会不适当地排除对某些具有实质违法性行为的处罚。[①]本书认为，立法之所以规定非法吸收公众存款并处以严厉的刑罚，就是基于其指向的对象具有不特定性，广大公众参与非法吸收存款，容易造成资金运作的风险，即使短期内没有出现明显的危害结果，但其潜在的危害仍是不可忽视的，因而公众的不特定性特征是本罪的必要构成要素。

有的学者将认定“公众”的标准归纳为如下两方面：一方面，行为指向的对象具有广泛性，即非法吸收公众存款的行为对象——存款人必须具有众多性；另一方面，行为方式具有公开性，即非法吸收存款是通过向社会公开的方式进行的。公开性并不一定要求行为人必须是大张旗鼓地进行宣传，吸收公众存款因其非法性反而更多采用较为隐蔽的手段进行，只要出于吸引更多存款的目的，在公众之间形成信息的广泛传递，就可以认定为带有公开性。从实践来看，体现公开性的向社会不特定对象吸收存款的形式通常有两种：一是通过公开张贴告示、通知等方式招揽存款；二是发动亲友到处游说，广泛动员他人参加吸储。[②]

2. 关于本罪的成立是否需要特定目的

对于非法吸收公众存款罪的成立是否需要特定目的，学界存有不同观点。第一种观点为特定目的必要说。此说从存款的特定含义出发，认为应当区分存款与借款，存款是特定的金融活动，而借款则不具有这样的目的。只有以发放贷款为目的的吸收资金才是侵犯了金融机构特定的活动，才能称之为扰乱了金融秩序，才能被认定为吸收公众存款。第二种观点是特定目的不必要说。此说认为刑法对本罪的规定并未强调行为人的犯罪目的，关键在于行为人的行为本身违反了金融管理法规，从而对金融秩序造成了实际的侵害或有侵害的危险。大多数学者持这种观点。[③]

---

① 谢望原，张开骏. 非法吸收公众存款罪疑难问题研究[J]. 法学评论，2011（6）.

② 刘媛媛. 论非法吸收公众存款罪的认定[J]. 浙江金融，2010（11）.

③ 赵秉志，万云峰. 非法吸收公众存款罪探讨[J]. 人民司法，2004（2）.

3. 关于“扰乱金融秩序”在本罪法条中的地位

现行刑法明确将“扰乱金融秩序”规定在非法吸收公众存款罪的罪刑规范中，对此应如何理解，学界认识不一。一种观点认为，不宜将“扰乱金融秩序”理解为客观要件。任何非法吸收公众存款的行为都扰乱金融秩序，不存在不破坏金融秩序的非法吸收公众存款行为。另一种观点认为，“扰乱金融秩序”是本罪的必要要件。换言之，本罪是结果犯，行为人实施了非法吸收公众存款的行为，要达到扰乱金融秩序的程度，才能够认定为本罪。[①]本书基本同意后一种观点，认为本罪中的扰乱金融秩序既是对行为的描述，同时又是对危害结果的描述，具体探讨，留待后面的章节详细展开。

4. 关于本罪的完善问题

非法吸收公众存款罪，在确立初始的确发挥了重要的作用，但是随着民间借贷日益频繁，其现行规定的合理性和时代性值得深入思考。对此，学者认为，应从该罪保护的法益出发，同时从行为主体的不同和行为目的的不同，对本罪进行剥离，将其分为两个法条（即非法吸收公众存款罪和非法集资罪）、三种情况分别处理。其一，金融机构违反国家金融管理制度，非法吸收公众存款、扰乱金融秩序的行为，归入非法吸收公众存款罪；其二，对于实际上没有合法主体资格的个人或者单位吸收公众资金用于发放贷款的，应以非法吸收公众存款罪论处；其三，对于没有合法主体资格的个人或者单位吸收公众资金用于生产经营等其他发放贷款以外的合法用途的，不应定非法吸收公众存款罪。[②]

（二）集资诈骗罪研究的理论梳理

资料显示，2004 年至 2007 年，集资诈骗案件呈“低位平稳运行”态势。自 2008 年起，案件量开始大幅增长，2012 年与 2007 年相比，增长 3.29 倍，年均增长 33.78%，远远高于全部刑事案件 6.60% 的年均增长率。2012 年，案件同比增长 69.01%，达到历史最高点。[③]伴随着这一快速增长的趋势，集资诈骗罪也从之前不受刑法学界重视的阴

---

① 赵秉志，万云峰. 非法吸收公众存款罪探讨[J]. 人民司法，2004（2）.

② 刘媛媛. 论非法吸收公众存款罪的立法完善[J]. 浙江金融，2007（9）.

③ 闫平超. 2003 年至 2012 年全国法院审理集资诈骗案件情况分析[J]. 法制资讯，2013（12）.

影中走出，逐渐成为个罪研究的一个重要领域。尤其是“吴英案”发生之后，围绕吴英行为的认定，刑法学界发表了多种不同的观点，从而使对集资诈骗罪的研究逐步走向深入。

1. 关于本罪“以非法占有为目的”的认定

现行法律要求集资诈骗罪必须以非法占有为目的，然而，围绕以非法占有为目的的认定问题，刑法学界历来存有较大争议。有的学者认为，集资诈骗罪中的“非法占有目的”是指行为人在主观上具有将非法募集的资金据为己有的目的；①有的学者则认为，“非法占有目的”是指行为人在主观上具有将非法集资的资金占为己有的目的。②关于非法占有目的产生的时间点，既可以产生于集资前，也可以产生于集资过程中。而针对“集资过程中”，有两种理解方式。一种观点认为，只要集资过程中产生非法占有目的，便将整个集资过程认定为具有非法占有目的，继而将全部集资款项计入集资诈骗罪数额之内。另一种观点认为，对集资过程中产生的非法占有目的，应具体分析产生时间。该故意产生之前获取集资款的行为，由于不存在故意，不得认定为集资诈骗罪，构成其他罪的，按他罪认定。由于对行为中产生的非法占有目的，会导致该目的产生前和产生后罪名认定的区别，以此产生罪名竞合和罪数形态认定的问题。③

2. 关于本罪的对象范围

一般认为，集资诈骗罪的对象为社会公众，而此处的社会公众如何理解，理论上却有不同认识。传统刑法一般将其理解为“不特定的多数人”，如有的学者认为，“非法集资行为针对的对象是社会上不特定的多数人，而不是本单位内部的人或少数特定的人”。④在此基础上，学界进一步将其作为集资诈骗罪与普通诈骗罪的主要区别之一，认为集资诈骗罪侵害的对象具有不特定性和广泛性，而诈骗罪侵害的对象一般是特定人的财物。⑤也有学者对此持有不同意见，认为作为集资

---

① 曹子丹，侯国云．中华人民共和国刑法精释[M]．北京：中国政法大学出版社，1997：175.
② 王作富．刑法分则实务研究[M]．北京：中国方正出版社，2010：564.
③ 侯婉颖．集资诈骗罪中非法占有目的的司法偏执[J]．法学，2012（3）.
④ 高铭暄，马克昌．刑法学[M]．北京：北京大学出版社，高等教育出版社，2007：493.
⑤ 熊选国，任卫华．刑法罪名适用指南[M]．北京：中国人民公安大学出版社，2007：76-77.

诈骗罪对象的“社会公众”应当是指不特定人或者多数人，而不是“不特定多数人”。只要是向多数人实施集资诈骗行为，就会对金融管理秩序造成破坏，因而可以构成集资诈骗罪。①在集资诈骗罪的认定上，对象范围是否特定不具有决定性的意义。因此，集资诈骗罪中作为对象的“社会公众”的核心在于其“多数性”，而不是其“不特定性”。②

3. 关于本罪的死刑适用问题

在我国当前死刑适用范围逐渐限缩的背景下，关于集资诈骗罪中的死刑适用问题，刑法学界多主张予以废止。其理由主要包括如下几个方面：一是从扰乱金融秩序角度，认为金融的垄断经营导致民间融资的无序与混乱，集资诈骗犯罪的发生，社会本身有一定的责任。在此背景下，将所有的责任让行为人个人承担，且承担的是生命刑的代价，违反罪责刑相适应原则。③二是从社会危害性来看，集资诈骗罪的社会危害性未必大于票据诈骗罪、金融凭证诈骗罪、信用证诈骗罪。后三者的死刑已被《刑法修正案（八）》废止，在这种背景下，对集资诈骗犯罪适用死刑，已失去了公正性。④三是从犯罪原因上看，集资诈骗罪的犯罪分子之所以能够得逞，其中的主要原因在于被害人的“配合”，在被害人与犯罪人之间形成一种“各取所需”的互动模式。虽然被害人一定的过错绝对不能成为免除犯罪分子刑事责任的理由，但是对集资诈骗罪的犯罪分子不配置死刑，符合刑事法立法中对被害人有明显过错的犯罪一般不配置死刑的惯例。⑤因此，废止集资诈骗罪中的死刑适用，应成为未来刑法的立法趋势。

三、民间融资刑法规制问题研究的展望

通过对近年来民间融资刑法规制问题研究的简要回顾可以发现，

---

① 张明楷. 诈骗罪与金融诈骗罪研究[M]. 北京：清华大学出版社，2006：499.

② 张建，俞小海. 诈骗罪对象研究中的认识误区及其辨正[J]. 中国刑事法杂志，2011（6）.

③ 蔡道通. 死刑刑事政策视野下的集资诈骗罪死刑适用正当性质疑[J]. 法学论坛，2013（6）.

④ 刘远. 集资诈骗罪的死刑适用[J]. 华东政法大学学报，2011（5）.

⑤ 董文辉，孙志华. 论集资诈骗罪死刑的配置旨趣及最终命运[J]. 黑龙江省政法管理干部学院学报，2012（3）.

民间融资活动所赖以存在的社会背景虽已为学界所关注，但研究还远远不够深入，尤其是我国金融体系的变迁对民间融资活动的影响以及所引发的刑法规制限度问题，学界尚未展开系统分析；在研究内容上，则多关注非法吸收公众存款罪、集资诈骗罪等个罪的规范解释问题，缺乏对国外相关立法的全面考查，而对于民间融资活动中刑法与行政法、经济法、商法等相关法律之间的衔接，学界尚未给予应有的重视。未来学界对民间融资刑法规制问题的研究应克服上述缺陷。

（一）将民间融资刑法规制问题置入现代金融体系的语境下进行研究

党的十七大报告提出，推进金融体制改革，发展各类金融市场，形成多种所有制和多种经营形式、结构合理、功能完善、高效安全的现代金融体系；十八大报告中进一步明确了要健全促进宏观经济稳定、支持实体经济发展的现代金融体系。现代金融体系的建构过程中，必须对民间融资问题给予法律上的回应。民间融资是与正规融资比较而言的，主要是指未在工商部门登记注册而从事的各类资金融通活动。目前，我国各类民间融资已经达到上万亿规模，作为现代金融体系中不可或缺的一部分，其正发挥着越来越重要的作用，也引发了大量的社会问题。民间融资身份灰色而发展红火，融资风险的蔓延招致了政府对民间融资的严控。在当前的法律背景下，民间融资不论采用何种形式，都有可能触犯刑法中规定的非法吸收公众存款罪等非法集资类犯罪。近年来，民间融资刑事大案要案频繁发生。随着民间融资的规模和影响逐步扩大，部分城市开始了积极的探索，如天津市产权交易中心建立国内首个私募基金股权交易市场，以期为民间融资提供有效的投资平台。目前主管部门针对其中涌现的大量问题多从金融制度等方面进行规制，而相关立法却没有得到及时的跟进和完善。

由于我国法律规定不完善，一些正常的民间融资行为在我国可能触犯刑法中的相关犯罪，这与世界金融监管对民间融资的整体宽容趋势相悖。随着我国经济的发展和金融体制的改革，学界关于民间融资合法化、阳光化的呼声越来越高；另外，民间融资在融资链条断裂后带来的各种社会乱象以及近年来泡沫资本与不规范的民间融资引发的连锁不良反应现象越来越严重，又亟须刑法在适当的情形下介入民间融资。在我国构建现代金融体系的进程中，如何在民间融资的金融引导与刑法干预之间找到适当的平衡点，应当成为学界重点关注的课题。

（二）对民间融资刑法规制问题的研究内容进行细化

本书认为，民间融资的刑法规制问题涉及内容广泛，既有研究成果仍然存在不少缺陷。未来学界应当重点从以下几个方面对该问题展开研究。

一是民间融资刑事法网建构的基本理念研究。基本理念的确立对刑事法网构建的广度及深度均有本质影响，不同的基本理念将直接导致刑事法网的边界确定。在基本理念的确定中，应主要结合建立现代金融体系的社会背景，在金融安全与金融效率、资本发展与法律规制、法益保护与自由保障等基本价值诉求之间进行权衡，从而达到适度圈定金融犯罪、合理引导民间融资、有效防范资本风险、优化配置金融资源的目的。

二是民间融资刑事法网建构的比较法研究。学界有必要系统梳理国外民间融资的产生背景、发展历程、现有状况及未来趋势，全面总结民间融资在资本运作和经济发展中的利弊优劣，进而全面考察国外对民间融资的刑事法律规制体系，为我国相关法律的完善提供借鉴。此外，还应就国外建构刑事法网时应重点关注的具体融资形式如美国的小额贷款公司、民间投资担保公司，韩国的信用合作社、合作金库等进行考察，研究其补充正规金融项目、提高金融市场效率、促进经济社会发展的金融机理，从而为民间融资刑法规制广度问题的研究提供金融参照。

三是民间融资刑事法网建构的广度与深度研究。即主要研究民间融资刑事法网的外延划定及刑罚配置。外延划定主要探讨入罪和出罪。一方面，结合民间融资影响国家货币政策实施、诱发道德风险、扰乱金融秩序等负面效应，对于金融传销、暴力催收导致的人身伤害、非法吸收公众存款、集资诈骗、高利转贷、洗钱等行为如何纳入刑事法网进行研究；另一方面，结合严密的刑事法网窒息社会资本活力、妨碍社会发展等弊端，对由于经济体制等客观原因而被迫违规的民间融资行为如何出罪化进行研究，从而合理地配置刑法资源，恰当地划定犯罪圈。刑罚配置主要研究民间融资犯罪的罪刑均衡问题，以金融犯罪的本质特征为出发点，以其社会危害性为衡量基准，结合刑罚配置的基本规范，研究如何设置民间融资犯罪的刑罚种类及限度。

四是民间融资刑事法网建构的其他相关法律问题研究。例如，民间融资刑事法网建构过程中，如何协调其与国家金融政策之间的关系，金融政策如何上升为刑法规范；民间融资刑法规制体系如何与经济法、商法、行政法等相关法律协调；民间融资法律规制体系的立法模式如何选择，是制定系统的民间融资法，还是维持现行的分散式立法模式；未来可能出现的民间融资模式将对刑事立法产生怎样的冲击，刑事立法如何面对这些冲击，如何建立前瞻性制度等。

通过对上述问题的系统性研究，可以使我国民间融资刑事法网的建构既符合现代金融的发展趋势，又与刑法的基本理念、价值追求、规范目的相一致，为构建科学、合理的民间融资刑事法网奠定理论基础。

第二节　民间融资刑法规制的社会背景：金融危险

民间融资之所以受到刑法的高度关注，与其可能引发的金融危险具有紧密的联系。金融秩序的正常运转，关乎国民经济的发展大计，金融秩序的崩溃，不仅会产生金融动荡，引发金融危机，更会直接危及国家的经济安全。因此，保持金融秩序的规范化运行，是各国法律包括刑法在内所关注的重点领域。本节以金融危险为切入点，就刑法规制民间融资的社会背景进行了分析。

一、刑法视野下危险的内涵

从逻辑上讲，金融危险为危险的下位概念，因此，有必要先就刑法视野下的危险内涵进行探讨。对于刑法中“危险”的含义，当代各国刑事立法均没有明确的界定。但是依照现代刑事法治的基本理念与价值判断，危险与实害作为相对应而存在的概念，在各国刑法理论中已被普遍接受。在传统刑法中，刑法的目的是保护法益，行为对法益造成了实质性的侵害成为刑法介入的必要条件。如果没有发生实质损害，那么刑法所保护的法益就没有受到侵害，因而刑法的介入就不存在必要性。随着社会的变迁与发展，法益的内涵也在不断演化，除了包含实害之外，还意味着危险。相对应的，刑法的介入时间也在发生变化，其对危险的规制即是在实害结果发生之前就对法益进行保护。需要研究的是，这种情况下的刑法介入应当存在合理的契机。因为危险的存在与否不仅是判断罪与非罪行为的界限，成为划定犯罪圈的最外层标准，危险的判断也成为国家刑罚权发动的必要条件。

刑法对于某些重要的法益或社会关系采取了有别于一般法益的特别严密的保护方法，如国家政权、社会的公共安全、特定的社会经济秩序等。这些特定的法益一方面具有重大性，一旦受损将会给国家或社会造成不可估量的损失，可能造成严重的社会不稳定，严重危及国计民生，造成极其恶劣的社会影响，动摇社会和谐稳定的根基；另一方面其针对的对象具有不特定性或多数性，或至少存在向不特定或多数发展的可能性。对于上述这些特殊的法益来说，只要行为使其处于一种将要遭受实质损害的状态之下，在实害结果尚未发生之时，即可认定行为对法益造成了危害，已经足以证明这种可能性本身就具有严重的社会危害性。刑法理论由此将这种有别于实际损害的可能性或可能状态称之为“危险”。

日常生活中的危险常与灾难、损失或失败相关，在危险与犯罪相结合的场合下，即成为刑法中的危险问题。因此在刑法中，危险是一个相对抽象的概念，意味着一种状态，是相对于已经发生的实际损害而独立存在的。关于危险的概念，在迄今为止的外国刑法理论中，从不同的研究视角和研究重点来看，主要有以下三种不同理论学说。

第一种是行为人危险说。这种学说认为危险的研究应当以行为人的危险性格为研究视角，重点研究行为人的危险性和反社会性；认为行为人的危险性可以从两个方面界定，即从未实施过犯罪者的犯罪可能性和已经实施过犯罪者的再次犯罪可能性，[①]也可以归纳为初犯可能性与再犯可能性。这种研究视角主要由倾向于主观主义刑法理论的学者所主张，从处罚的根据来看，行为人所反映出的危险性成为主要的考虑因素。

第二种为行为危险说。强调行为本身对法益造成了实害危险，把这种危险状态作为处罚根据，危险犯的成立即以危险的发生为条件，实害结果的发生与否，不会有实质影响。可以看出，这种研究视角更多从行为无价值论出发，通常与结果无价值论的观点相左，对危险的结果属性持明确的否定态度。刑事法律规范的目的并不在于扬善，而在于惩恶，即不在于借此教育培养公民的善良品德和保护社会的伦理道德，而在于尊重个人人格，对其行为造成的危害给予惩戒，以保护法益不受侵害。

第三种是结果危险说。即危险应当是结果所包含的危险，危险的根本特征应当是行为实施后所引发的、已经脱离行为本身而独立存在的结果。这也是大陆法系刑法理论的主流观点。从实质意义上说，结果是对法益的侵害与法益侵害的危险，也可以说是对法益的侵害与威胁。[②]这种研究视角无疑将危险与实害作为结果的并列下属概念来理解，认为危险本身也是一种结果。[③]按照这种观点，行为对法益仅造成了危险状态，但这种危险状态已经独立于行为本身，已经表现为犯罪构成中的结果的一种。

本书认为，上述第一种学说将行为人的危险性格作为处罚根据，虽然这种危险性格应当在行为违法性的主观违法要素中进行考虑，同时也有学者认为行为人的危险性是行为的危险性的一部分，或行为人的危险是行为危险的源泉，[④]但终因其主观主义的刑法理论背景而被多数学者逐渐舍弃。第二种观点主张对行为的危险性予以处罚，认为

---

① [日]野村稔. 刑法中的危险概念[M]. 北京：中国法律出版社，1997：270.
② 李海东. 日本刑事法学者（上）[M]. 北京：中国法律出版社，1995：279.
③ 陈兴良. 本体刑法学[M]. 北京：商务印书馆，2001：480.
④ 张德友. 不能犯——刑事上的法外空间[M]. 长春：吉林人民出版社，2002：113.

危险分类中的具体危险和抽象危险都属于行为的危险而非结果的危险。具体危险与抽象危险在判断方法上是一致的，即均以行为时的客观事实为基础来认定是否已经造成了法益受侵害的危险状态，二者的区别仅在于危险所引起的实害结果发生的可能性高低不同。[①]这种学说立足于行为本身，如果没有行为就没有危险，在此意义上相对于倾向主观主义的行为人危险说而言，具有相对的合理性，但并未在学界得到多数认同。在第三种学说的背景下，危险被认定为一种可能性，这种可能性相对于行为人及其行为而言，是独立存在的，也是可以被感知和测量的。本书认为，行为在客观上对法益造成侵害的危险，即侵害法益的可能性与盖然性，又可分为行为的危险与结果的危险。前者是行为本身所具有的引发实害结果发生的可能性，因而也可以称为行为的属性；后者是行为所造成的对法益的威胁状态。根据这种思路，行为的危险，作为行为的属性，不属于结果，而作为结果的危险，是行为所造成的一种可能侵害法益的状态，因而属于结果。[②]从司法实践的角度来看，有时难以也没有必要对二者做出泾渭分明的区分。

可以说，“危险”一词已在刑法中广泛运用，但在不同的语境中含义并不相同。如何表述刑法中危险的概念，在刑法理论上还未形成相对统一的观点。在国外刑事立法中，涉及危险概念的，也仅有德国旧刑法第 31 条第 3 款规定的公共危险的概念。根据这一规定，对个人生命或财产造成危险而侵害公共法益的，可以认定为造成公共危险。该条规定虽然针对的是故意使交通工具陷于危险状态而设定，但德国学者却将其视为危险概念的一般规定，[③]在研究其他与危险相关的概念时也借鉴了这一含义。我国的刑事立法中也并未规定危险的概念，而是在具体罪名中涉及了危险的认定及判断，也针对特定法益规定了相应的危险犯，在危险犯的立法中规定了危险的内容，如放火罪、投放

---

① 高铭暄. 中国刑法学[M]. 北京：中国人民大学出版社，1989：100.

② 张明楷. 刑法学[M]. 北京：法律出版社，2007：153—154. 正如有学者所主张的，危险犯既遂形态中的危险是已经与行为分离的独立的状态，因而具有结果属性；行为犯既遂形态中的危险以及未完成罪中的危险仍然蕴含于行为自身之中而尚未与行为分离开来，因而属于行为本身的属性。王志祥. 危险犯研究[M]. 北京：中国人民公安大学出版社，2004：11.

③ 舒洪水. 危险犯研究[M]. 北京：法律出版社，2009：138.

危险物质罪、破坏交通工具罪、破坏交通设施罪等。常见的立法例如破坏交通工具罪中的"足以使火车……发生倾覆、毁坏的危险"，被认为是我国刑法通说中典型的危险犯的立法例。根据通说的这一观点，危险不仅是一种客观存在的危险状态，而且是一种判断，[①]即危害行为引发实害结果发生的一种判断上的可能性。

从前述三种不同的理论研究视角出发，众多刑法学者着眼于不同的角度研究刑法危险的具体内涵，其观点纷繁复杂，[②]乃至于为危险下定义本身成为一项危险的作业。本书认为，在研究刑法危险概念的具体内涵时，应当注意将其保持在恰当的范围内。如在第一种定义中，将出现实际损害的可能性均称作刑法中的危险，即存在对危险概念的扩大化危险，而第二种观点将实际损害的可能性限制在"高概率性"的范围之内，适当缩小了刑法介入的范围，较之第一种观点更为科学。另外，对危险的把握应具备一定的可操作性。如第二种观点中何谓"高概率性"即模糊不清，仅从数量上推断是否存在危险，而未能从事实本质上分析危险的属性。此外还应当注意，按照前文的分析，危险与实害共同作为结果的下位概念，其内涵均与法益紧密相关，因此，界定危险的具体内涵时，是无法将其与法益相剥离的，必须紧密结合法益这一基础概念展开研究。

综上所述，刑法中的危险可以理解为危害行为对法益产生的足以发生实际损害的现实可能性。具体而言，我们可以从以下三个方面进行理解：第一，刑法中的危险是一种现实可能性，是指客观事物联系、发展中合乎规律的趋向，在一定条件下是不可避免的一种客观存在。危险作为一种可能性的事实形态，虽然并非实质的损害，但也不是虚无缥缈的，可以依据具体的事实，根据一定的经验法则通过判断推理

① 马松建，史卫忠. 刑法理论与司法认定问题研究[M]. 北京：中国检察出版社，2001：221.

② 目前学者主要研究的是作为行为的危险与作为结果的危险，其定义主要有以下几种：第一种认为，危险是指出现实际损害的可能性。杨敦先. 改革开放与刑法发展[M]. 北京：中国检察出版社，1993：384. 第二种定义认为，危险是出现实际损害的实在可能性，其认定必须满足如下条件：行为指向的具体客体是现实存在的，在行为中蕴含着使客体受到侵害的因素，而没有受到实际侵害是由于外界因素的偶然介入等。鲜铁可. 新刑法中的危险犯[M]. 北京：中国检察出版社，1998：3—5. 第三种认为，危险是行为所导致的法益损害的可能状态。李海东. 刑法原理入门（犯罪论基础）[M]. 北京：法律出版社，1998：133.

将其状态描述出来。这种危险状态一旦出现，就是客观存在的。第二，刑法中的危险是“足以发生实际损害”的现实可能性，即在当时的情况下，发生实际损害的条件已经具备，如果不出现意外正常发展，实际损害必将出现。正是在此意义上，危险才被作为与实害并列的一种结果，由刑法进行规制。第三，刑法中的危险与法益概念紧密相关，不管是实质损害还是损害的危险状态，都是针对法益概念而言的，因此这一问题也关系到尚未造成实害的犯罪的可罚性根据、未遂犯与不能犯的区分、着手的认定等一系列问题。

二、金融危险的界定与特点

金融是现代经济的核心。在市场经济背景下，金融业得到充分发展，传统意义上的资金融通、货币经营等功能得到进一步发挥，除此之外，还融入了信息、风险等新的要素，成为利用信息、容纳风险、调控经济的重要手段。在这些功能与手段的发挥和运用过程中，各种危险不断产生，任何一个环节出现问题都可能会演化成一场全局性的危机。可以说，金融危险已经跨越了金融行业本身的范围，亟须刑法有所作为。

金融危险可以从以下角度进行界定，即在金融活动中，由于受到市场态势、经济形势、法律政策等因素的影响，使金融主体在金融活动中遭受损失的可能状态。从外延上看，由于金融活动的范围十分广泛，因而金融危险也相应存在于包括市场危险、信用危险、操作危险等在内的诸多领域。金融危险本身就是风险社会中的一种类型化危险，是由于金融市场自有危险、过度投机潜在危险、金融违法犯罪危险等不同层次的因素叠加在一起而形成的。正如最高人民法院曾经指出的，“金融风险突发性强、波及面广、危害性大，积极防范化解金融风险是金融工作的生命线”。[①]

概括而言，金融危险具有如下特点：

---

①《最高人民法院关于人民法院为防范化解金融风险和推进金融改革发展提供司法保障的指导意见》。

第一，渗透性。由于金融活动本身的复杂性及渗透性，个别金融机构、金融环节或金融主体出现的危机极易迅速扩散，传染到其他机构或环节，使得整个金融体系乃至整个国民经济受到影响，从而诱发经济危机。“1997 年的东南亚金融危机就是例证。1997 年 7 月至 1998 年 1 月仅半年时间，东南亚国家和地区造成经济损失就达 1000 亿美元，这些国家和地区出现了严重的经济衰退。”①可以说，金融危险对经济的破坏性与渗透性不啻于战争，有学者形象地比喻，现代经济已经进入了“核金融”时代，衍生金融工具已经发展到具有核武器的能量层次，具有毁灭性的冲击力。②各种经济问题首先会在金融体系内不断累积，当金融体系本身无法消化这些问题时，便通过各种途径渗透到其他领域。因此，即使具有健康经济的国家，也会被无孔不入的金融危险影响和拖累。

第二，难以预测性。从经济学的角度来看，经济发展尤其是金融业的发展本身存在一定的特征，金融危险的发生有一定的规律可循，基本遵循着孕育、积累、爆发、扩散、消退的过程；但就具体金融危险来看，其发生的原因、时间、地点、形式等并不能被准确预料，影响范围、危害程度、损害大小也很难做出确切的估算。

第三，非正规金融产生的危险比重较大。金融活动涉及的领域和种类十分繁多复杂，除了正规金融之外，大量非正规金融也发挥了重要作用，但与此同时，后者产生的危险在整个金融危险中也占据了重要比重。如非正规金融中的民间融资，其产生和发展具有一定的社会和历史原因，发挥了众多积极因素，但其产生的不利影响也十分明显。

一方面，民间融资活动对国家的金融政策带来了极大冲击。顾名思义，民间融资游离于国家金融管理部门的管理之外，属于在体制外循环运行，并未得到有效引导、监管与控制，因而部分资金可能流入金融机构原本不支持的行业，对国家的宏观调控政策产生诸多冲击与影响。民间融资的大量体制外流动又会影响国家对货币供应量的估算，从而难以决定和控制货币的有效供给，降低了国家宏观调控政策的有

① 徐燕. 我国金融风险成因分析与防范研究[J]. 北京：经济师，2009（7）.
② 陈松林. 中国金融安全问题研究[D]. 武汉：华中农业大学，2001：10.

效性，助长了金融危险的滋生。

另一方面，民间融资容易引发其他的违法犯罪活动。民间融资一般利率较高，以便吸收众多的参与者，随着融资活动的日益频繁和资金数量的增多，资金链条也日益增长，一旦断裂，势必引发严重的社会后果。民间融资的参与者由于追求暴利的目的驱动，极易导致投资冲动，遇到好处就会盲目跟进，而其自身抗风险能力较弱，风险防范意识不强，进一步增加了金融危险发生的可能性。游离于国家法律政策之外的民间融资往往处于地下状态，这种不透明性决定了民间融资常被用来进行金融诈骗等犯罪活动。正如有的学者所言，“如果诸如‘地下钱庄’‘私人银行’‘抬会’‘扛会’‘城会’进行故意诈骗或发生崩盘时，投资人往往会血本无归；如果贷款人无法偿还贷款，很容易遭受暴力逼债，其结果往往是家破人亡，导致另一种意义上的犯罪发生”。①

三、我国金融危险刑法规制的立法进程与基本表征

金融立法的主要着眼点是保证国家货币政策的稳定实施，加强金融监管，维护金融体系的安全运行，保持经济的稳定发展。从这个着眼点来看，维护国家的金融安全，是各国金融立法的基本要求，我国刑法也不例外。

中华人民共和国成立后直至改革开放初期，我国处于计划经济体制时期，在国家高度垄断经济的局面下金融体制十分单一，金融领域的法律也相应处于空白状态。1979 年刑法中仅有投机倒把罪等数个条文涉及金融危险的刑法规制。中华人民共和国成立初期的《妨害国家货币治罪单行条例》属于较早的有关规制金融危险的立法，主要是为了稳定物价和金融、经济秩序而出台。改革开放初期，随着经济体制的逐步转型，金融体制随之变动，金融活动亦日益活跃，在大规模法制建设的背景下，对于金融危险的规制也逐步完善。

---

① 杨兴培，刘慧伟. 论刑法介入民间金融活动的原则和界限[J]. 海峡法学，2012（3）.

20 世纪八九十年代以后，随着经济体制转型的深入开展，市场经济体制得到了进一步的确立与巩固。作为市场经济核心的金融业也开始了大规模的改革，金融活动开始细化、丰富，金融新生事物层出不穷，由此带来的金融要案也时有发生。在这种背景下，大量的金融立法应运而生，全国人大常委会于 1988 年通过的《关于惩治走私罪的补充规定》，增设了规制套汇行为的条文；1995 年的《关于惩治违反公司法的犯罪的规定》，增加了规制擅自发行股票或公司债券行为的条文；1995 年的《关于惩治破坏金融秩序犯罪的决定》又进一步规定了二十多个金融犯罪。此外，《中国人民银行法》《商业银行法》《票据法》《保险法》《担保法》《证券法》《信托法》《银行业监督管理法》等非刑事法律法规中也规定了规制金融犯罪的条款，形成规制金融犯罪的附属刑法。

1997 年刑法在分则第三章以破坏金融管理秩序罪和金融诈骗罪两节规定了一系列金融犯罪罪名，涉及的金融对象和金融行为均有大幅度增加，规制范围十分广泛，基本形成了我国金融安全刑法保护的体系。此后，在经济全球化趋势日益增加、金融创新日益加快、金融国际化日益密切的形势下，我国又逐步完善了其他金融立法体系。1998 年全国人大常委会通过了《关于惩治骗购外汇、套汇和非法买卖外汇犯罪的决定》，1999 年至今先后通过了八部《刑法修正案》，多处对有关金融犯罪进行了较大修改。上述规定，均使我国金融危险的刑法规制日趋完善。

除了刑事立法，我国还相继颁布了《信托法》《证券投资基金法》《企业集团财务公司管理办法》《外资银行管理条例》《金融机构反洗钱规定》《人民币大额和可疑支付交易报告管理办法》《金融机构大额和可疑外汇资金交易报告管理办法》等专门规制金融危险的非刑事法规及规章，使金融法治的系统性框架更为完善合理。“据统计，仅改革开放以来，我国制定的金融方面的法规和规章有 480 多个，这些金融法律法规可以说是我国保护金融安全立法中的基本组成部分，也是最为庞大的部分。再加上其他部门法中蕴涵的关于金融安全方面的规定，使得我国关于金融安全的立法具备了一定的规模，完成了在金融安全领域从无法可依到基本有法可依的重大转变”。①

就当前我国的金融危险刑法规制情况来看，其主要表现为如下特点：

其一，罪名分布集中。我国对金融危险刑法规制的立法例主要分布在刑法分则第三章破坏社会主义市场经济秩序罪中，尤其集中在破坏金融管理秩序罪、金融诈骗罪两节中。从犯罪对象来看，涉及货币、金融批文、金融票证等不同对象；从犯罪行为来看，包括伪造、变造、走私、诈骗等诸多种类。具体而言，破坏社会主义市场经济秩序罪中包含的金融犯罪主要有：伪造货币罪，出售、购买、运输假币罪，擅自设立金融机构罪，伪造、变造、转让金融机构经营许可证、批准文件罪，非法吸收公众存款罪，伪造、变造金融票证罪，妨害信用卡管理罪，擅自发行股票、公司、企业债券罪，非法出具金融票证罪，集资诈骗罪，贷款诈骗罪，票据诈骗罪，信用证诈骗罪，信用卡诈骗罪等。

其二，针对民间金融的规定众多。正如前文所述，金融危险中由民间金融等非正规金融导致的危险所占比重较大。因此，本书重点分析我国刑法对民间金融的立法规制。我国刑法对民间金融活动的规制主要体现在对非法集资活动的规制中。1997 年刑法对于非法集资类的犯罪主要涉及欺诈发行股票、债券罪，非法吸收公众存款罪，擅自发行股票、公司、企业债券罪，集资诈骗罪等。从近年来司法实践中的大案要案来看，尤以非法吸收公众存款罪和集资诈骗罪问题最为集中，最高司法机关也围绕这些焦点问题发布了诸多法律文件予以明确，如 1996 年最高人民法院颁布的《关于审理诈骗案件具体应用法律的若干问题的解释》，2001 年最高人民法院《全国法院审理金融犯罪案件工作座谈会纪要》，2001 年最高人民检察院、公安部《关于经济犯罪案件追诉标准的规定》，2004 年最高人民法院《关于依法严厉打击集资诈骗和非法吸收公众存款犯罪活动的通知》，2008 年最高人民检察院、公安部《关于经济犯罪案件追诉标准的补充规定》，2010 年最高人民

① 康均心，李娜. 我国金融安全的法律建构探究[J]. 武汉公安干部学院学报，2012（1）.

法院《关于审理非法集资刑事案件具体应用法律若干问题的解释》（以下简称《非法集资司法解释》）等。尤其是《非法集资司法解释》对于非法集资中公众的认定、入罪的标准、例外的排除等均进行了具体细化的规定，使得这些罪名在司法实践中的可操作性大大增强。2015 年，最高人民法院发布《关于审理民间借贷案件适用法律若干问题的规定》，该司法解释对民间借贷采取宽松的立场，即允许自然人、法人、其他组织之间及其相互之间进行资金融通，并就法人或者其他组织在本单位内部通过借款形式向职工筹集资金的行为以及借贷行为涉嫌犯罪时的合同效力等问题进行了较多的创新性规定，对刑法规制民间融资行为必将产生重大影响。

其三，与金融实践和金融立法关系密切。从历次刑法修正案及最高司法机关的法律文件来看，金融危险刑法规制的变动与金融理念的发展、金融活动的创新、金融法规的修订具有密切关系。刑事立法经常通过修订行为方式、行为对象、行为主体等方式改变原有犯罪构成，或根据实践中的新型金融活动带来的问题增设相关罪名，已达到严密金融刑事法网的目的。如《刑法修正案（五）》增设妨害信用卡管理罪和窃取、收买、非法提供信用卡信息罪，正是由于信用卡在现代社会中发挥着越来越重要的作用、引发的问题也越来越多；又如《刑法修正案（六）》中增设了背信运用受托财产罪，主要是为了应对司法实践中出现的金融机构违背受托义务，擅自运用客户资金或其他委托、信托财产的行为；再如，2010 年最高人民法院《非法集资司法解释》根据实践中新出现的典型金融活动，归纳了数种新型的非法集资行为，诸如不具有募集基金的真实内容，以假借境外基金、发售虚构基金等方式非法吸收资金的；不具有销售保险的真实内容，以假冒保险公司、伪造保险单据等方式非法吸收资金的；以投资入股的方式非法吸收资金的；以委托理财的方式非法吸收资金的；利用民间“会”“社”等组织非法吸收资金的，等等。这些均与金融实践与金融立法具有密切关联。

不容忽视的是，刑事立法在与金融立法保持密切关系的同时，也存在一定的滞后性。金融活动的创新性、灵活性决定了金融立法始终处于不断变化的过程，刑事立法则由于关涉公民重大人身权益，对稳定性的要求十分明确。现实的情况是，1997 年刑法施行后一年，全国人大常委会即制定了单行刑法对外汇犯罪进行完善，1999 年开始通过《刑法修正案》新增期货犯罪，2001 年的《刑法修正案（三）》修改了洗钱罪，将恐怖活动犯罪纳入上游犯罪的范围，2006 年《刑法修正案（六）》又把贪污贿赂犯罪、破坏金融管理秩序犯罪、金融诈骗罪纳入洗钱罪的上游犯罪，同时也对诸多金融犯罪做了较大修改。在十年内，我国对金融活动的刑法规制进行了多次补充完善，虽然是为了确保与金融活动及金融立法相匹配，但就修订速度来看，仍显过快。此外，金融活动的刑事立法与金融附属刑法之间也存在一定的不协调之处，如犯罪设定、罪状描述、法定刑等均不一致，这些问题均亟待相关立法的进一步完善。①

---

① 刘媛媛. 现代刑法中的危险问题研究[M]. 北京：法律出版社，2013：178—184.

第二章
民间融资刑事法网的理念塑造

第一节　风险社会的兴起与民间融资刑事法网的理念转换

刑法对民间融资的规制，本质原因来自民间融资可能触发的金融危险。而从广义上来看，所谓金融危险，不过是现代社会进入到风险社会后在金融领域的一种表现形式而已。因此，塑造民间融资刑事法网的基本理念，应将其置于风险社会的理论背景下进行分析。

一、风险社会理论作为刑法研究背景的兴起

（一）风险与风险社会的界定

“风险社会”的概念因德国社会学者贝克于 1986 年出版的关于“危险社会”的书而被提起，德国学者普利特维茨关于“刑法与风险”的著作，是刑法学界首次就“危险社会与刑法”这一专题所进行的专著式的研究，引发了大范围的讨论。[①]在现代社会中，自由与安全的关系成为一项极为重要的议题。“风险”一词的地位在自由与安全的相互博弈中日渐凸显。“风险”源于西班牙的航海术语，其古语意指冒险和

① 刘淑珺. 日本刑法学中的谦抑主义之考察[M]. 北京：北京大学出版社，2008：315.

危险，更多表现为一种客观的危险，如在航海过程中遭遇礁石、风暴、冰川等事件。从字面含义来解释，风险是一种可能性概念，即危险或灾难有可能发生。贝克则在新的社会背景下从社会哲学的视角对风险概念进行了深入研究，使风险的研究脱离了自然科学领域的框架，而演变为社会科学中的危险概念，更将危险提升为现代社会的核心理念。[①]根据这一提升性的研究，风险被认为是西方工业国家在经济、社会、技术和医疗结构高速改革过程中，社会肌体对混乱的抵抗力完全丧失的一种社会状况。在现代化进程中，生产力的指数式增长，使危险和潜在威胁的释放达到了一个前所未知的程度。[②]正如有学者所论及的，“现代社会正在承受着潜在的风险，高科技在给人类带来经济发展的同时也为人类制造了潜在的风险。灾难可能引发人们对当前社会基础、制度目标和伦理规范的一系列反思”。[③]因此，风险可以从以下几个方面进行界定：

首先，风险是安全与毁坏之间的一种中间状态。[④]在刑法理论的研究视角下，安全可以理解为法益的受保护状态，而毁坏则可视为实害结果的发生。在毁坏与安全之间，即为法益的实际受损与安全保护之间的状态，对应为刑法理论中的危险状态。

其次，风险是一种连接现在与未来的方式。风险本身尚未达至实际损害，但其已然越过安全状态的界限，是面对未来的有可能发生的实际损害。因此，从风险存在的时间来看，虽然风险本身已经发生，但其对应的实际损害却是面向未来的。在这种状态下，人们虽然没有面临实害结果的发生，但却不得不预想未来。故而风险也同时具有某种可预见性，而人们一旦预料，就不得不担忧未来，从而使人们充满不安全感。

最后，风险是事实描述与价值判断的混合体。根据贝克的描述，风险既是一种客观存在的事实描述，也是一种与文化定义相关的价值

---

① 田国秀. 风险社会环境对当代个体生存的双重影响[J]. 哲学研究，2007（6）.

② 郝艳兵. 风险社会下的刑法价值观念及其立法实践[J]. 中国刑事法杂志，2009（7）.

③ 姜俊山. 风险社会语境下的环境犯罪立法研究[D]. 长春：吉林大学，2010：42.

④ [德]乌尔里希·贝克. 世界风险社会[M]. 吴英姿、孙淑敏，译. 南京：南京大学出版社，2004：175.

判断；[①]风险是一种既依赖于人的主观感受和价值判断（价值声明），同时也依赖于客观技术（事实声明）的判断，是人类的主观感受和客观的技术判断的混合产物。随着社会技术检测手段的不断进步，对危险的评测也越来越超前、精确、科学，这种检测手段的进化并非偶然。

概括而言，现代社会的风险具有如下特征：第一，风险的难以感知性。很多新近出现的风险，如核污染、食品污染、交通风险、环境风险等，往往逃脱了人的直接感知能力，不再像传统社会中的危险一样具有直观性和易感知性，而往往必须借助于高科技的手段和有资格的专家来加以认定。如在食品生产过程中不可避免地使用各种添加剂，对于添加剂的潜在危害一般人难以直观感知，甚至行业领域内的专家对其的认定也具有一定的滞后性。典型的如三鹿奶粉案中对于三聚氰胺的认定，在案发前对于奶粉的检测国标中，并无针对此物的检测标准，直至危害结果已经十分严重，专业人士介入其中，公众才逐步知晓。第二，风险的难以计算性。在传统社会中，风险本身即难以估量，而到了风险社会，对危险进行量化更是十分困难的。对于刑法而言，传统社会中对于实害犯的处罚尚且需要有明确的法益侵害的结果，而在风险社会背景下，对于危险的刑法规制，则更加需要相对明确的量化标准。第三，风险的延展性。这一特性可以包括时间和空间上的双重延展。从时间上来说，危险是面向未来的，很多实害结果并非一定在当代就会显现，而是要影响到未来，这也进一步加大了风险估算的难度。从空间上来说，风险超越了传统的地理边界，具有明显的全球化趋势，潜在的风险一旦转化为实际的损害，其波及范围是人为不能控制的。如苏联的核泄漏事故。第四，风险和损害后果之间的因果关系难以确认。科技成分在风险的发展中含量日重，因果关系的认定越来越难，也更加依赖于科学化的知识。尤其是在公害犯罪中，大量损害后果难以找到归责主体，疫学的因果关系判断标准被运用于环境犯罪中。

---

① [德]乌尔里希·贝克. 世界风险社会[M]. 吴英姿，孙淑敏，译. 南京：南京大学出版社，2004：178—179.

需要指出的是，风险给人类带来的伤害是显而易见的，但是风险理论的研究者也看到了其中蕴含的积极意义，风险的存在与不断扩大在给人们带来损害的同时，也提供了更多的选择机会，使社会更加充满活力。①作为一个处在高速发展和社会转型过程中的大国，转型时期体制滞后的内在挑战性、环境变化的外在挑战性以及全球化的国际性挑战并存，前现代、现代和后现代的社会结构特征在当下的中国交织存在，由此造成了风险类型的多样、风险主体的多元以及风险关系的复杂等特征。②因此，合理应对风险的任务更加艰巨。

（二）风险社会理论的理解与评析

1. 风险社会理论的不同理解

不同学者从各种层面对于风险社会、风险及其治理做了诠释，进而形成如下三种风险社会理论：

第一种是事实论的主张，认为风险社会的形成是由于出现了新的、影响更大的风险，如极权主义增长、种族歧视、贫富分化、民族性缺失等，以及因某些局部的或突发的事件所导致的社会灾难，如核危机、金融危机等。③这种观点多从危险本身发展的表现及特点等事实出发，承认风险是一种客观存在的事实，不断总结和归纳风险的出现规律，并且基于这种事实的出现，预测风险可能导致的实际损害。

第二种是认识论的观点。主张这种观点的学者认为风险社会的存在主要是源于人类认识水平的提高和对风险认识的加深。“随着我们的社会在实现生活更健康和更安全上花费更多的时间和金钱，许多人开始更关心，而不是更不关心风险”。④风险爆发的同时，人们的认识水平也在不断调高，在面对尚不可知的严重后果时往往会有非理性的过度反应。我国也有学者明确指出，“‘风险社会’并不一定是社会的真实状态，而是文化或治理的产物”，⑤甚至贝克本人也承认，“必须看

① [英]安东尼·吉登斯. 现代性——吉登斯访谈录[M]. 尹弘毅，译. 北京：新华出版社，2000：47.

② 郝艳兵. 风险社会下的刑法价值观念及其立法实践[J]. 中国刑事法杂志，2009（7）.

③ 杨雪冬. 风险社会与秩序重建[M]. 北京：社会科学文献出版社，2006：27.

④ H. Kunreuther, P. Sloviceds. Challenges in Risk Assessment and Risk Management (Special issue), The Annals of the American A-academy of Political and Social Science, 1996: 545.

⑤ 张明楷.“风险社会”若干刑法理论问题反思[J]. 法商研究，2011（5）.

到，风险绝对不是具体的物，它是一种‘构想’，是一种社会定义，只有当人们相信它时，它才会因此而真实并有效”。[①]按照这种观点，风险社会更多是一种被打上了人为标签的认识论的产物，即使现代社会的风险较之以前大有增加，在客观事实上也不至于被称之为“风险社会”。

第三种是制度论的主张，以德国的贝克和英国的吉登斯为代表，认为风险的出现和存在与不同历史时期的社会制度及其特征紧密相关，社会的发展带来了新型风险的不断产生，风险的不断累积造成了不同社会阶段中需要解决和应对的核心问题不同。在传统工业社会中，财富的分配以及不平等的改善与合法化是社会需要解决的核心问题。而在风险社会中，风险和不确定性的分配及其缓解则成为问题的核心。[②]不同的核心问题带来了在不同社会条件下不同的制度需求。人们可以通过制度的构建与改进来应对风险社会提出的新挑战。这种观点承认风险社会的存在，并且希望从制度上进行相应的改造和构筑，并且对通过推动制度变革以适应风险社会充满信心。

本书认为，相对于传统社会而言，现代社会确实充满了更多从前不被人知晓的危险，相应的实害后果也更加严重和难以控制，风险社会的形成在一定程度上的确是一种客观存在；同时，这种客观事实由于人们认识水平的发展而被人为夸大。从根本上讲，风险社会理论的出现既是人们对于客观存在风险的一种认识论上的概括，又是相关社会制度构筑中需要着重考察因素的总结。相对而言，第三种关于风险社会的主张更加切中危险理论的本质，是对现代社会发展脉搏的准确把握，具有丰富的现实性；同时也有利于将风险社会这一源自于社会学的理论运用于其他更为广泛和具体的社会科学门类，具有重要的实践性，对我国学术界尤其是刑法学界的影响尤为深远。[③]

2. 风险社会理论的优缺点评析

正视并把握理论研究中存在的问题是把理论研究推向深入的有效

① [德]乌尔里希·贝克，威廉姆斯. 关于风险社会的对话[M]. 北京：社会科学文献出版社，2005：12.

② [德]乌尔里希·贝克. 风险社会[M]. 何博闻，译. 南京：译林出版社，2004：25.

③ 风险刑法的概念已被我国刑法学界广为提倡。

途径。作为一个新的理论，风险社会理论也存在着一些缺陷：在风险社会出现原因的分析上，现有的风险社会理论往往流于对风险现象的客观描述，从不同领域或层面总结风险的现状与特征，而缺乏深层的实践存在论反思。[①]在寻找风险社会的应对方法上，风险社会理论的学者并未真正找到现实的可行性方法，虽然涉及观念上的反思、科技上的支撑、制度上的构筑等诸多路径，但却缺少经验层面的实践性支撑。[②]另外，在一些个别问题上，风险社会理论也存在难以自圆其说的局面，比如在关于工业社会与后工业社会的风险的区分上，本书认为，贝克以是否可以预见、是否可以计算进行的区分难免有生硬的味道。事实上，工业社会风险和后工业社会风险的区别显然并不那样明显，在工业社会中的风险仍然延续的时候，后工业社会的风险也在悄然无声地逼近了。[③]

即使现有的风险社会理论并不成熟，但是，本书认为，这也无法掩盖这一理论所透视出来的巨大贡献：风险社会理论将风险作为一个具有普适性的现代化问题进行讨论，为认识当代社会发展问题提供了一个新的研究视角。风险社会中的风险具有两重性的特点：一方面，风险本身是现代化过程所带来的必然产物，而另一方面，在现代化过程中对风险的避免和控制本身又引发了新的风险出现。因此，风险是现代理性的必然产物和困境所在，同时也是全球性的问题。[④]风险社会理论中的风险两重性的观点促使人们反思现代性，并且辩证地看待风险社会。风险社会理论的一个很大贡献就是打破了注重现代工业（尤其是科技）发展的积极作用的传统意识，在对后工业社会难以掌控的巨大危机的描述中使人们切身感受到了科技的负面作用，对现代性的反思中使人们逐渐意识到科技必须理性发展，从而使人类进入一个反思的时代。[⑤]此外，风险社会中风险的两重性理论也提醒人们应当辩证地看待我们所置身的风险社会：既不必像现代主义者那样持以乐

① 庄友刚. 风险社会理论研究述评[J]. 哲学动态，2005（9）.
② 程新英，柴淑芹. 风险社会及现代发展中的风险[J]. 学术论坛，2006（2）.
③ 王拓. 风险刑法理论的现代展开[D]. 北京：中国政法大学，2009：18.
④ 程新英，柴淑芹. 风险社会及现代发展中的风险[J]. 学术论坛，2006（2）.
⑤ 王拓. 风险刑法理论的现代展开[D]. 北京：中国政法大学，2009：18.

观——风险的本意即意味着可能产生消极后果，也不必像后现代主义者那样感到悲观——风险又能等同于危害，风险本身也具有积极的意义，积极地承担和规制风险是现代市场经济的核心。

二、传统刑法在风险社会背景下面临的危机

风险社会理论对于许多社会学科门类的研究和发展都有重要的借鉴意义。对刑法来说，以传统社会为背景的刑法理论在风险社会背景下也产生了许多新的变化。[①]法益保护原则是刑事古典学派的核心概念。法益是法所保护的利益，法的保护使生活利益上升为法益。法益保护原则认为犯罪是侵害法益的行为，违法行为原则上只有对法益造成了实际侵害的情况下才能作为犯罪予以处罚。[②]因此，在法益保护原则的要求下，原则上只处罚造成了实际法益损害的实害犯已成为学界的共识。而危险犯（尤其是抽象危险犯和过失危险犯）的立法、预备、帮助或教唆行为的正犯化处理等刑事处罚早期化思想都是传统意义的法益保护原则所排斥的。

责任主义又称罪责原则，责任主义的基本要求在于，在认定犯罪的过程中，不仅要求在客观方面存在危害行为及结果，还要求行为人在主观上具备故意或过失的罪过形式。责任主义的这两项要求，从正面来看与主客观相统一的原则要求一致，从反面来看排斥客观责任主义或结果责任主义，反对株连和群体责任。这两项要求旨在限制刑罚权的发动，避免将人作为保护法益的工具。在法益保护和人权保障之刑法机能的权衡中，人权保障略占上风。[③]因此，责任主义反对严格责任（对主观要求考虑甚少）、替代责任和法人责任（因他人行为而被追责）等。

无论是法益保护原则还是责任主义，均体现了传统社会背景下刑法应对危害行为的滞后性和消极性的态度。这种保护范式虽然符合形

① 曾志辉. 风险社会背景下交通犯罪的立法研究[D]. 广州：华南理工大学，2011：17.

② [德]克劳斯·罗克信. “刑法的任务不是法益保护吗”[M]. 樊文，译. 北京：中国政法大学出版社，2006：158.

③ 王立志. 风险社会中刑法范式之转换——以隐私权刑法保护切入[J]. 政法论坛，2010(2).

式罪刑法定原则的要求，也适用于传统社会的需要，相对简单的社会中应对盗窃、杀人等简单直观的自然犯罪时得心应手；但面对风险社会的挑战，在新型风险和与之相伴而生的新型犯罪日益严重的情况下，却显得力不从心。如传统刑法对法益的解释往往限于一种可以认知的物质性后果，这种对法益解释的局限性不利于刑事责任的追究；传统的归责原则在某些情况下失灵、无法追究主体责任、①传统刑法的事后应对方式不利于实现对风险的提前控制等。②

三、风险社会理论对构建民间融资刑事法网的主要影响

概括而言，传统社会中的刑法以法益为核心概念，以处罚实害犯为基本立法模式，坚持罪责主义，刑罚目的兼有矫正和预防，以责任主义为基本的规则理论。在风险社会的理论背景下，上述与危险相关的范畴均受到一定的影响，从而冲击民间融资刑事法网的基本理念。

（一）风险社会理论对法益观念的冲击

法益在传统刑法中的主要机能表现为划定刑法圈，即确定刑事处罚范围的大小及程度。根据我国刑法第 2 条关于刑法任务的规定，刑法的目的可以被界定为保护法益。一方面犯罪圈的划定需要根据刑法保护法益的范围来确定，另一方面刑罚的配置也需要依据法益受到的损害程度来决定。刑法处罚范围过宽或过窄，刑罚配置过重或过轻，都不利于保护法益目的的实现。③可以说，法益构成了刑事立法变动的直接动因。

在风险社会理论背景下，传统法益的内容发生扩张，有关公共秩序、公共安全、环境权益等超个人法益逐渐得到学界重视，金融

① 传统刑法的责任主体只限于个人，但风险社会中制造风险的主要不是个人而是各种组织。劳东燕. 公共政策与风险社会的刑法[J]. 中国社会科学，2007（3）.

② 曾志辉. 风险社会背景下交通犯罪的立法研究[D]. 广州：华南理工大学，2011：18.

③ “自 20 世纪 70 年代以来，各国刑法理论上对法益的探讨进入了新的阶段，表现在关注法益所具有的指导刑事立法的价值，并将法益概念的重点推至刑事政策领域，作为犯罪化和非犯罪化的重要依据。”郝艳兵. 风险社会下的刑法价值观念及其立法实践[J]. 中国刑事法杂志，2009（7）.

安全也构成了刑法法益的重要内容。而在传统刑法中，更多是针对个人化法益的保护，如生命、身体、财产等具体、物质性的个人法益最为常见，大规模的民间融资所蕴含的法益则并不彰显。法益的确定往往暗含一个时代的背景特征，需要在特定的背景下衡量利益的价值大小、受损的程度强弱和频率高低、保护的必要性和可行性等因素，经过抽象化和定型化的处理之后，确立为刑法保护的利益。在风险社会的背景下，法益呈现出内涵的抽象化和外延的扩展化等特征。一方面，从内涵来看，正在由具体转向抽象。早期的法益对刑法的处罚范围起着限定的作用，而现代刑事立法下出现了许多不以具体的个人法益为规制对象，而转向较为抽象的社会性法益和观念性法益，由此出现了法益概念的宽泛化趋势。在抽象的社会性法益中，以环境保护法益及金融安全法益为典型范例。就环境保护法益而言，人类与环境之间的关系经历了从适应到征服、再到力求和谐相处的过程，对影响环境行为的评价也随之发生变化。如砍伐森林、捕杀猎物在人类发展早期是生存所需的必要条件；而在现代社会中，污染或破坏环境资源的行为已经在人与自然和谐相处、可持续发展的理念下变得不能容忍。环境权这一抽象的法益正在得到日益广泛的重视。就金融安全法益而言，随着现代化社会的大规模发展，民间融资活动日益活跃。然而，金融安全为一国经济安全的基本保障，如果金融秩序运行发生风险，则金融安全难以稳定，势必危及国民经济的平稳运行。民间融资如果在正常的经济轨道上规范运行，固然不会产生过大的风险，但其规模一旦达到一定程度，尤其是非法的民间融资活动泛滥时，则必然对金融安全产生冲击。因此，现代刑法有必要介入民间融资，对其予以适度规制。在观念性的法益中，典型的如日本制定的《规制纠缠等行为的法律》，将针对特定人实施的具有特定目的的纠缠行为作为犯罪处理，即将观念性的“国民生活安宁”上升为刑法的保护法益。[①]另一方面，从外延来看，法益范围从个人向超个人法益演变，刑法的保护法益不再限于

① 黎宏. 结果无价值论的展开[J]. 法学研究，2008（5）.

生命、财产、名誉等与具体个人相关的、相对具体的利益，个人法益与超个人的法益有了更加紧密的关联，国家和社会公共利益受到了更多的关注，并且种类有不断增加的趋势，金融安全即其典型表现之一。

风险社会下刑法中法益的内涵由具体转向抽象，外延也逐步扩大，正是这种趋势导致有学者认为“无论在客观上还是主观上对于法益侵害的内容和范围都难以控制和认定，致使法益的内涵漫无边际，具有高度的不确定性……在风险刑法中，法益的地位正在下降，甚至有着被终结的危险”。[①]这种判断虽有矫枉过正之虞，受到了其他学者的批判，但在一定程度上确实反映了法益概念在风险社会下受到的冲击。因此，刑法对民间融资的规制，在法益观念上也必须对此予以足够的重视。

（二）风险社会理论对刑法立法模式的冲击

古典刑法强调的是实害犯，现代刑事立法仍然以处罚实害犯为原则。但是为了更加全面周延地保护法益，立法者同时也处罚一些尚未造成实害结果的行为，作为这一原则的例外补充。如预备行为、教唆行为、帮助行为等非实行行为的正犯化处理，就是这一例外的体现。在风险社会背景下，风险的潜在性和难以估量性导致其对应的实害后果一旦转化为现实更将难以控制，这种特性对于可罚性的扩张也起到了推波助澜的作用。立法者将刑法的防卫线向前推进，不再消极地等待实害结果的出现，而是侧重于对行为本身的否定性判断，以刑罚手段提前规制可能带来实害后果的行为，[②]导致刑法介入呈现了早期化的倾向，其主要表现有：

其一，增设危险犯。危险犯是与实害犯相对应的概念，刑罚介入早期化最为明显的体现。危险犯的设立不要求实害结果已经存在，而只需要确定已经出现了危险即可将行为入罪。根据大陆法系刑法理论的通说，危险犯可以分为具体危险犯和抽象危险犯。具体危险犯要求法官在认定个案时，必须做出危险是否已经出现的判断，只有在具体

---

① 王振. 坚守与超越：风险社会中的刑法理路之流变[J]. 法学论坛，2010（4）.

② 林东茂. 危险犯的法律性质[J]. 台大法学论丛，24（1）.

案件中认定行为已经对法益带来了危险，才能确认行为可罚性的依据。而抽象危险犯是立法者的一种拟制，在个案的判断过程中，不需要认定危险是否已经出现。

其二，预备、未遂行为的正犯化。预备行为是相对于实行行为而言的。依据我国刑法的通说，实行行为是符合刑法分则中具体罪名的行为类型，预备行为尚未达到犯罪构成条件中对行为的要求，一般而言也尚未构成对法益直接、紧迫的侵害。因此，刑法中原则上不处罚预备行为。考察国外立法例可以发现，许多国家在刑法总则中并未规定处罚预备犯的一般性条款，而只针对分则中的个别罪名明确了追究其预备行为的刑事责任，而这些罪名往往是罪质恶劣、后果严重的犯罪。①但是在风险社会中，不可预料和难以控制的风险无孔不入，这些风险一旦转化为现实损害，将造成无法弥补的重大后果。因此，对于重大犯罪的预备行为，刑法有必要在其后续的实行行为实施之前就提前介入，认定其行为所构成的危险状态，将其入罪。日本在 2003 年关于禁止持有特殊开锁用具的法律中规定，违反禁止贩卖或授予特定开锁工具时，或违反禁止持有特定开锁用具即违反禁止隐蔽携带制定侵入工具（如螺丝刀、撬棍、钻孔机）时，均可进行处罚。这些犯罪即是把入室盗窃的预备或者预备的前阶段行为加以独立并进行可罚化。②德国刑法也将某些犯罪预备行为作为独立的犯罪予以处罚，如销售用于妊娠中止的工具（第 219 条 b）、准备侵略战争（第 80 条）等。③从距离实害结果的远近来看，未遂行为显然比预备行为更接近实害结果。未遂行为的危害也显然大于预备行为，因而更容易成为刑法的处罚对象。典型的如日本刑法第 208 条规定的暴行罪，对于实施暴行而尚未伤害到他人的，作为犯罪处理。这一犯罪的法益是人的身体安全，在没有产生实际损害后果的情况下处罚行为人的伤害行为，实质上是处罚了未遂行为。无论是预备行为还是未遂行为，均未对法

① 我国的规定较为例外，在总则中确立的追究预备犯刑事责任的一般原则，被学者批判为“立法过剩”。

② [日]伊东研祐，现代社会中危险犯的新类型[M]. 郑军男，译. 长春：吉林大学出版社，2006：183.

③ 郝艳兵. 风险社会下的刑法价值观念及其立法实践[J]. 中国刑事法杂志，2009（7）.

益造成实害，但却都产生了损害的威胁，将其进行犯罪化处理，无疑是刑事立法模式的转变和调整。

在民间融资领域，因非法集资、非法吸收公众存款等各种非法民间融资活动的大规模出现，如果刑法一味以结果犯规制民间融资领域，将可能导致非法民间融资活动引发的危险在事后难以消弭的缺陷，因此，有必要对民间融资领域的危险犯问题进行深入探索。而预备、未遂行为的正犯化在民间融资领域也有相当重要的价值。民间融资一旦触发金融风险，其后果难以设想，对预备、未遂行为如何进行正犯化处理，也是在塑造民间融资刑法规制基本理念时面临的重要课题。

（三）罪责刑法向安全刑法的转变

罪责刑法可以从两个方面展开理解，一方面指行为人在面对特定情况时，如果能够完全避免后果的发生却没有避免，则对后果的发生就负有责任。另一方面强调刑罚必须适度，刑罚要与犯罪人的责任相适应，[①]反对就轻微罪过与责任科以严厉的刑罚。但是在风险社会的背景下，行为所致后果的严重程度往往难以预料和控制，即使行为人的罪责较轻，也有可能导致严重的后果，因此在特定情形下需要对某些情况施加非依据罪责原则的刑罚处置。如在危险驾驶行为中，驾驶者的罪责可能相对轻微，但其行为却会对他人及公共安全造成严重威胁。在类似的情况下，安全刑法[②]的思想应运而生。

安全刑法的思想与法益和立法模式的变化存在密切联系。这一思想在刑事干涉的普遍化和刑罚处罚的提前化方面呈现出显著的特点。前者表现为刑法介入的范围逐步扩大，将许多抽象和超个人的法益纳入刑法的保护范围。后者表现为针对危险犯、预备犯、未遂犯等的立法增加。安全刑法思想的核心在于刑法不再消极耐心地等待实害结果出现后才决定介入，而是要积极维护社会的安全和秩序，由事后惩罚转而重视事前预防，由关注实害结果的出现转而重视对行为本身的规制。这同刑事实证学派的社会防卫论有异曲同工之妙。而罪责刑法则

① 薛晓源，刘国良. 法治时代的危险、风险与和谐[J]. 马克思主义与现实，2005（3）.
② 也有学者称之为危险刑法。

相反，其核心在于限制国家刑罚权的发动并保障公民人权，强调事后追责，侧重于将对法益的侵害作为处罚的基准。两者在安全与自由之间各执一端，各有偏重，如何妥善协调安全与自由之间的关系并实现平衡，是需要慎重考虑的问题。

自由与安全的关系映射在刑法中，即表现为人权保障与法益保护的权衡。在法治框架下，各国共同面临的任务是既要保障国民的自由，又要应对现代社会日益加剧的风险。西方国家出现了自由为安全让路的口号，其直接的契机是由于恐怖活动造成了公众的普遍恐慌，而深层次的根源是因为经过了几个世纪的发展，西方国家在保障公民人权方面已经较为完善，思想认识上已深入人心，制度建设上也日臻成熟，对安全的反向追求已不会从根本上影响对自由的基本保障。我国虽然也与其他国家一样浸润于风险社会的背景之下，面临着风险社会带来的诸多挑战，安全问题日渐凸显，如果不考虑国情而一味强调安全，则对安全的过度渴求也是一种新的危险。因此应当肯定的是，对公民的人权保障仍是法治框架下的重中之重。在坚持这一原则的前提下，刑法才可以对风险社会带来的问题展开积极应对，并避免导致为了安全侵犯自由的极端情况出现。

在民间融资领域，同样面临安全与自由的价值平衡问题。从民法角度来看，民间融资暗合其意思自治的基本原理，意味着对自由价值的尊重；从刑法角度来看，民间融资可能产生金融风险，从尊重安全价值的角度考虑，刑法必须介入。一方面，过度的刑法介入，必然危及社会主体的融资自由；另一方面，如果刑法任由民间融资发展，则又必然危及国家的金融安全。因此，民间融资刑事法网的构建，必须在安全与自由之间找到稳定的平衡点。

第二节　刑法谦抑性与民间融资刑事法网的理念更新

近年来，由于学者的大力介绍和倡导，谦抑性已不再是一个陌生的舶来品，尤其是刑法学者的研究，涵盖了谦抑性的历史渊源、概念辨析、理论基础、实践贯彻等诸多方面，关于谦抑性的文章著作大量产生，而且被运用于分析诸多理论难题与实践热点，大有言必称谦抑的趋势。谦抑性甚至已突破刑法学的界限，其影响扩大到了其他部门法，比如刑诉学界已经有专门研究谦抑性的著作问世，[①]民法学界也开始有学者主张将谦抑性引入民法学的研究。[②]不可否认的是，谦抑性有其特定的产生背景和理论价值，在现代刑事法治的语境下也有极其重要的意义。民间融资刑事法网的构建，必须对刑法的谦抑性进行充分的考量。

一、刑法谦抑性的内涵及其本质

“刑法谦抑性”这一语词系由日本逐步引入我国刑法学界的视野，平野龙一教授最早对其内涵进行了较为明确的界定，指出刑法的谦抑性具有补充性、不完整性和宽容性三个层面的含义，而这些内容都可以用刑法的“补充性”来概括，“即使行为侵害或威胁了他人的生活利益，也不是必须直接动用刑法，……只有其他社会统治手段不充分时，……才可以动用刑法。这叫刑法的补充性或谦抑性”。[③] 台湾的林山田教授认为，“刑罚之界限应该是内缩的，而不是外张的；而刑罚是国家为达其保护法益和维持法秩序的任务时的最后手段”[④]。陈兴良教授将刑法的谦抑性概括为紧缩性、补充性、经济性。[⑤]虽然表述不一，但对于谦抑性的基本含义有较一致的认识，即着眼于限制刑法应当发挥作用的范围和适用刑法的必要性，都强调刑法的最后手段性。

谦抑性的本质在于如何确定刑法对社会的介入程度，即如何在国家与国民之间适当分权，找到平衡点，使得国与人民两受其利。谦抑性的本质蕴含了深刻的社会契约论思想，国民将自己最重要的权利交

① 郭云忠. 刑事诉讼谦抑论[M]. 北京：北京大学出版社，2008：298—301.
② 王立争. 民法谦抑性的初步展开[J]. 法学杂志，2009（7）.
③ [日]平野龙一. 刑法总论Ⅱ[M]. 东京：有斐阁，1975：223.
④ 陈莹. 试论刑法谦抑性[J]. 法商论丛. 2009（2）.
⑤ 陈兴良. 刑法的价值构造[M]. 北京：中国人民大学出版社，2006：292.

给国家，[①]在此范围内国民应当是自由安全的，任何突破这一界限的严重行为都可以被国家进行惩处，以保护大多数人的利益和安全。国家与国民处于正义天平的两端，刑法则在其间找到平衡点，偏向国家一端则会造成国家权力的扩张和国民权利的缩限，使得刑法过于积极和强硬；而偏向国民一端则会相反，使得刑法过于消极和软弱。在谦抑性的背景下，对刑法的克制往往被过分强调，而忽略甚至歪曲了刑法应当起到的积极作用。如果刑法的谦抑性是对封建社会罪刑擅断的纠正，那么在当今风险社会之特征愈加明确的情况下，保持刑法适度的张力，进行积极和富有前瞻性的刑法调控，同样也是一种理性和务实的选择。

因此，本书将刑法谦抑性的本质归纳为刑法的补充性，可以从两个方面进行概括，即谦抑性要求刑法应当有所不为、有所为：在其他手段能够实现调控社会的目的时，刑法没有必要也不能动用，而当其他手段对于法益之保护或社会秩序之混乱无能为力时，刑法有必要也必须发挥作用。谦抑性所要求的刑法的消极性、内敛性、补充性经由学者的着力提倡已经逐渐深入人心，这对于重刑主义传统盛行的中国刑法具有不可忽视的历史进步意义，尤其与时代背景下的人权保障、宽严相济刑事政策等的内核不谋而合，应当予以充分肯定；但谦抑性的另外一层含义则在一定程度上被忽视了，即刑法在一定条件下必须担当责任，当其他调控手段不充分、不足以满足保护法益的需求时，必须动用刑法，一味谦抑、过于软弱的刑法同样也是不可取的。

二、刑法谦抑性的实现途径之争及其认识误区

在和谐社会、人权保障、刑法（罚）有限思想的广泛传播下，谦抑性逐渐赢得了市场，也影响到了其他部门法。那么作为谦抑性之缘起的刑法，究竟应该如何实现其精神实质呢？尽管对谦抑性的地位理解有所不同，如有的认为谦抑性为刑法的基本原则，[②]也有的理解为

① [意]贝卡利亚. 论犯罪与刑罚[M]. 黄风，译. 北京：中国大百科全书出版社，1993：9.
② 马克昌. 我国刑法也应以谦抑性为原则[J]. 云南大学学报（法学版），2008（5）.

一种精神，[①]还有观点主张将其限制在刑罚权的范围内；[②]但学者对谦抑性的实现方式或途径均有自己的主张，概括而言有如下观点：

观点一，主张应从罪之谦抑和刑之谦抑两个角度实现谦抑性。前者要求“国家对社会生活的刑事干预是有限度的，应当尽可能科学地界定犯罪的范围”。只有在危害行为具有刑罚之无可避免性的情况下，才能认为是犯罪，而当刑罚之运用具有无效果、可替代、太昂贵之情形时，行为不得被定罪。刑之谦抑是指“国家刑罚权的行使是有限度的，应当尽量使刑罚节俭，尤其是防止刑罚过剩与刑罚过度”。[③]

观点二，主张应当在立法、司法以及执行的刑事司法全过程中都要体现谦抑性。[④]这就涉及犯罪化与非犯罪化之争、起诉和审判过程中的自由裁量权、社区矫正等新的行刑方式的推广等。主张我国刑法应以谦抑为原则，在能不用刑时即不用刑，能不用重刑时即不用重刑，但依法不能不用刑时，就应当用刑，依法不能不用重刑时就应当用重刑。

观点三，主张从非犯罪化、非刑罚化和轻刑化三个方面实现刑法的谦抑性。如有学者主张总则中增加期待可能性及不能犯的规定、分则实现侵犯通信自由罪、聚众淫乱罪、传播淫秽物品罪等罪名的非犯罪化等；增设对未成年犯罪人实行社区公益劳动的非刑罚处理方法，检察制度中增设起诉犹豫制度、辩诉交易制度等；从立法和司法上严格限制死刑的适用等。[⑤]也有学者认为现行刑法与谦抑性存在立法背离、司法解释背离、刑事理论背离等问题，从而提出相应的解决之道，如取消赌博罪、扩大亲告罪的范围等。[⑥]

应当承认，谦抑性的广泛普及和认同对于我国传统的重刑主义是一种有力的纠正，也与现阶段人权保障观念的深入人心和和谐社会的大力构建具有内在的契合性；但是，也正是因为对重刑主义的

---

① 王明星. 刑法谦抑精神研究[M]. 北京：中国人民公安大学出版社，2005：22.

② 时延安. 刑法的谦抑还是刑罚权的谦抑？[M]. 北京：法律出版社，2008：160—161.

③ 陈兴良. 刑法的价值构造[M]. 北京：中国人民大学出版社，2006：338.

④ 马克昌. 我国刑法也应以谦抑性为原则[J]. 云南大学学报（法学版），2008（5）. 类似观点参见储怀植，薛美琴. 刑法谦抑——由一则建议稿引发的思考[J]. 云南大学学报（法学版），2005（3）.

⑤ 王明星. 刑法谦抑精神研究[M]. 北京：中国人民公安大学出版社，2005：194—213.

⑥ 熊永明，胡祥福. 刑法谦抑性研究[M]. 北京：群众出版社，2007：261—306.

纠偏和对人权保障的渴求，使得我国在实现谦抑性的过程中不可避免地出现了另外一种偏颇，即过分强调谦抑性，并产生了以下几个认识误区：

其一，我国刑事立法法律的主要任务是实现非犯罪化。有学者主张提倡“罪之谦抑”“慎罪、去罪”，在立法、司法诸阶段慎用犯罪的称谓，能不规定为犯罪的，尽量不纳入犯罪圈，能不定罪处罚的，就尽量不定罪，“缩小犯罪圈、增加出罪机会、摘除犯罪标签等，有意识地实行罪之谦抑”。[①]也有学者具体阐述了聚众淫乱罪，重婚罪，窝藏、包庇罪等的非犯罪化。[②]

其二，我国刑罚改革的方向应以非刑罚化为主。在谦抑性深入人心的背景下，非刑罚化同样也是日渐流行的观点，如有的学者主张规定免刑制度和免除处罚情节、运用非刑事制裁措施、实行保安处分，弥补刑罚功能的不足，限制刑罚的适用范围；[③]也有学者主张从控制自由刑、选择替代刑、改革监禁刑等方面实现非刑罚化。[④]

其三，谦抑性要求做出对被告人有利的刑法解释。尤其是对于特殊案件的处理，当无法从现行立法中获得满意的结论时，往往转而寻求谦抑性的支持，因而造成一种错觉，任何案件都可以由谦抑性得出预期的理想结论。更有学者认为，“实体意义上的有利于被告，作为罪刑法定与刑法明确性原则的一条派生原则，当刑法适用上遇到解释不清的疑难时，应该做出有利于被告的选择”。[⑤]

三、刑法谦抑性在民间融资刑事法网构建中的纠偏与扬弃

通过上述分析可以看出，在对待谦抑性的问题上，学者多存矫枉过正之论述。考虑到中国重刑主义传统之深厚、人权保障观念之薄弱，谦抑性的引进和发扬实有必要。在民间融资刑事法网的构建过程中，

---

① 蒋建峰. 罪之谦抑理念的提倡[J]. 山东公安专科学校学报，2004（3）.
② 贾学胜. 非犯罪化与中国刑法[M]. 北京：北京大学出版社，2007：515—521.
③ 梁根林. 非刑罚化——当代刑法改革的主题[J]. 现代法学，2000（6）.
④ 熊永明，胡祥福. 刑法谦抑性研究[M]. 北京：群众出版社，2007：350—355.
⑤ 邱兴隆. 有利被告论探究——以实体刑法为视角[J]. 中国法学，2004（6）.

也必须贯彻刑法的谦抑性理念。具体而言，主要包括如下几个方面的考量：

（一）风险社会对谦抑性的冲击

如前所述，“风险社会”这一概念意在表明，因科学技术与社会制度的高度发展而迎来的现代社会，是与作为近代之延续的工业社会异质的阶段。在这一阶段，人们已经普遍从核危机到恐怖主义、从生态危机到环境恶化、从金融危机到能源紧张、从传染病肆虐到食品安全隐患、从社会信任危机到精神心理焦虑中感受到风险的严峻挑战，[①]全球化的时代是一个充满不确定性因素和风险危机的时代，这一诊断无疑也将中国纳入其中。改革开放以来社会结构的急剧分化、不同社会力量的角逐、社会规范的片段化、新社会要素的不断生成、新要素与旧社会要素的尖锐对立和冲突，以及由此而导致的巨大张力的积蓄，使整个社会的进一步发展摇摆不定；各种发展潜能和发展方向的共同存在导致基本的社会安排难以定型。[②]在中国现阶段，传统类型的风险，如传染病、自然灾害等依然构成对人民生活和社会安全的威胁，而在以工业化和城市化为标志特点的现代化浪潮中，失业率的增高、贫富分化的加剧、生产事故的频发、劳资冲突的升级等都成为引发刑事犯罪的不安定因素。

在这种背景下，刑法作为法秩序共同体安全的最有力保护者，应当对风险社会做出回应。风险社会是责任刑法向安全刑法转变的前提，在风险社会里，刑法规范的保护必须向前推置。当行为具有高度侵害法益的风险时，刑法如果不介入，这种风险一旦实现，对共同体的安全破坏将是灾难性的。[③]为了应对风险，针对预备犯、危险犯等传统刑法较少规制的犯罪类型，刑法有必要在真正的实害发生之前先行介入，以防更大的法益遭受侵害。刑法对民间融资进行规制，也是基于上述考量而进行的。

这种前置性的要求表面上似乎与谦抑性的要求相矛盾。谦抑性本

---

① 刘岩. 风险社会理论新探[M]. 北京：中国社会科学出版社，2008：1.

② 孙立平. 转型与断裂：改革以来中国社会结构的变迁[M]. 北京：清华大学出版社，2004：59.

③ 赵书鸿. 风险社会的刑法保护[J]. 人民检察，2008（1）.

质上强调的是刑法的补充性，决定了刑法在立法的时候比其他部门法更具有滞后性的特点，刑法在谦抑性的极力扩张下变得愈加软弱、退让。但正如前文所分析的，谦抑性要求刑法有所不为，但在一定条件下，又要求刑法有所为，风险社会的到来便是这个条件之一。在现代风险社会到来的情况下，各种危险不断增加，社会面临的侵害具有不同程度的潜在性，尤其在经济刑法、环境刑法、医事刑法的领域，刑法应当具有一定程度的延伸性，即刑法的触角应当适当延伸，这是谦抑性的题中之意，并不矛盾。当然，这种前置性的立法容易彰显国家的公权力，如何实现社会保护和人权保障的均衡，仍是需要继续讨论的问题。如何在民间融资刑事法网的构建过程中，既考虑金融安全的社会保护问题，也虑及普通民众的融资自由问题，仍然需要不断进行探索。

（二）犯罪化与非犯罪化之争

犯罪化的理解本身存在多种观点，一般是指将原本不是犯罪的行为，作为刑法上的犯罪处理，使其成为刑事制裁的对象；而将轻罪变为重罪的，不属于犯罪化。非犯罪化，一般是指将迄今为止作为犯罪处理的行为，不再以犯罪论处，既可以表现为完全的合法化，也可以虽不定罪量刑，但给予行政处罚或其他法律制裁。[①] 近十多年来，我国刑法学界在刑法的调控范围到底应当是缩小还是扩大的问题上存在较大的分歧。而在谦抑性观念逐渐深入人心的情形下，非犯罪化的呼声随之高涨，其主要理由是将轻微犯罪行为非犯罪化是当今各国刑法的发展趋势，应当顺应国际潮流；我国刑法的重刑主义传统历来为人诟病，非犯罪化有利于和谐社会的构建，也与宽严相济的刑事政策在本质上相契合，并以此为基础，主张应当对安乐死、证人拒绝出庭作证行为、公司董事行为、重婚行为、组织卖淫等行为实行非犯罪化[②]。也有学者从以下角度提倡中国的非犯罪化进程：对法益不明的犯罪，如聚众淫乱罪，盗窃、侮辱尸体罪，赌博罪，组织、强迫、引诱、容留、介绍卖淫罪，制作、贩卖、传播淫秽物品罪等的非犯罪化有必要

① 张明楷. 司法上的犯罪化与非犯罪化[J]. 法学家，2008（4）.
② 付立庆. 刑法危机的症结何在[J]. 云南大学学报（法学版），2007（5）.

展开讨论；针对恶性轻微的犯罪，如预备犯、未遂犯中止犯进行部分非犯罪化、对安乐死进行事实上的非犯罪化以及讨论重婚罪、窝藏、包庇罪等的非犯罪化。[①]

可以肯定的是，谦抑性观念要求刑法的发动应当谨慎，但这并不意味着非犯罪化已经成为我国的主流。在我国当前的社会形势下，仍然有强调适度犯罪化的必要，应当反对过度的犯罪化和大规模的非犯罪化，这一点，在当前中国经济转型、民间融资既存在大规模渴求又存在泛滥隐患的社会情境下，尤其应该引起高度重视。

首先，适度的犯罪化符合当前中国的现实国情。刑法的调控范围即犯罪圈的大小虽然最终由立法者圈定，但并不是由其个人意志决定的，而是由许多客观因素所决定，最根本的原因就是社会现实的需要。可以说，客观的社会情势决定了在较长时期内犯罪化将成为中国刑法立法的基本趋势。[②]从立法进程来看，自新中国刑法制定之初，宜粗不宜细的立法指导思想即决定了刑法典难以适应突飞猛进的社会现实，需要不断加以完善，大量单行刑法、附属刑法、立法解释、司法解释、修正案的颁布正说明了这一点。在我国，经济的迅速发展使得社会关系日益复杂化，各种转型时期的矛盾也层出不穷，诸多新的危害行为不断涌现，一些过去并不突出的危害社会行为日益突出且危害严重，需要运用刑法进行规制。以刑法修正案为视角来看，历次修正案都有特定的启动契机（如 2001 年《刑法修正案（三）》就是为了打击全球范围内的恐怖主义活动而制定的，而个人信息被猖獗泄露或利用、组织未成年人进行违法活动现象的日益严重则促使了《刑法修正案（七）》的诞生），恰恰说明我国社会矛盾之新发、广泛和严重，在非刑事法律规范表现无力的时候，需要刑法的及时介入。民间融资活动如果单纯依靠民法进行规范，则主要局限于融资过程中借款合同的效力、融资企业的治理等问题，对于严重危及金融安全的非规范化融资行为，则缺少有效的规制手段，刑法对民间融资行为的适度犯罪化

① 贾学胜. 非犯罪化与中国刑法[M]. 北京：北京大学出版社，2007：515—521.

② 赵秉志. 刑法调控范围宜适度扩大——解析犯罪化与非犯罪化之争[N]. 检察日报，2004-3-25.

就显得尤为必要。

其次，国外的非犯罪化运动不能盲目照搬。众所周知，我国的犯罪具有“立法定性+定量”的特点，与国外许多国家犯罪概念的“立法定性+司法定量”的特点大相径庭。我国严格区分犯罪与一般违法行为的界限，只将具有严重社会危害性的行为规定为犯罪，而国外许多国家则对危害行为的程度没有量化的要求。如法国刑法将犯罪区分为重罪、轻罪和违警罪，对违警罪只处以罚金和资格刑，类似于我国对行政违法行为的处罚。非犯罪化运动一般就是针对违警罪而言的。当这些国家在对此类犯罪行为进行非犯罪化时，我国则根本不存在相对应的问题。相对于其他国家来说，我国刑法处罚的范围本已很小，可以说在某种意义上，我国的非犯罪化进程远远走在世界前列。与此相对的是，犯罪化的进程却有待推进。典型的如环境犯罪的立法，20 世纪 70 年代以前，各国只对破坏森林、野生动物等具有经济价值和直接影响人类生存环境要素的行为予以刑事制裁。20 世纪 70 年代以后，环保事业迅速发展，受保护的范围逐渐扩大为包括大气乃至外层空间、土地、各类水体、一切生物资源、矿藏和文化环境在内的全部人类环境。这样，危害环境的犯罪行为及其罪责内容也相应得到扩大。如日本国会在 1970 年制定了《关于危害人体健康的公害罪处治法》，全面确立了对危害环境行为的刑事制裁制度；美国自 20 世纪 80 年代中期开始，也把违反《清洁水法》《资源保护和再生法》等犯罪行为从轻罪划入重罪，并成立专门的环境犯罪署用来查处环境犯罪。①从目前的情况看，发达国家的环境刑事立法要比发展中国家完善得多，对环境要素的刑事保护范围也要周全得多。我国目前生态环境恶化，人为因素导致的环境事故愈演愈烈，正需要以刑罚手段有力地保护生态环境。发达国家的环境刑法方面的立法经验，无疑对我国在此领域的刑事立法具有重要参考价值。不同的时代背景和立法现状决定了不能盲目跟随国外潮流，而应因地制宜、因时制宜。就目前的情况看来，国外非犯罪化的思潮

① 刘仁文. 国外的环境犯罪与立法[J]. 外国法译评，1995（1）.

确有值得借鉴之处，但更需要我们学习的，则是其先进的立法经验和立法技术，此点在民间融资领域也不例外。从国外市场经济的发展历程来看，其也同样经历了民间融资从起步到快速发展的阶段，在这一过程中，民间融资的刑法规制也经历了同样复杂的过程，其相应的立法经验，值得我国借鉴。

最后，我国的刑法属于“厉而不严”的结构，要修正为科学的“严而不厉”的结构，主要的任务仍然在于严密刑事法网，降低入罪标准和个罪的起刑点。因此，虽然存在对个别行为的非犯罪化，但犯罪化仍然是主要的趋势和任务。对于人肉搜索、恶意欠薪、性贿赂、婚内强奸、见危不救等行为是否要入罪的讨论远远比对组织卖淫、安乐死等行为是否要非犯罪化的讨论更有意义。因为后者的行为事实上还可以用司法上的非犯罪化来做一定的调整和缓冲，而前者，如果失去了犯罪化的前提，则只能对其束手无策。

因此，非犯罪化的进步并不一定意味着刑法的进步，更不一定意味着法治的进步；而犯罪化的开展也不意味着刑法的倒退，更不一定意味着法治的倒退。在民间融资领域，适时划定合理的犯罪圈，达到刑法的惩罚犯罪和保护人民的双重目的，才是理智和富有实效的。

（三）非刑罚化的历史进程

在谦抑性深入人心的背景下，非刑罚化同样也是日渐流行的观点，如有的主张规定免刑制度和免除处罚情节、运用非刑事制裁措施、实行保安处分，弥补刑罚功能的不足，尤其是短期自由刑无法克服的弊端，限制刑罚的适用范围。[①]也有学者主张从控制自由刑、选择替代刑、改革监禁刑等方面实现非刑罚化。[②]

不可否认，从刑罚的历史发展轨迹来看，总体上是趋向轻缓的，由野蛮向文明、残酷向人道、严厉向轻缓进化着；从当今各国刑罚体系来看，生命刑日趋衰落；自由刑稳居刑罚的中心位置；罚金刑在西方很多国家也已跻身主刑地位；减刑、假释、缓刑等传统的轻缓化制度和保安处分等非刑事制裁措施在各国刑法已占据重要位置。由此可

① 梁根林. 非刑罚化——当代刑法改革的主题[J]. 现代法学，2000（6）.
② 熊永明，胡祥福. 刑法谦抑性研究[M]. 北京：群众出版社，2007：350—355.

见，以非犯罪化为典型标志的刑罚轻缓化是世界刑罚发展的潮流。

刑罚本质上意味着剥夺和痛苦，国民拥有得越多可能被剥夺得也就越多，而拥有的多少取决于一国的经济发展状况。正如贝卡利亚早已阐明的，刑罚的规模应当同一个国家的基本状况相适应。①经济上的差距从根本上决定了在非刑罚化和轻刑化的历史进程中，我国与发达国家必定处于不同的阶段，这也是在经济基础决定上层建筑和社会主义初级阶段理论指导下得出的结论。而且，我国公民与发达国家公民在物质、精神生活水平以及价值观念上的差距与差异也是不容忽视的因素，这恰恰决定了我国刑罚不可能像发达国家刑罚那样轻缓，一些刑罚种类与执行方法，比如禁止驾驶、禁止周末出入游乐场所等，在我国根本不具有刑罚的剥夺性与痛苦性。发达国家经过成熟的市场经济的发展，已经完成了刑法的扩张，转而收缩、谦抑，而我国还远远没有完成这一过程。如果忽视国情而盲目追随潮流，将是十分不合时宜的。就民间融资领域而言，同样因为我国当前的经济发展阶段和水平与国外尚有差距，如何在民间融资刑事法网中配置适度的刑罚，仍然是我们面临的重要课题，对此，本书将在后续章节中就该问题进行专题探讨。

（四）特殊案件的解决途径

主张让谦抑性发挥重要作用的又一个场合是对特殊案件的处理，最典型的是2006年发生的许霆案。许霆案发生后，众多媒体对其抱有极大同情，甚至连法学界的人士也纷纷从各个角度寻找能够对其减轻处罚的根据，其中便不乏以谦抑性为理由的主张，认为刑法在这种行为人具有明显可宥性的特殊案件中，应当更加具有谦抑的品格，从而对行为人进行从轻发落，乃至应当无罪。②

但是，需要指出的是，即使承认谦抑性的基本原则之地位，亦不

① [意]贝卡利亚. 论犯罪与刑罚[M]. 黄风，译. 北京：中国大百科全书出版社，1993：44.

② 赖修桂，赵学军. 从许霆案看刑法的谦抑性[J]. 法律适用，2009（2）；张军. 刑法当谦抑[N]. 检察日报，2008-4-24；钱钧. 许霆案的思考——刑事诉讼中坚持“谦抑性原则”的必要性[DB/OL]http://blog.sina.com.cn/s/ blog_40c9862 b0100dtn2.html，2009年11月4日访问；何耀伟. 从许霆案看刑罚不可轻用[DB/OL]http://news.xinhuanet. com/comments/2008-04/01/content_7892744. htm，2009年11月4日访问。

能用谦抑性本身直接决定具体案件的判决结果，正如不能用刑法的三大基本原则直接判定案件的具体裁量结果一样。有具体规定时必须服从具体规定，在刑法中尤其如此。仍以许霆案为例，在其行为完全符合盗窃罪构成要件的情况下，不能以侵占罪轻于盗窃罪为理由，否定盗窃罪的构成而认定为侵占罪；更不能以该行为构成不当得利，属于民事侵权，刑法应当谦抑为理由，宣告无罪。从刑民分界的角度看，严重的侵权行为构成犯罪，而一旦达到了犯罪的严重程度，就应当超出一般民事侵权的范围，认定构成犯罪。如果将谦抑性作为处理个案的具体方法，那么对于任何案件都必须首先从民事角度分析，而结论必定是构成民事侵权，最终将导致刑法和刑事诉讼被虚置，这显然是不可接受的。①

“有一个古老的法律格言———棘手的案件制造恶法；这句话的意思是，案由越是让人同情，我们就越容易为了一个特定的结果而给予救济，有时法律就因此遭到破坏”。②特殊的疑难案件通常具有法治标本的意义，它们能够引发对现行规定的深入反思，但同时也会带来对其的不当冲击。法律人应当有这样的能力，避免动辄脱离具体规定而寻求原则支撑的惰性思维，在现行法律的规定下睿智地解释法律、解决疑难案件，努力减少特殊疑难对法治的负面影响。

近二十年来，我国民间融资领域发生了一系列代表性的案件，每次发生，均引起了刑法理论界、实务界和整个社会的广泛争议。从20世纪的1993年沈太福案、1995年邓斌案到21世纪的2003年孙大午案、2009年内蒙古万里大造林案、2009年丽水杜益敏案、2009年辽宁“蚁力神”案、2009年吴英案等，均产生了极大的社会轰动效应。在这些案件中，社会公众对于司法个案处置的主流性、主导性意见不仅体现了公众对民间融资司法个案处置的评价与期待，更蕴含着公众复杂的社会愿望和社会诉求。可以说，表达判意已成为公众参与民间融资的政策与法律管理，实施对司法社会监督的一种形式。在构建民

① 屈学武. 正确理解刑法的谦抑性原则[N]. 光明日报，2003-11-4.

② [美]迈克尔·利夫，米切尔·考德威尔. 摇摇欲坠的哭墙[M]. 潘伟杰，译. 北京：新星出版社，2007：25.

间融资刑事法网的过程中，对于一些特殊的案件，如何合理地贯彻谦抑性的刑法理念，正确认识公众判意的特性及形成的社会条件，揭示公众判意的合理性与偏失，赋予公众判意以恰当的地位，[①]是我国提升民间融资的治理水平进而提升法治化水平所面临的重要课题。

（五）罪刑法定原则的中国表述

另一相关的问题是谦抑性原则与罪刑法定原则关系的处理。在我国，罪刑法定原则有着与传统的经典表述方式不同的立法规定，即从正反两面规定了罪刑法定原则。从罪刑法定原则的前半段规定来看，“法律明文规定为犯罪行为的，依照法律定罪处刑”。对于这一有中国特色的规定，辩护者有之，批判者有之。本着不盲目批判法律的精神，应对这一现行规定做出合理的理解。之所以有这样的规定，最根本的原因在于我国的犯罪概念是立法上既定性又定量的，不同于许多西方国家立法定性加司法定量的模式。在后者的模式下，任何程度的犯罪行为都会被公权力加以规制，因而需要着力限制公权力的发动与行使，其罪刑法定原则也单纯地表述为消极的限制立法权。而我国则不同，立法定性加定量的模式决定了司法机关有一定的自由裁量权，有权决定是否对某一行为启动刑事司法程序，为了限制司法机关出罪的自由裁量权，第三条前半段做了上述规定。[②]而我国在刑事立法中就已经严格限制了处罚范围，警察和检察机关不应当具有像国外一样较大的自由裁量权，否则会使刑法规制的范围愈加缩小。因此，提倡在起诉阶段贯彻谦抑性并不意味着对公权力的单方面缩小，而应理解为应当追诉的必须要追诉，谦抑性并非是对某些可诉可不诉的案件不予追诉的根本理由。体现到民间融资领域，也必须严格贯彻罪刑法定原则，在现行法律已经明文规定某种融资行为构成犯罪的情况下，则应依照法律的规定定罪处罚；反之，如果某一融资行为未被法律明确规定为犯罪的，则一律不得予以定罪处刑。

总体而言，谦抑性是刑法应当具备的精神，谦抑性的贯彻确实对某些问题的解决不无裨益，但存在诸多理论与现实难题的根本原因不

---

① 顾培东. 公众判意的法理解析[J]. 中国法学，2008（4）.

② 张明楷. 司法上的犯罪化与非犯罪化[J]. 法学家，2008（4）.

是尚未形成系统的谦抑制度,将解决问题的希望寄予系统的谦抑制度,实在是令谦抑性负载了其不能承受之重。谦抑性的提倡和运用也应当保持一定的界限。结合我国的现实情况,提倡刑法的谦抑,在立法上应当止于"可不动用就不动用刑法",而主要的任务仍然是大量危害行为的犯罪化,司法上非犯罪化的空间也极其有限。从目前来看,谦抑性发挥作用的主要场合在于刑罚的轻缓化,可不动用重刑就不动用重刑,尽量采取符合人道主义精神的刑罚措施,体现人权保障观念和宽严相济刑事政策的本旨。①

结合民间融资刑法规制的研究背景,对刑法谦抑性的理解和运用同样是相对而言的,这可以从两个方面进行讨论:一方面,刑事立法中需要坚持谦抑性原则,即刑法作为保障社会的最后一道防线,作为其他部门法的保障法,其规定犯罪必须以民商法、行政法等前提性规定为基础。如果刑法对某一行为进行入罪化处理,而并无相应的其他部门法作为前期支撑,刑法就丧失了介入的必要性。没有其他部门法的预先惩处而直接科以刑罚,刑法的触角延伸得过多过长,这对于行为人来说仍无异于不教而诛。另一方面,刑事司法中也要坚持谦抑性原则,即司法机关最终实际处罚的民间融资的犯罪圈不能大于刑事立法所规定的犯罪圈。这一目标的达至可以由刑事司法程序中的诸多规定来实现。如对于符合犯罪成立条件、达到追诉标准的行为,在结合具体案情的前提下,若综合全案犯罪事实和犯罪情节认为不需要适用刑罚,那么在审查起诉阶段检察机关可以按照刑事诉讼法中相对不起诉的规定做出不起诉的处理,在审判阶段法院可以依据刑法中的相关规定做出免予刑事处罚的判决。

纵观近年来我国刑法修正案对于社会经济生活的重大变迁所做出的回应,谦抑性原则得到了较为明显的体现。以《刑法修正案(八)》中关涉民生的刑事立法为例,对于醉驾、飙车等违反交通运输管理法规的危险驾驶行为、恶意欠薪等严重违反劳动法规的行为、非法采矿等严重违反环境保护法规的行为,在加强追究其行政责任、民事责任

① 刘媛媛. 刑法谦抑性及其边界[J]. 理论探索,2011(5)

的前提下，作为其他部门法之保障法的刑法也给予了有力的配合，即把醉酒驾车和情节恶劣的追逐竞驶等危险驾驶行为、情节恶劣的恶意欠薪等行为入罪化，降低非法采矿罪等破坏环境资源犯罪的入罪门槛。在风险社会的背景下，类似的做法对于刑法谦抑性的坚守显得尤为重要。在民间融资领域，也应按照这一理念编织刑事法网，以使刑法在恰当的范围内发挥作用。

第三章

民间融资刑事法网的中心犯罪：非法吸收公众存款罪

从实践情况来看，民间融资中的行为表现十分复杂，可能涉及的刑法规制领域包括：民间融资过程中设立的融资机构可能符合擅自设立金融机构罪的构成；民间融资中的债券发行行为可能符合擅自发行股票、公司、企业债券罪的构成；非法经营罪在民间融资问题上也存在可能适用的空间；民间融资中的连锁借贷行为可能符合高利转贷罪的构成；在集资过程中如果存在诈骗行为则可能构成集资诈骗罪等。但总体而言，民间融资领域最容易触发的罪名为非法吸收公众存款罪。为使问题的研讨更为深入，本书不采取面面俱到的方式对上述各种犯罪均进行研究，而集中对非法吸收公众存款罪进行研究。

第一节　非法吸收公众存款罪中“公众”及“非法吸收公众存款”的认定

一、“公众”的认定标准

从词语本身的含义来说，“公众”一词并无太大争议，三人即成众，但作为非法吸收公众存款罪的直接犯罪对象之公众，则有其特定的内涵。一般认为，所谓公众，就是社会上较大范围不特定多数的储户。如果行为人吸收的户数不多，涉及的范围较小，就不宜认定为吸收公众存款。当然这并不意味着只有实际吸收较大范围的储户的存款才能构成本罪，如果行为人已面向社会公众发放吸储公告，或通过其他方式使公众得知吸收存款的消息，虽实际只吸收了少数几个储户的存款，如果吸收的资金达到一定的数额标准，也应当认为是非法吸收公众存款。①

可以看出，"不特定性"正是"公众"的必然内涵。所谓不特定对象，是指吸收存款的对象没有限制，行为人欢迎任何自然人和单位去存款。但是，到底什么是"不特定"对象，这里的不特定到底是对身份的限制还是对数量的限制，在理论上没有统一的解释，在实践中仍存在很大争议。

"公众"说明了客观行为指向对象的不特定性，非法吸收的是不特定多数人的存款。立法之所以规定非法吸收公众存款并处以严厉的刑罚，就是基于其指向的对象具有不特定性，广大的公众参与非法吸存，容易造成资金运作的风险，即使短期内没有出现明显的危害结果，但其潜在的危害仍是不可忽视的，因而公众的不特定性特征是本罪的必要构成要素。换言之，如果向特定的对象吸收存款，即使人数众多，也不能认定为本罪。"如公司企业在资金短缺、为了扩大经营或生产的情况下，动员内部职工、家属集资或存款入股，或采用行政性摊派等方式募集资金等，因为其吸收资金的对象限于本单位或者本系统内部，对象具有特定性，即使存款人数众多，存款数额巨大，也不能以本罪处罚。"②

通过以上分析，本书认为，可以从以下两个方面认定"公众"：

第一，行为指向的对象具有广泛性，即非法吸收公众存款的行为对象——存款人必须具有众多性，若吸收的是少数几个存款人的存款，即使是以高于银行的法定利率或者实施以相当高于法定利率之物质或

---

① 赵秉志. 新千年刑法热点问题研究与适用（下）[M]. 北京：中国检察出版社，2001：8043.
② 周道鸾，张军. 刑法罪名精释[M]. 北京：人民法院出版社，2003：228.

者财产性利益来吸收资金，也不构成本罪，而应该按照民间借贷来处理。我国刑法没有对“公众”进行量的规定，相应对所谓“公众存款”一词在刑法理论和司法实践中都存在较大的分歧。该词首次出现于《商业银行法》，但该法并没有对其内涵进行界定，[①]且目前没有相应的立法或者司法解释给予明确界定，造成了理解上的一定混乱。但对象的众多性特征毋庸置疑，而且要结合案件实际情况综合予以考量。最高立法机关或者司法机关应该在调查研究的基础上，从本罪的立法原意出发，及时做出相应的具体解释。

第二，行为方式具有公开性，即非法吸收存款是通过向社会公开的方式进行的。公开性并不一定要求行为人必须是大张旗鼓地进行宣传，吸收公众存款因其非法性反而更多采用较为隐蔽的手段进行，只要出于吸引更多存款的目的，在公众之间形成信息的广泛传递，就可以认定为带有公开性。从实践来看，体现公开性的向社会不特定对象吸收存款的形式通常有两种：一是通过公开张贴告示、通知等方式招揽存款；二是发动亲友到处游说，广泛动员他人参加吸储。

从实践情况来看，在不少民间融资行为中，融资人以高于银行同期利率、不收利息税为手段，通过下设代办点的方式变相吸收存款，虽然开始限于一定范围的家属或朋友，但其吸收的方式和手段已经表明是面对不特定公众的。下设代办点的方式必定要面对非亲属或朋友的其他人员，这就导致吸储的对象事实上已经得到了极大的扩展，这些人借款的目的就是利息比银行高，不拿利息税，存款方便，否则不会参加存款。由此可以看出，这种吸收存款行为具有手段的公开性、对象的广泛性，因而可以认定为是面向不特定公众吸收存款，符合非法吸收存款罪的本质特征。

二、“非法吸收公众存款”和正常的民间借贷的区别

法律并没有明确界定正常民间借贷与非法吸收公众存款之间的界

---

① 代波，齐沁霞. 非法吸收公众存款罪的理论缺陷及完善[J]. 新疆警官高等专科学校学报，2005（1）.

限，应当从行为的形式、有关的司法解释以及吸收资金的用途等方面区分非法吸收公众存款与正常的民间借贷的区别。

民间借贷又称民间信用或个人信用，是与正规的金融借贷相对应的，居民个人向集体或者其相互之间提供的借贷，一般采取利息面议、直接成交的方式。我国民间借贷历史悠久，是经济社会不可或缺的融资渠道之一。民间资金的需求有时间急、次数多、金额小、主体杂等特点，与正规金融贷款手续复杂、条件严格、耗时较长的特点形成鲜明对比，而民间借贷的特点正好能够满足民间资金的需求。

民间借贷游离于正规金融机构之外的个人与个人、个人与单位、单位与单位之间，是以偿还为条件的资金筹借活动，由于其不受国家行政监管约束，具有明显的自发自愿、互助互惠的特征。在我国，民间借贷一直处于虽不禁止，也不鼓励的状况。20 世纪 90 年代初，政府对乱集资、高利贷等行为进行了清理，一度抑制了民间借贷的发展，1998 年 7 月国务院颁布的《非法金融机构和非法金融业务活动取缔办法》和其他一系列法规政策更是在不同程度上压缩了民间借贷的生存空间。但民间借贷却始终处于“野火烧不尽，春风吹又生”的境况，事实上，民间借贷作为一种社会现象一直普遍存在。[①]特别是大量的中小企业、民营企业在发展过程中遇到资金不足的瓶颈，民间借贷更是其筹措资金的重要渠道，这就决定了它的存在是有广泛市场的。但同时其也存在一些问题，对正规的金融秩序有一定的破坏性，需要加以引导和规范。

民间借贷存在的问题主要有：首先，立法滞后，关键问题是对民间借贷在法律上没有明确界定。关于民间借贷长期没有出台单行法律或者行政法规，相关规定散见于不同法律中且过于原则；而对于非法金融活动，大多以禁止性规定为主，没有相应的处罚规定、强制措施或者法律规范，没有根据变化了的客观情况加以补充、修改，缺乏可操作性。因此，何谓民间借贷？哪些主体可以参与？可以采用哪种形式？非法金融活动的范围有多大？民间借贷与非法金融活动中，合法与非法的界限如何界定？诸多需要明晰的问题没有明确规定。其次，

① 康正平等. 农村金融融资瓶颈与民间信用的替代效应分析[J]. 农村金融体制改革，2004（12）.

民间借贷主体范围不清。[①]企业之间、企业与公民之间能否相互借贷，现行法律、行政法规对此没有正式的禁止性规定。目前唯有国务院公报1984年第10号批转的中国工商银行《关于国营工商企业流动资金管理暂行办法》做过“不准企业之间相互借贷、收取利息”的规定。但是，这一“办法”同样存在许多问题：其一，该办法主要是限制“转贷牟利”，这是在计划经济体制下做出的限制性规定，已不适应现实的市场经济的要求，是否继续坚持值得考虑。其二，司法部门认识不一。最高人民法院1991年《关于人民法院审理借贷案件的若干意见》和1999年《关于如何确认公民与企业之间贷款行为效力问题的批复》以及司法部1992年《关于办理民间借贷合同公证的意见》中，三次对公民与企业之间、企业与企业之间的贷款合同效力加以肯定。法律规定的不统一，造成了实践适用中的混乱。最后，民间借贷还存在另外一些不规范之处，如社会约束不够、合同形式不规范、救济渠道不畅、监管不力等，都使得民间借贷问题重重。

存在问题是现实的，但不能因此而完全否定民间借贷的益处。正如上文分析的，它的存在是有理由的，有市场的，不能因噎废食，对其完全加以禁止，而应当合理引导和规制，发扬其有益的一面，抑制其破坏的一面，使其健康发展，为市场经济条件下企业的发展创造有利条件。

通过上文的分析可以看出，现行法律并没有明确区分非法吸收公众存款与民间借贷的界限。《合同法》第12章规定，建立在真实意思基础上的民间借款合同受法律保护；1991年发布的《最高人民法院关于人民法院审理借款案件的若干意见》规定，民间借贷的利率可以在超过银行同类贷款利率的四倍以下的范围内适当高于银行的利率；1999年发布的《最高人民法院如何确认公民与企业之间借贷行为效力问题的批复》规定，公民与非金融企业之间的借贷属于民间借贷，只要双方当事人意思表示真实即可认定为有效。

《刑法》第176条规定，非法吸收公众存款或变相吸收公众存款，

---

① 陈正川等. 民间借贷制度安排和对非法金融活动制度约束[J]. 福建金融，2004（12）.

扰乱金融秩序的，处 3 年以下有期徒刑或者拘役，并处或者单处 2 万元以上 20 万元以下罚金。实践中判定非法吸收公众存款主要是根据国务院 1998 年发布的《非法金融机构和非法金融业务活动取缔办法》，第 4 条规定：非法金融业务活动，是指未经中国人民银行批准，擅自从事的下列活动：（1）非法吸收公众存款或者变相吸收公众存款；（2）未经依法批准，以任何名义向社会不特定对象进行的非法集资；（3）非法发放贷款、办理结算、票据贴现、资金拆借、信托投资、金融租赁、融资担保、外汇买卖；（4）中国人民银行认定的其他非法金融业务活动。所称的非法吸收公众存款，是指未经中国人民银行批准，向社会不特定对象吸收资金，出具凭证，承诺在一定期限内还本付息的活动；所称变相吸收公众存款，是指未经中国人民银行批准，不以吸收公众存款的名义，向社会不特定对象吸收资金，但承诺履行的义务与吸收公众存款性质相同的活动。

由此看来，从民法意思自治的基本原则出发，法律并不干预正当范围内民间借贷；问题是，根据《合同法》的规定，一个企业向一个公民借款或向多个公民借款都属于民间借贷，但这样的民事行为在《取缔办法》中就可能变成非法，从合法民间借贷行为到非法吸收公众存款，民事法律与金融行政法规之间缺少应有的逻辑关系，合法的民间借贷在《取缔办法》中的地位不明，法律之间存在合理衔接，到底向多少公民借贷或者借贷多少属于合理范围，尤其是在什么情况下触犯刑法，并没有明确的规定。

从现行法律对民间借贷的规制看，对民间借贷的对象、范围等有关问题都没有做出限制性规定。目前对民间借贷的限制仅仅是在中国人民银行颁布的《中国人民银行关于取缔地下钱庄及打击高利贷行为的通知》中，存在两个方面的限制。是禁止吸收他人资金转手放款，二是借贷利率不得超过中国人民银行公布的金融机构同期、同档次贷款利率的四倍。除此之外，在我国整个法律体系中，无论是法律、行政法规、规章还是立法解释、司法解释，都没有对民间借贷的对象、范围做出限制性和禁止性的规定。法律规定的缺失、不明确以及存在的矛盾无疑造成了在判定民间借贷与非法吸收公众存款时的混乱。

有观点认为，从构成犯罪的数额标准来看，非法吸收公众存款中法律并未要求一定的数额标准，只要行为人实施了非法吸收公众存款的行为并扰乱了国家金融管理秩序的，不论其数额大小均可按非法吸收公众存款罪定罪处罚。[①]本书认为这种观点是不正确的。根据最高人民检察院、公安部联合发布的《关于经济犯罪案件追诉标准的规定》，第 24 条规定了非法吸收公众存款案的追诉标准：非法吸收公众存款或者变相吸收公众存款，扰乱金融秩序，涉嫌下列情形之一的，应予追诉：（1）个人非法吸收或者变相吸收公众存款，数额在二十万元以上的，单位非法吸收或者变相吸收公众存款，数额在一百万元以上的；（2）个人非法吸收或者变相吸收公众存款三十户以上的，单位非法吸收或者变相吸收公众存款一百五十户以上的；（3）个人非法吸收或者变相吸收公众存款，给存款人造成直接经济损失数额在十万元以上的，单位非法吸收或者变相吸收公众存款，给存款人造成直接经济损失数额五十万元以上的。由此可见，并非实施了非法吸收公众存款的行为就构成本罪，还需要有一定的标准。

现行民间借贷与非法吸收公众存款的界限不明，直接原因是法律规定的不明确，但深层原因是我国的金融监管过于僵化，市场准入过于严格，限制了民间融资的正常健康发展。本书建议，应当尽量缩小刑法对这一行为的介入，将民间借贷界定为一般的民事法律行为，从以下方面判断是否为正常的民间借贷以区别于非法金融活动[②]。（1）从资金来源分析，用于借贷的资金是否属于出借方的自有资金，区别于利用他人资金转贷牟利，包括利用非法吸收存款或者非法集资等的资金；（2）从借款用途分析，其借款资金是否用于满足正常的生产经营需要，区别于各种非法使用；（3）从借款手段分析，看当事人的意思表示是否真实；（4）从借贷结果看，一是出借方是否以此作为主要收入来源，二是出借方放款对象是否为特定主体。在现行法律没有明确规定的情况下，区分正常的民间借贷与非法吸收公众存款的界限，

---

① 刘贵涛，张成法. 非法吸收公众存款罪与集资诈骗罪比较研究[J]. 辽宁公安司法管理干部学院学报，2001（1）.

② 陈正川等. 民间借贷制度安排和对非法金融活动制度约束[J]. 福建金融，2004（12）.

应当依照最高人民检察院、公安部联合发布的《关于经济犯罪案件追诉标准的规定》来判断。

值得注意的是，最高人民法院 2010 年 12 月 13 日公布的《关于审理非法集资刑事案件具体应用法律若干问题的解释》第 1 条第 1 款规定："违反国家金融管理法律规定，向社会公众（包括单位和个人）吸收资金的行为，同时具备下列四个条件的，除刑法另有规定的以外，应当认定为刑法第 176 条规定的'非法吸收公众存款或者变相吸收公众存款'：（一）未经有关部门依法批准或者借用合法经营的形式吸收资金；（二）通过媒体、推介会、传单、手机短信等途径向社会公开宣传；（三）承诺在一定期限内以货币、实物、股权等方式还本付息或者给付回报；（四）向社会公众即社会不特定对象吸收资金。"第 2 款规定："未向社会公开宣传，在亲友或者单位内部针对特定对象吸收资金的，不属于非法吸收或者变相吸收公众存款。"第 3 条规定前两款规定："非法吸收或者变相吸收公众存款，具有下列情形之一的，应当依法追究刑事责任：（一）个人非法吸收或者变相吸收公众存款，数额在 20 万元以上的，单位非法吸收或者变相吸收公众存款，数额在 100 万元以上的；（二）个人非法吸收或者变相吸收公众存款对象 30 人以上的，单位非法吸收或者变相吸收公众存款对象 150 人以上的；（三）个人非法吸收或者变相吸收公众存款，给存款人造成直接经济损失数额在 10 万元以上的，单位非法吸收或者变相吸收公众存款，给存款人造成直接经济损失数额在 50 万元以上的；（四）造成恶劣社会影响或者其他严重后果的。具有下列情形之一的，属于刑法第一百七十六条规定的'数额巨大或者有其他严重情节'：（一）个人非法吸收或者变相吸收公众存款，数额在 100 万元以上的，单位非法吸收或者变相吸收公众存款，数额在 500 万元以上的；（二）个人非法吸收或者变相吸收公众存款对象 100 人以上的，单位非法吸收或者变相吸收公众存款对象 500 人以上的；（三）个人非法吸收或者变相吸收公众存款，给存款人造成直接经济损失数额在 50 万元以上的，单位非法吸收或者变相吸收公众存款，给存款人造成直接经济损失数额在 250 万元以上的；（四）造成特别恶劣社会影响或者其他特别严重后果的。”可以看出，这一司法解释进一步明确了本罪的入罪条件。

第二节　非法吸收公众存款罪的犯罪属性辨析

在实践中，很多民营企业为解决发展过程中遇到的资金问题，将吸收的员工、亲属及其他的资金完全用于本企业的发展，有观点认为，从行为的目的上看，这种借款行为不是以非法占有为目的的，没有挥霍浪费、吃喝嫖赌的动机，没有盲目投资、疏于管理从而使借款人产生危机的事实，没有进行发放贷款的行为，从本质上说其吸收的资金只是“借款”而非“存款”，因而不能认定为非法吸收公众存款。而另一种观点则认为，这些行为的目的并不影响非法吸收公众存款行为本身的认定，即使没有特定的目的，即使不以发放贷款为目的，只要实施了特定的行为并达到了一定的严重程度，就构成本罪，即特定目的并非本罪的必要构成要件。上述观点争论的核心，事实上是非法吸收公众存款罪是否属于目的犯的问题，因这一问题的解决涉及非法吸收公众存款罪的认定，值得专门探讨。

一、学界基本观点梳理

目前，关于非法吸收公众存款罪是否需要具有特定目的，主要有两种学说，其一是特定目的必要说。此说从存款的特定含义出发，认为应当区分存款与借款，存款是特定的金融活动，从经济学的角度讲，只有用于发放贷款的资金才能称之为存款，而借款则不具有这样的目的。只有以发放贷款为目的的吸收资金才是侵犯了金融机构特定的活动，才能称之为扰乱了金融秩序，才能被认定为吸收公众存款，否则，只是吸收资金用于生产经营、解决企业融资等问题的，不能认为是扰乱金融秩序而被认定为吸收公众存款，因而本罪的成立需要有特定的目的，即吸收的资金用于信贷。[①]

其二是特定目的不必要说。此说认为刑法对本罪的规定并未强调行为人的犯罪目的，而且从现实层面分析，行为人非法吸收公众存款或者变相吸收公众存款后，对吸收存款的资金投向并不局限于信贷，也可能用于生产、经营活动，[②]关键在于行为人的行为本身违反了金融管理法规，从而对金融秩序造成了实际的侵害或有侵害的危险，吸收存款的用途并没有决定性的影响，显然此时也符合本罪的犯罪构成。大多数学者持这种观点。[③]

可以看出，本罪的成立是否需要特定的目的，即本罪是否是目的犯成为辩论的焦点之一。因此，有必要从目的犯的基本理论着手，就上述问题展开研究。

二、关于目的犯的理论

“目的犯是指以超过的主观要素为罪责要素的犯罪。刑法分则在某些犯罪的规定中涉及罪责要素，主要有两种情形：一是明知，二是目的”。[④]在这种情况下，明知与目的作为犯罪构成要素，对于该罪的成立有重要意义。问题在于：刑法分则中的目的与明知，与刑法总则中的故意是一种什么样的关系？能否为罪责的一般理论所解释？

我国刑法分则中规定的目的犯主要包括两种情形：一是直接目的，例如合同诈骗罪中的非法占有目的。合同诈骗行为是指通过签订合同而骗取他人财物，因此非法占有他人财物是合同诈骗的题中之意，行为人通过签订合同即可实现非法占有的目的。二是间接目的，例如走私淫秽物品罪中的牟利或者传播目的。走私淫秽物品罪直接故意所包含的目的是指将淫秽物品走私出入境，这种主观目的与客观行为之间

① 张明楷．刑法学（下）[M]．北京：法律出版社，1997：643.

② 马克昌．经济犯罪新论[M]．武汉：武汉大学出版社，1998：321.

③ 冯亚东，刘凤科．非法吸收公众存款罪的本质及立法失误[J]．人民检察，2001（7）；李希惠．论非法吸收公众存款罪的几个问题[J]．中国刑事法杂志，2001（4）；肖中华．论非法集资犯罪的制度防范和刑法惩治[J]．人民检察，2000（10）；赵秉志，万云峰．非法吸收公众存款罪探讨[J]．人民司法，2004.

④ 陈兴良．目的犯的理论探究[J]．法学研究，2004（3）.

存在对应关系，即从客观行为中就可以推导出主观目的。但牟利或者传播目的则不是走私淫秽物品罪的直接故意所包含的，这一目的的实现有待于进一步实施牟利或者传播的客观行为。因此，对于走私淫秽物品的行为来说，牟利或者传播目的是一种超过的主观要素。

除刑法明文规定的目的犯和隐含的目的犯以外，是否存在非法定的目的犯是一个值得研究的问题。我国刑法学者把这种非法定的目的犯称为不成文目的犯，指出：有些犯罪，刑法分则条文虽然没有规定构成该罪必须具备某种特定的犯罪目的，但从司法实践和刑法理论上看，则必须具备某种特定的犯罪目的才能构成该犯罪，即所谓不成文的构成要件。对于这类尚未被立法明文规定的事实上的目的犯，尤其需要注意。

法定的目的犯与非法定的目的犯是目的犯的两种表现形式，相比而言，法定目的犯因为是有法律规定的，所以在认定的时候是比较容易的；而非法定目的犯法律未对其做出明文规定，因而容易产生理解上的歧义。本书认为，在立法的时候，基于罪刑法定的明确性原则，应当对目的犯加以明确规定。在刑法未做出明确规定的情况下，司法解释应当对非法定目的犯做出规定以便实现非法定目的犯的法定化。只有这样才能为正确认定目的犯提供充分的法律依据。

为了避免犯罪认定发生困难，我国刑法对这类不成文的目的犯有将其成文的必要。在我国刑法中，引起讨论的有两个罪名，即伪造货币罪和虚开增值税专用发票、用于骗取出口退税、抵扣税款发票罪。现以伪造货币罪为例进行说明。

外国刑法一般认为伪造货币罪是目的犯。例如，日本《刑法》第148条规定伪造货币罪必须以行使为目的。德国《刑法》第146条规定必须具有行使或者进入流通的意图。但我国《刑法》第170条规定的伪造货币罪，并未规定行使或者流通的目的。那么我国刑法中的伪造货币罪是否需要以行使或者流通为目的呢？否定说认为，我国刑法鉴于伪造货币的严重危害，没有要求行为人主观上具有特定目的，对仅伪造并不使用的伪造货币的行为，以本罪论处。事实上不以使用为目的而伪造货币的行为，也会侵犯货币的公共信用。因此，从解释论上而言不应认为本罪为目的犯。肯定说则认为，在刑法解释论上应当要求有行使流通的意思，即将假币作为真币在市场上流通，从而危害货币的公共信用。单纯为了教学文艺演出私人收藏或者展览而设计制造的不认为具有行使的目的，欠缺本罪故意，不构成犯罪。现在伪造货币罪是否以行使为目的，是一个刑法解释论上的问题。否定说是一种文义解释，肯定说则是限制解释。新法没有规定伪造货币必须以行使为目的，但从刑事政策出发对此做出限制，将没有行使目的的伪造货币行为从犯罪中排除出去，在刑法解释论上也是可以成立的。

应当说，采用非法定目的犯的概念是可取的。这里涉及伪造货币罪所侵犯的法益。可以说，犯罪行为侵犯的法益决定了犯罪的成立是否需要特定的目的。有学者认为，伪造货币罪侵犯的法益，是社会对货币的信用，以及由此而产生的交易安全。伪造货币罪侵犯的法益经历了一个从制造或者发行货币以及批准权到货币信用的变迁过程。如果伪造货币侵犯的法益是货币制造或者发行权，则只要制作了货币就应构成伪造货币罪。而如果伪造货币罪侵犯的法益是货币信用，则没有行使目的很难说就会侵犯货币信用。我国刑法理论以往都把伪造货币罪的客体理解为货币管理制度，这一说法过于宽泛，而新的著作则理解为货币的公共信用。在这种情况下，要求伪造货币罪必须以行使为目的才符合伪造货币罪的本质特征。

三、非法吸收公众存款罪的目的犯属性之否定

以上述目的犯的基本理论为出发点，本书认为，非法吸收公众存款罪不应归入目的犯的范畴，即该罪的成立不需要有特定目的的存在。

（一）从借款和存款的区别看

有观点认为，本罪中的存款应当从与贷款相对应的含义上理解，认为非法吸收公众存款罪所指的存款应当从资本、货币经营的意义上讲。只有在这个意义上去理解“存款”，才能解释清楚民间借贷与银行吸收存款的区别，才能找到合法的民间借贷与非法吸收存款的界限。

我国并没有对商业借贷与消费借贷做出区分，也并没有对借款人

和贷款人的主体资格做出限制性规定，这就意味着西方国家常见的消费借贷与商业借贷区分在我国没有意义，从理论上说也意味着我国的企业和公民可以从事借贷性活动。1999 年 1 月 26 日发布的《最高人民法院关于如何确认公民与企业之间借贷行为效力问题的批复》规定，公民与非金融企业之间的借贷属于民间借贷，只要双方当事人意思表示真实即可认定有效。虽然也规定不得以借贷的名义非法集资，但到底什么是非法集资，该批复没有说明。

应当承认，法律对于民间借贷与非法吸收公众存款之间的规定确实缺少衔接和对应，一个企业向一个公民借贷属于合法民间借贷，向两个公民借贷也属于合法借贷，但是，向 100 个、向再多的公民借贷到了金融法规里怎么就成了非法的呢？向一个人借一万元是合法民间借贷，而向 100 个人各借 100 元就可能成为非法吸收公众存款，从民法中的意思自治原则和民间借贷行为到有关金融法规中非法吸收公众存款行为的定性，法律之间缺少应有的逻辑关系，甚至可以说，法律之间存在冲突。到底向多少个公民借贷或者借贷多少属于合法范围，尤其是在什么条件下触犯刑法，法律并没有明确的统一的规定。①

在区分存款与借款的基础上，对商业借贷与消费借贷做出区分规定不无道理。将以发放贷款为目的的吸收资金（商业借贷）与以消费为目的的吸收资金（即消费借贷，如用于生产经营）区分开来，有利于正确区分民间借贷与非法吸收公众存款，实现法律之间的衔接；但是我国现行法律并不区分商业借贷与消费借贷，而对借款与存款的调整适用同一规格的法律，因此不能以此来区分民间借贷与非法吸收公众存款的界限，而只能在法律规定的范围内对其进行界定。

本书认为，本罪的“存款”并不与“贷款”相对应。立法的目的在于处罚未经有关机关批准擅自吸收公众存款从而侵犯国家正常吸收存款的管理制度，并不考虑行为人吸收存款后的用途，或者说，行为人将吸收的存款用于生产经营还是发放贷款，并不是本罪所关心的问题，因此，认为“存款”与“贷款”相对应，如果只是自己使用，并

① 许志勇. 一个民营企业的非法生存——大午集团成长调查报告[EB/OL]. http://edu.beida-online.com，2012 年 3 月 10 日访问。

不符合存款的性质的看法是没有法律根据的。[①]在行为人吸收公众存款后，如果又进行其他活动则应根据具体情形而定。如将其募集资金用于生产经营活动，则后行为不属于犯罪，只将前行为定为非法吸收公众存款罪。

（二）从本罪侵犯的法益看

行为人完全出于本部门或者个人利益的考虑，即使是用于正常生产经营而没有用于发放贷款或者其他非法活动，也严重侵犯了国家金融管理制度和金融秩序，具有极大的社会危害性。首先，这类行为一般通过提高利率等手段，将大量的社会闲散资金集中到少数单位或者个人手中，造成这部分资金失控，不利于国家集中有限资金进行必要的宏观调控。其次，行为人随意提高利率，形成与合法金融机构的不正当竞争，破坏国家统一制定的利率，影响币值稳定，同样也是对国家金融秩序的扰乱。最后，行为人一般不具有合法金融机构强大的经济实力，没有完善的经营管理制度，缺乏有效的监督机制，承担风险的能力极弱，从本质上无法保证货币的保值、增值，从而无法保证存款人的利益，给存款人带来极大的风险，造成社会公众财产的严重损失，甚至影响社会稳定。[②]可以说，法律禁止的是未经准入而擅自从事正规金融业务的活动，对于吸收资金后做何用途并不考虑，其吸收行为本身就是对金融监管秩序的违反。

或许行为人吸收资金后短时间内没有出现问题，正如很多民间融资案件一样，基于吸储人本人的人格魅力以及吸储企业良好的运营态势，广大储户对其抱有极大的信任，而很多吸储企业至案发时仍保持着良好的运行，储户存取自由，利益也并未受到损害，但这绝不意味着这些资金能够继续得到保值增值，储户的利益得到有效、稳定的保护。没有正规金融机构的各种管理制度的规制，即使是完全用于生产经营，吸储人或单位也很可能无法完全控制存款的使用并保证其增值。事实上，以市场经济主体的身份来衡量，很多吸储企业的投资行为都

① 刘宪权，卢勤忠. 金融犯罪理论专题研究[M]. 上海：复旦大学出版社，2002：343.

② 代波，齐沁霞. 非法吸收公众存款罪的理论缺陷及完善[J]. 新疆警官高等专科学校学报，2005（1）.

是不理性的，不符合一个理性投资人的法则。拿自己的利润去办公益事业是无可厚非的，但如果拿借款来投资，就很值得商榷。从投资的角度来看，这种行为的风险很大。对于他所做的其他一些投资，由于农产品加工市场变化很快，每年因市场的原因倒闭的企业就不在少数。而在市场经济的大潮中，一个企业的经营状况有时是很难预料的，也并非能够完全由行为人控制，一旦经营状况恶化、无法维持储户的正常利益，则无疑会带来严重的后果。而这正是金融监管所要避免的情况。

第三节　非法吸收公众存款罪中"扰乱金融秩序"的判定

关于对非法吸收公众存款罪中涉及的"扰乱金融秩序"的理解，学术界一直存有不同观点。民间融资过程中，是否扰乱了金融秩序，是认定是否构成非法吸收公众存款罪的关键所在。因此，也有必要就该问题进行探讨。

一、"扰乱金融秩序"在本罪法条中的地位

《刑法》第176条规定，非法吸收公众存款或者变相吸收公众存款，扰乱金融秩序的，犯非法吸收公众存款罪。刑法明确将"扰乱金融秩序"规定在非法吸收公众存款罪的罪刑规范中，那么，对此应如何理解？它究竟是客观要件，还是一种对非法吸收公众存款行为的整体评价，而与犯罪构成无关？

一种观点认为，从犯罪构成上来说，"扰乱金融秩序"是本罪的必要要件，而非选择要件。换言之，本罪是结果犯，行为人实施了非法吸收公众存款的行为，要达到扰乱金融秩序的程度，才能够认定为本罪。当然，非法吸收公众存款的行为一经实施，就已经在一定程度上扰乱国家金融秩序，因为非法吸收本身就是对金融秩序的漠视和侵犯。当然这种行为有程度的区别，轻者可能只是违反行政法规，重者则可

能触犯国家刑律。而作为犯罪之违法程度，必须达到超越了其他法律法规的最高限度，严重到具备刑罚可罚性程度。因而，这里所言犯罪意义上的非法吸收公众存款，其扰乱金融秩序之程度应当理解为造成一定的社会危害后果、达到犯罪程度之“扰乱”。我国刑法规定的“扰乱金融秩序”应包含有此义，只是规定得确实过于弹性、粗略，给理解适用带来困惑，应该综合考虑吸存行为客观方面的诸要素，包括非法吸收公众存款的地点、范围、数额以及给存款人造成的损失及对当地银行造成的影响等，来量定扰乱金融秩序的程度。如在银行营业范围不及的偏远之地，行为人非法吸收了一定数额的存款用于正当生产经营，并没有造成存款人的损失，就没有扰乱金融秩序，可不以本罪治罪。又如具有吸存资格的金融机构，为了完成存贷计划，以提高利率的方法吸收数额较大的存款，没有造成存款人的损失，也没有造成金融秩序的混乱，就可不认为是本罪之“扰乱金融秩序”。①

另一种观点认为，不宜将“扰乱金融秩序”理解为客观要件。任何非法吸收公众存款的行为都是扰乱金融秩序的，不存在不破坏金融秩序的非法吸收公众存款行为。即只要实施非法吸收公众存款的行为，自然就扰乱了金融秩序。理论上和实务中有人对此提出反驳意见，认为照此理解，“扰乱金融秩序”的规定岂非多余？在这种观点看来，这是一个立法技术上的问题，以立法技术的科学性审视，刑法分则第三章第四节的类罪名“破坏金融秩序罪”已囊括了对行为的整体评价，“扰乱金融秩序”的规定实属多余。“扰乱金融秩序”是对行为的描述，而不是对犯罪结果的描述。法条在适用中的一系列问题，是由于立法的不周全与司法解释的滞后跟进造成的，这与立法技术不无关系。当然，“扰乱金融秩序”作为一个评价性的用语（而非构成要件）来理解，并不是说任何非法吸收公众存款的行为都因为符合“法定”的“扰乱金融秩序”之评价而均构成犯罪。实务中仍应贯彻刑法总则关于犯罪概念规定的精神，对于危害不是很大的非法吸收公众存款行为，不应以犯罪论处。衡量非法吸收公众存款行为的危害程度大小，应当考

① 赵秉志，万云峰. 非法吸收公众存款罪探讨[J]. 人民司法，2004（2）.

察犯罪人有无吸收公众存款的资格、吸收公众存款的数额、给存款人造成的经济损失和社会影响等诸方面。

本书基本同意第一种观点。本罪中的扰乱金融秩序既是对行为的描述，同时又是对危害结果的描述。从哲学观点出发，任何事物或现象，都表现为原因和结果的联系。原因和结果总是相对而生、相互依存的，没有脱离原因或结果而单独存在的事物或现象。具体到犯罪这一特殊领域，犯罪行为和危害结果应是相对而生的[①]。一方面，构成犯罪的原因（行为）和结果（危害结果）也是对立统一的事物，有犯罪行为出现，就会有犯罪的结果产生。另一方面，犯罪是具有严密规定化的性质。作为统一于犯罪这一事物的原因（行为）和结果（危害结果），都应是具有规定化的性质。犯罪的法律性质决定了，不论行为或结果，如果达不到一定的标准，则不构成犯罪。

二、刑法分则条文中的有关构成要件分析

应当说，现行刑法在条文设计上有了很大的进步，但仍然存在某些不够严谨的地方，导致刑法规范缺乏科学性。这种情况表现有：部分罪名存在多余的犯罪构成。刑法分则条文关于犯罪构成要素的规定中有一些是以双重危害结果作为构成要件的。这种双重结果，有些是多余的。如《刑法》第 123 条规定，对飞行中的航空器上的人员使用暴力，危及飞行安全，尚未造成严重后果的，处五年以下有期徒刑或者拘役；造成严重后果的，处五年以上有期徒刑。按照该条规定，构成暴力危及飞行安全罪，在客观方面必须具备两个要素，即行为要素“对飞行中的航空器上的人员使用暴力”，结果要素“危及飞行安全”和“尚未造成严重后果”或者“造成严重后果”。其中的“危及飞行安全”和“造成严重后果”的规定都是多余的。在飞行中的航空器上，所谓严重后果，只能理解为“危及飞行安全”，而危及飞行安全本身就是多余的。如果认为只有造成机毁人亡的后果才是造成严重后果，行

① 郭涛. 关于犯罪构成理论中危害结果与犯罪客体的理论思考[J]. 政法学习，1996（3）.

为人必定死亡。按照刑法和刑事诉讼法的规定，就不存在可以追究刑事责任的主体，那么该条的刑罚也就是多余的。

又如《刑法》第290条规定，聚众扰乱社会秩序，情节严重，致使工作生产经营和教学科研无法进行，造成严重损失的，对首要分子，处3年以上7年以下有期徒刑，对其他积极参加的，处3年以下有期徒刑、拘役、管制或者剥夺政治权利。聚众冲击国家机关，致使国家机关工作无法进行，造成严重损失的，对首要分子，处5年以上10年以下有期徒刑，对其他积极参加的，处5年以下有期徒刑、拘役、管制或者剥夺政治权利。其中的“致使工作生产经营和教学科研无法进行”与“造成严重损失”都具有重叠性，“致使工作生产经营和教学科研无法进行”和“致使国家机关工作无法进行”本身就是该罪的危害结果，也是设定该罪并对之追究刑事责任的理由。在其后之外再添加一个“造成严重损失”，就不仅显得完全多余，而且使聚众扰乱社会秩序和聚众冲击国家机关的行为在“致使工作生产经营和教学科研无法进行”与“致使国家机关工作无法进行”时是否构成犯罪，仍然处于不确定的状态。[①]

由此可见，法条适用中的有些问题是因为立法的原因造成的，需要我们进一步完善立法技术，严密法律用语。同样，在非法吸收公众存款罪这一问题中，现行刑法也存在了类似的问题。一方面，刑法要求本罪具有“非法吸收公众存款或者变相吸收公众存款”的情节；另一方面，又要求“扰乱金融秩序”。而事实上，非法吸收公众存款或者变相吸收公众存款，是否可以直接被归入扰乱金融秩序的范畴，本身就是存有争议的问题。因此，本书建议，在未来该罪名的完善过程中，应就该问题展开进一步探讨，以避免该罪在具体适用时产生不必要的困惑。

---

① 高铭暄，张智辉. 论刑法立法的完善问题[M]. 北京：中国人民公安大学出版社，2003：29.

第四节 非法吸收公众存款罪的总体思考

一、立法沿革及评价

要准确理解适用一个罪名，首先了解其立法背景及立法原旨非常有必要。改革开放以前，我国实行高度集中的计划经济体制，金融业是国家进行计划调控和经济建设的重要职能部门，其活动带有很强的行政色彩；另外，这一时期由于经济不发达，公民手头现金、存款甚少，机关、社团也没有更多可供支配的资金，因此就不存在非法吸收公众存款或变相非法吸收公众存款的制度环境和客观条件。所以，我国在制定第一部刑法时，就没有规定这个罪名。随着我国改革开放政策的推行和深入，国家经济日益活跃，公民生活水平日渐提高，手头现金和储蓄存款也越来越多。特别是随着社会主义市场经济的逐步发展，国家金融市场的搞活，市场日益繁荣和市场主体自主经营权的扩大，一些个人和单位（公司、企业）为了发展生产或扩大经营，千方百计、想方设法募集资金，有的进而发展到违反国家金融法规，擅自吸收公众资金或变相吸收公众资金，进行非法集资活动，其中一些金融机构（包括商业银行）也在相互竞争中进行非法吸收公众存款的活动。这些行为不但严重扰乱了国家正常的金融管理秩序，还给国家和公民带来了极大的金融风险，而且引发了不少民事纠纷和刑事犯罪。为此，第八届全国人大常委会通过的《商业银行法》第11条专门规定：未经中国人民银行批准，任何单位和个人不得从事吸收公众存款等商业银行业务，任何单位不得在名称中使用“银行”字样；第47条规定，商业银行不得违反规定提高利率或者降低利率以及采用其他不正当手段，吸收存款，发放贷款；第79条特别规定，未经中国人民银行批准，擅自设立商业银行或者非法吸收公众存款、变相吸收公众存款的依法追究刑事责任，并由中国人民银行予以取缔。第八届全国人大常委会又通过了《关于惩治破坏金融秩序犯罪的决定》，其第7条明确规定了非法吸收公众存款罪。这是本罪第一次以单行刑法的形式得以确立，并规定了相应的刑罚。1997 年刑法修订时，考虑到本罪的设立对维护国家金融秩序，保障国家金融体系安全、稳健地运行，促进和完善社会主义市场经济体制所起的重要作用，完全吸纳了《关于惩治破坏金融秩序犯罪的决定》关于非法吸收公众存款罪的规定，并以第 176 条做了专门规定。鉴于 20 世纪 90 年代国内金融秩序较为混乱，特别是非法吸存、非法集资的严峻形势，国务院于 1998 年 7 月 3 日专门制定了关于《非法金融机构和非法金融业务活动取缔办法》。其第 3 条规定，非法金融机构是指未经中国人民银行批准，擅自设立从事或者主要从事吸收存款、发放贷款、办理结算、票据贴现、资金拆借、信托投资、金融租赁、融资担保、外汇买卖等金融业务活动的机构。非法金融机构的筹备组织，视为非法金融机构；其第 4 条还对“非法吸收公众存款”和“变相吸收公众存款”进行了行业性解释：“前款所称非法吸收公众存款，是指未经中国人民银行批准，向社会不特定对象吸收资金，出具凭证，承诺在一定期限内还本付息的活动；所称变相吸收公众存款，是指未经中国人民银行批准，不以吸收公众存款的名义，向社会不特定对象吸收资金，但承诺履行的义务与吸收公众存款性质相同的活动。”这为准确认定非法吸收公众存款罪和正确适用刑法，提供了规范性的依据。[①]纵观本罪的立法过程，可以看出，国家启动刑罚机制的目的，在于打击所有违反国家金融管理法规，非法吸收公众存款或者变相吸收公众存款，扰乱金融秩序的行为，包括个人、单位和金融机构的行为。

从以上非法吸收公众存款案的立法沿革可以看出，我国对民间融资行为的规制是在近十年的金融市场的发育过程中，在国家金融力量与民间集资行为的博弈过程中逐步形成的，体现了一种以行政管理为主线，以刑罚为辅佐的基本结构。与此同时，最高人民法院对借贷纠纷发布的若干司法解释，如《关于人民法院审理借贷案件的若干意见》等，只承认公民之间以及公民与企业或组织之间的融资为合法的民间

① 赵秉志，万云峰. 非法吸收公众存款罪探讨[J]. 人民司法，2004（2）.

借贷，适用自愿、协商的民法原则，把企业之间的融资视为金融监管框架内的行为。这些司法解释与《民法》《合同法》的原则性规定一起，完成了对民间集资行为的民事责任体系的构造，使得对民间集资的法律规制呈现出立体化的结构。非法集资行为应当承担的责任如下：民事责任——《合同法》第58条、《民法通则》第106条；行政责任——《非法金融机构和非法金融业务活动取缔办法》第22条；刑事责任——《刑法》第176条。

上述法律规制模式是建立在金融业务特许制的基本理念之上的，具有两个鲜明的特点：第一，金融特许制度确立了市场准入的基本路径——监管机构批准或核准。我国对存款业务经营实行特许制，必须是经中国人民银行审核批准具有存款业务经营范围的金融机构才能开展存款业务。目前，我国能从事存款业务的金融机构有商业银行、信用合作社、邮政储蓄、投资机构等。第二，未经批准而进行的集资行为是否具有经济意义，仅仅影响其在刑法上的罪名，而不改变其非法集资的属性。例如，不具有真实经济意义、纯粹以非法占有为目的的集资行为，可以列入集资诈骗的名下，而投入生产经济活动的资金筹集触犯的是吸收公众存款或擅自发行股票债券罪。因为，非法吸收公众存款罪的构成要件是“吸储行为”，并不要求考虑当事人所吸收资金用于生产、经营或者其他事业。

应该说，金融业务的特许制度以及金融监管的必要性已成为共识。我国处于经济与社会转型时期，缺乏经济个体的自律意识和市场机制的约束，监管者经验不足，因此对集资行为的法律管制可能更为严厉，具有强烈的“管制”而非“引导”的色彩，束缚了经济主体自主融资的手脚。尽管如此，倘若这一监管格局对所有经济实体都一视同仁，可能也不会遭到太大的非议。然而，长期以来，我国金融改革的导向是重国有而轻民营，亲城市而疏农村，使得民营企业、特别是农村民营企业在金融利益的格局中几乎被遗忘。非法集资几乎成为其发展的必由之路，而苛峻的法律责任则成为悬在他们头上的达摩克斯剑。

二、民营企业发展中存在的困难

在民间融资领域大量发生的非法吸收公众存款案件，在本质上均反映了广大民营企业在发展中遇到资金瓶颈时的无奈选择。我国的民营企业发展本身就是一种自上而下的体制变迁的过程，政府的态度也是由默许到逐步认同。因此，民营企业的发展过程始终未得到政府的特殊关照，而且还面临着多方面的歧视。相关调查结果表明：我国私营企业融资严重依赖自我融资渠道。初创时启动资金大部分来自资金持有者、当初的合伙人以及他们的家庭；而在创业过后的后期投资中，仍然严重地依赖内源型融资渠道。此外，大型私营企业要走向成功，银行信贷在其融资中有举足轻重的作用，因其实力雄厚、信誉良好而容易获得银行的贷款；而中小型私营企业则由于竞争能力薄弱、稳定性差等特质，很难获得银行的贷款，转而主要依赖于内源融资（即企业自身的积累）和非正常渠道的外源融资（外源融资即企业外部筹集的资金）。[①]

中小企业贷款难、融资难，难在何处？究其原因主要有以下几点：（1）银行因素。中小企业资金需求的特点是一次性量小，频率高。这就决定银行对中小企业放贷的成本高；金融部门，尤其是国有商业银行长期受计划经济和传统意识的影响，“恐私”的心理相当普遍；国有商业银行的结构性市场退出也是中小企业贷款难的原因之一；还有一个原因是中小商业银行定位模糊。一些中小商业银行创建之初定位为为中小企业服务，但在以后的竞争中，又逐渐转向跟随市场定位，热衷于向地方重点项目或大企业投资。（2）中小企业自身因素。一方面，中小企业市场竞争能力脆弱，缺乏稳定性，使商业银行在发放贷款时不得不慎之又慎；另一方面，大部分中小企业内部管理不规范，尤其是财务管理不健全，不能向银行提供准确完整的财务资料，双方的信息不对称容易导致事前的不利选择和事后的败德行为，增加了银行的

① 张惠君. 民营企业融资与民间金融的发展[J]. 广东轻工职业技术学院学报，2004（9）.

贷款风险。（3）社会因素。中小企业的信用系统、担保系统的缺失使得其在贷款和企业发展时付出巨大的代价。[①]

中小企业贷款难的更深层次原因在于我国的信贷支持体系不完善，机制不健全。解决中小企业信贷难问题是一项艰巨浩大的系统工程，良好的信贷循环机制需要由政府、银行和广大中小企业共同打造。第一，要引导国有商业银行加强对中小企业的信贷支持。第二，应进一步规范、发展中小商业银行，强化中小银行为中小企业服务的性质。第三，设立专门服务于中小企业的政策性银行。第四，规范和引导民间信贷。第五，完善发展中小企业信用担保体系。第六，建立健全中小企业诚信体系。

在国外，民营企业的融资方式存在很多种不同的模式，其中较有代表性的是如下几种：（1）内源融资。其来源一是企业自身的积累和储蓄，二是某些暂时限制的可用来周转的资金，包括折旧准备及其他可节省的非现金资金等。这种方式构成中小企业筹集发展基金的主要渠道和基础方式。（2）间接融资。指从专门的金融机构进行贷款，如意大利的合作银行、互助银行、国民银行等，日本的民间合作信用系统、地方银行、互助银行和工商组合银行。由于银行和其他金融机构发挥信息优势和规模经济效益，同时技术先进、管理规范，尽可能减轻信息不对称带来的不利选择和败德行为，降低交易成本，因而，间接融资在各国企业融资中均占主要地位。（3）直接融资。指通过发行企业债券和股票的方式从资本市场直接筹措资金，在为民营中小企业融资方面直接融资较间接融资有其优势。（4）政府的融资支持。是指政府通过税收优惠、财政补贴、贷款援助等方式向中小民营企业提供资金支持。

通过比较可以看出，不管是政府支持、银行贷款还是企业发行债券，我国民营企业受到的扶持都远远不够。其他渠道的融资困难迫使中小企业转向民间借贷这一途径。而民间借贷活动缺少法律和制度的规范，高利贷等违法活动相当普遍，具有分散性、盲目性、风险大等

① 吴世亮，郭海婷. 中小企业贷款难如何破题[J]. 中国高校科技与产业化，2005：1—2.

特点，因此，在我国民间借贷一度是一个受到严格限制的领域。随着我国市场经济的发展，为了实现资源优化配置，给予市场主体更多的选择空间是十分必要的。

三、对民间融资的规制

民间金融的存在，在中国早已是一个公开的秘密，尤其在江浙闽等地，民间金融已经成为民营企业融资的一个重要来源。浙江是我国中小企业融资问题解决比较好的一个省份，尤以温州为代表。民间借贷是温州中小企业融资的主要形式，所占比例在70%以上。随着中小企业的发展，温州的民间融资规模增加了两倍多。温州不仅因其“温州模式”而著名，其特殊的融资模式——发达的民间金融在全国也是大名鼎鼎。“温州模式”的两大特点就是个体、私营经济在整个地方经济中的比重很大和市场导向的经济运行机制，个体、私营经济的发展内生出对民间融资的需要，市场导向则给予了民间金融很大的发展。在各种形式的民间金融中，对温州经济发展起较大作用的有以下几种：最大的是民间借贷，其次是农村信用社和城市信用社，再次是各种行会和其他的民间金融。温州经济发展给我们的启示是：要解放思想，勇于承担风险；同时政府要积极构建民间金融制度，为经济发展创造良好的融资环境。

应当指出，民间融资与事实上广泛存在的地下钱庄本质上存在根本区别。前者是民间个人或者企业间的非职业化的资金融通行为，后者则是一种非职业化的为规避国家监管而进行的非法金融活动。由于民间融资行为在一定程度上有助于弥补正规金融现状的缺陷，因而有关监管机关既没有保护也没有禁止。可以预见，随着正规金融机构的完善和利率的市场化，民间借贷的空间也将逐步减少。但地下钱庄则不同，由于其本身是以非法手段和违反国家管理规定、破坏金融秩序为前提，所以不可能将他们的存在合法化和公开化。[①]

---

① 王自力.“地下钱庄合法化”是个馊点子[J]. 银行家，2004（10）.

有两种对待民间金融的态度一直并存。一种观点认为，民间金融的存在扰乱了国家金融秩序，因为处于政府的正常监管之外，容易产生高利贷盘剥，还常常成为洗钱的温床，应该予以严厉打击；另一种观点认为，民间金融存在本身就说明市场是有多种形式和层次的。既然银行不能适应中小企业的贷款需求，那么政府与其让民间金融偷偷运营，不如将一些运作较为规范的民间金融活动纳入政府的监管，使其在阳光下运作，这样更容易让人们分辨哪些是规范的机构。

可以说，民间金融繁荣是金融压抑的必然结果。金融压抑和低效率的国有银行垄断造成的严重的信贷歧视，使非国有经济部门深受其害。在这样的背景下，全国中小企业约有超过三分之一的融资来自非正规金融渠道。从经济学意义上讲，金融压抑扭曲了资金配置。地下金融的繁荣是对金融压抑的一种市场反映，最令人担忧的后果就是其中的非法融资有自我制度化的趋势，使将来改革的成本无限加大。在转轨体制下，增强打击力度和稽查密度是压抑地下金融蔓延的有力措施，但根本还在于渐进放松金融压抑，规范民间融资，采取疏导的方式而非一味堵截。[①] 民间融资不仅是解决中小企业融资的重要方面，也为社会公众提供了更多的投资选择，因此，政府对于民间融资应变“堵”为“疏”——给予其积极的引导、监督和管理。

从犯罪的分类来看，犯罪可以分为自然犯和法定犯，前者是无须依赖法律的规定，其在性质上违反社会伦理而被认为犯罪者，也称刑事犯，后者是本来不违反社会伦理，根据法律的规定被认为犯罪者，从由于行政取缔的目的被认为犯罪的意义上，也称为行政犯。[②]非法吸收公众存款罪乃至所有的金融犯罪，从道德评价的层面上分析，只在很低的程度上体现犯罪人的自然犯性质，即没有很强的违反社会伦理性，而更为突出地体现了对抗政府既定制度的法定违规性，即更多是由于违反法律的规定导致的行为人犯罪。虽然犯罪人非法敛财、目标指向无辜者，但在很大程度上犯罪人针对的是现存有关制度，他们或许存在一个良好的动机，由于动机的实现在现存制度的约束下无法

① 傅勇. 民间地下融资疏胜于堵[N]. 证券日报，2005-1-16.
② 马克昌. 比较刑法原理[M]. 武汉：武汉大学出版社，2002：97.

达成，于是选择了成本较低、效率更高的方法。这种方法在现存制度规范看来就是非法，情节严重的就是刑法上的犯罪。然而，在犯罪者看来，可能一些落后的现存制度才是“恶”，而他的打破行为正是寻求公平、惩恶扬善的行为。[①]

因此，仅仅依靠刑法的制裁是很难减少和杜绝这些犯罪的，甚至刑法的制裁有时无法获得社会的普遍认同和罪犯对刑罚的内心服从。防范此类犯罪，根本而言要从制度上着手，从金融法律制度上做深层次的考察，对民间金融制度的构建可以分两步进行：第一步，给民间借贷以合法地位，承认民间借贷的合法地位在短期内可能会导致银行存款的下降，但在长期内有利于经济的发展，有利于整个金融业的发展，因此也有利于银行存款余额的增加，而且给民间借贷以合法地位还有利于打击高利贷；第二步，通过发展民营中小银行逐步取代它们。[②]这里的中小银行是指资产相对于国有商业银行较少的中小社区银行和乡村银行。现存的问题是，民营银行市场准入条件过高，应当在建立民营银行市场准入法规、严格市场准入的同时，进一步打破市场壁垒，取消对中小银行的各种歧视性政策和限制，向其全面开放市场，使中小银行享受国民待遇。

四、立法层面的改进

（一）相关案例考察

我国民营企业在发展的过程中遇到的资金短缺以及融资困难，一直是一个普遍的现象，从而导致民间融资的刑事案件频繁发生于民营企业。在20世纪90年代后期至21世纪初，更是发生了大量轰动一时的案例。如中恩教育集团案（2000 年判决）：福建福清教育集团董事长张敦恩从1991年开始独资创办侨兴幼儿园、侨兴中学、中恩职业中专等十一所学校。由于资金不足，自1995年至1998年间，以中恩学校教育企业基金会等机构的名义以及个人名义，以高利率向社会公众

① 肖中华. 论非法集资犯罪的制度防范和刑法惩治[J]. 人民检察，2000.
② 胡一荆. 民间金融与地方经济发展——温州融资模式的启示[J]. 南方经济，2003（3）.

吸收存款，合计人民币 1.4 亿元。因无法偿还而在 2000 年被判刑 9 年。铁佛一心副食品合作店案（1998 年判决）：这家小店有着集体企业家底薄、人员多、包袱重的通病。商店经理在上级的默许下发动职工以及周边居民集资 100 万元用于店面装修以及经营活动。因经营亏损、商品贬值，存款无法偿还，经理最后被判刑 4 年。红高粱案件（2002 年判决）：红高粱快餐连锁有限公司曾是中国快餐业的一个美丽神话。创办人乔梁曾放言“与麦当劳一决雌雄”，短短一年内就在全国开设了 20 多家分店，并计划在 2000 年内达到 2 万家分店。然而神话终究未能实现，乔梁因在经营扩张中向公众吸收 2000 多万元存款而在监狱中度过 4 年。

而 2003 年发生的孙大午案件则更是一度将民营企业的民间融资问题推上了风口浪尖。孙大午是一位富有传奇色彩的民营企业家。他与家人历时 18 年在河北省徐水县建立起大午农牧集团有限公司（以下简称大午集团），1995 年该公司被国家工商局评定为全国最大的 500 家私营企业之一，1996 年被河北省评定为省骨干乡镇企业。发展中的企业需要资金，在从银行贷款频受挫折后，大午集团转而向员工亲朋及附近村民募集资金。从 1996 年开始，集团先以“职工入股”的方式融资，后逐渐扩展至临村村民，引起了当地金融监管机关——徐水县人民银行的注意，多次责令停止吸储而未果。2003 年 7 月 4 日孙大午被捕。9 月 10 日，徐水县人民检察院对孙大午提起公诉，主要有“涉嫌非法吸收公众存款活动”和“涉嫌非法持有弹药”两项罪名，诉称：自 1998 年以来，大午集团共吸收存款 159895875.02 元，存款户 3185 户，截至孙大午被抓当天，该公司仍有存款余额 35265393.34 元。但此案并没有开庭审理。9 月 19 日，检察院撤诉，理由是检察院认为此案的事实、证据发生了变化。徐水县人民检察院于 2003 年 10 月 12 日再次起诉。较第一次补充了两条：一是大午集团的筹资行为是“通过下设代办点的方式”，而且“由主管财物的办公室副主任刘会茹负责”来展开的。二是大午集团“仅 1998 年以来就变相吸收公众存款 14285418 元，涉及储户 523 人”，与第一份起诉书相比，涉案金额已从最初的 1.6 亿元变成了 1400 多万元，涉及的储户范围同时也缩小了许多。同时，起诉书取消了“涉嫌非法持有弹药”的罪名。徐水县人民法院于2003年10月30日开庭审理了此案，判决被告单位河北大午农牧集团有限公司犯非法吸收公众存款罪，判处罚金三十万元；被告人孙大午犯非法吸收公众存款罪，判处有期徒刑三年，缓刑四年，罚金十万元。判决生效后，双方均未上诉。①

几年后的吴英案较之孙大午案，更是引发了整个社会的高度关注，甚至高层都对该案有所表态，②至今仍然是学界研究的重要案例。吴英是原浙江本色控股集团有限公司法人代表，因涉嫌非法吸收公众存款罪，2007年3月被逮捕，2008年11月金华市人民检察院以集资诈骗罪对吴英提起公诉。2009年4月16日，金华市中级人民法院对该案开庭审理。经审理查明：从2003年起，吴英在浙江省东阳市开办了美体沙龙等企业，2006年注资5000万设立了本色控股集团有限公司。2005年起，吴英以合伙和投资为名高息集资，本色集团成立时，已经负债1400万元，为能继续集资，吴英用集资款注册了多家本色系公司，成立后大都未实际经营或亏损经营。吴英采用虚假宣传等方法，给公众造成其公司有雄厚经济实力的假象，以高额利息为诱饵，以投资、借款、资金周转等名义，截至2007年，先后从林卫平等11人处集资7亿多元，用于偿还本金，支付利息，购买房产、汽车、珠宝，公司运营及个人挥霍等，至案发时尚有3.8亿多元无法归还。2009年12月18日，金华市中级人民法院做出一审判决，以集资诈骗罪判处吴英死刑，剥夺政治权利终身，并处没收其个人全部财产。吴英不服一审判决，2010年1月，以主观上无非法占有目的、客观上未实施欺诈行为、债权人不属于社会公众、借款系单位行为等理由，提起上诉，要求宣告无罪。2012年1月18日，浙江省高级人民法院做出二审判决，认为一审法院定罪准确、量刑适当，裁定驳回吴英的上诉，维持死刑判决。2012年4月20日，最高人民法院依法裁定不核准吴英死刑，将案件发回浙江省高级人民法院重新审判。2012年5月21

① 刘媛媛. 现代刑法中的危险问题研究[M]. 北京：法律出版社，2013：185.

② 新华网. 温总理谈“吴英案”，http://news.xinhuanet.com/legal/2012－03/14/c_111653003.htm，2012年4月28日访问。

日，浙江省高级人民法院重新审理并以集资诈骗罪做出终审判决，判处吴英死刑缓期 2 年执行，剥夺政治权利终身，并没收其个人全部财产。[①]

可以看出，这些案件基本上都属于金融机构之外的单位和个人以办实业或者办教育的名义，未经金融监管机关批准吸收公众存款。在上述案件中，有的吸储者支付了较高的利息，最终因为资金链的断裂而无法偿还；有的尚未支付利息，企业便面临倒闭。那么，现有民间融资的法律规制模式究竟存在什么问题？解除对民营企业的融资限制是否是一种必然的选择？是否必须动用刑法这一最终的调整手段？是否意味着现行监管模式和法律框架与民营这一现在中国最具活力的经济形态的发展无法共存？为了避免更多的民间融资领域的吸储者陷于“不义”，是否必须取消刑法中的非法吸收公众存款罪，普遍赋予企业自主融资的权利？[②]这些都是亟须解决的问题。

（二）立法完善建议

非法吸收公众存款罪，在确立初始的确发挥了重要的作用，但是随着民间借贷日益频繁，其现行规定的合理性和时代性值得深入思考。从我国经济发展的速度和前景来看，市场经济将日益活跃，市场主体将走向多元化（如民营企业的发展壮大），市场条件下的法律关系将更加多维化，市场主体的自主权将趋扩大化。因此，刑事立法既要成为惩治破坏市场经济秩序的锐利武器，又不能成为社会主义市场经济的障碍。刑事法律特别是刑法要不断切合社会发展的需要，及时做出修正。完善的建议主要有以下两种：

一种观点认为，作为行政犯的非法吸收公众存款罪，在认定上应该对照相应的金融法律法规来理解。本罪性质上属于非法金融活动，而《商业银行法》和《非法金融机构和非法金融业务活动取缔办法》（简称《取缔办法》）明确把非法金融活动分为三类：一是非法吸收公众存款，二是非法集资，三是非法放贷、贴现、拆借等。第一类、第三类均有相应

---

① 高艳东. 诈骗罪与集资诈骗罪的规范超越：吴英案的罪与罚[J]. 中外法学. 2012（2）；肖世杰. 从吴英案看我国民间金融的监管困局与改革路径[J]. 法学论坛. 2012（6）.

② 刘燕. 发现金融监管的制度逻辑[J]. 法学家，2004（3）.

的罪名，而非法集资只有使用“诈骗手段并占为己有”的才可能构成集资诈骗罪，因此容易造成民间借贷、非法集资的行为在适用非法吸收公众存款罪上的困惑。为了对应行政法律法规，有学者建议将非法吸收公众存款罪分立成两个罪名，即非法吸收公众存款罪和非法集资罪。前者专门规制金融机构违反国家金融管理制度，非法吸收公众存款、扰乱金融秩序的犯罪行为，使罪名和主体业务达成一致。非法集资罪规制非金融机构或个人违反金融管理制度和民事法律，非法募集公众资金，扰乱金融秩序，情节严重的行为。使用诈骗手段，非法集资占为己有的行为，则构成现行之集资诈骗罪。这样就把非法吸收公众存款、非法集资、集资诈骗和民间借贷清楚地区分开来，这样既有利于刑法的理解和适用，更重要的是不会把普通行政违法的非法集资、正常的民间借贷用刑法规制。毕竟，刑法不是万能的，刑罚也不是万能的。

这种观点从行为主体出发，将非法吸收公众存款罪具体细化为非法吸收公众存款罪和非法集资罪两种罪名，将非法吸收公众存款、非法集资、民间借贷区分开来，有效避免了刑法对普通民事违法、行政违法行为的过分渗透，符合刑法谦抑的原则，是有可取之处的；但是，吸收资金用于发放贷款与用于自身生产经营行为的危害性毕竟是不同的，没有将其分开考虑是这种观点的不足之处。

另一种观点认为，许多个案根本不考虑企业或个人吸收资金是以放款为目的还是为解决企业自身发展需求，不考虑是否存取自由、是否造成损害后果、是否具有侵占、诈骗的故意等特征，完全抹杀了“非法吸收公众存款”与其他两种吸收公众资金行为（集资诈骗和擅自发行公司债券）的本质差别，抹杀了商业银行业务与民间借贷行为之间的差别。这一扩大化的倾向与入世后打破金融垄断、民间金融逐步合法化的趋势完全背道而驰，甚至比20世纪90年代初的司法标准还要保守和苛刻。有的学者认为，“非法吸收公众存款罪”似乎会产生另一种解释，即非法吸收公众原本会存到银行金融机构去的存款的简称。“存款”的意思是这些钱如果不是因为非法集资就应该成为银行的存款。行为人虽然没有对“存款人”的财产造成损失，但必须对银行金融业务被抢而造成银行的损失及其储户的“恐慌” 负责。这是一种很霸道的逻辑。所谓该罪的危害不是对非法集资行为所涉及的公众的利益的危害，而是对金融机构的垄断利益构成了危害。这就把损害金融垄断者的利润和危害金融管理秩序混为一谈。因此，从本质上说，非法吸收公众存款罪罪名的扩大化必然导致对金融机构垄断的强化，从长远来看，对银行等金融机构是有百害而无一利的。

从国家允许民间借贷，“事实上也不可能禁止”的事实可以知道，法律禁止非法吸收公众存款，并非禁止公民、企业和组织吸收资金，而是禁止公民和其他组织未经批准从事金融业务，像金融机构那样，用所吸收的资金去发放贷款，去进行资本和货币经营。能够用吸收的资金进行资本和货币经营，正是金融业区别于其他行业的所在。因此，非法吸收公众存款罪所指的“存款”应该是从资本、货币经营的意义上讲的。只有在这个意义上去理解“存款”，才能解释清楚民间借贷与银行吸收存款的区别，才能找到合法的民间借贷与非法吸收公众存款的合理界限。否则，就落进这样一个在逻辑上难以自圆其说的机械推理的局面——个人或者单位向十个人借款甚至向一百个人付息借款，是民间借贷，不算非法吸收公众存款；而对其向更多的人借贷却按非法吸收公众存款处理，其间没有明确的界限。

这种观点从借款与存款的区别出发，将吸收资金用于生产经营等非放贷目的的行为区别于用于发放贷款的行为，充分考虑了两者社会危害性的不同，是比上述观点的进步之处；但将前种行为完全合法化则有不妥之处，毕竟此种行为对金融秩序是有扰乱的，达到了一定严重程度就应当由刑法介入调整。

从立法演进来看，非法吸收公众存款罪是为了整顿和规范当时较为混乱的金融秩序，打击和惩治猖獗非法吸收公众存款、严重扰乱金融秩序的违法行为而设立的。由于当时打击的急切性和立法技术的原因，本罪的立法采用了简单的叙名罪状的方式，对犯罪的必要构成要件规定得十分粗放模糊，再加上相应的立法解释和司法解释没有跟进，造成理解上的困难。因此，应当对本罪的构成要件加以细化，如从犯罪主体的范围、存款的用途、存款人的数量、存款的规模、给存款人造成的损害、对金融秩序的扰乱等做出权威的立法或者解释，澄清对本罪的理解。[①]

本书认为，应从该罪保护的法益出发，同时从行为主体的不同和行为目的的不同，对本罪进行剥离，将其分为两个法条（即非法吸收公众存款罪和非法集资罪）、三种情况分别处理。其一，金融机构违反国家金融管理制度，非法吸收公众存款、扰乱金融秩序的行为，归入非法吸收公众存款罪，可使得其罪名与主体业务达成一致；其二，对于实际上没有合法主体资格的个人或者单位吸收公众资金用于发放贷款的，由于其实施了只有合法金融机构才可以进行的金融业务，行为本身无疑是扰乱了金融秩序，应以非法吸收公众存款罪论处；其三，对于没有合法主体资格的个人或者单位吸收公众资金用于生产经营等其他发放贷款以外的合法用途的，实际上没有实施只有合法金融机构才可实施的限制性金融行为，不应定非法吸收公众存款罪。一般情况下，这种行为应按民事法律关系调整，或者按行政违法处理，而不必动用刑法，情节严重的，可以定非法集资罪，由此区别于主体和行为目的都不同的非法吸收公众存款罪，同时也避免了单纯以行为对象的多寡来决定出入罪的弊端，使人不至于发出究竟向多少人吸收资金才构成非法吸收公众存款罪的疑问。只有借款的同时发放贷款从而成为事实上的超越法律之外的金融行为，规模达到一定程度并且已经对债权人造成了严重的实际危害后果才能被界定为刑法上的非法吸收公众存款的行为。而对于一般的只用于自身发展的民间借贷，刑法应当尽量避免干预。

金融秩序无疑是重要的，但是我们要建立和维护的金融秩序应该是符合现代市场经济制度的金融秩序，而我国现存的完全由政府垄断的金融秩序对经济发展和社会进步的阻碍作用日渐凸现，广泛存在的民间借贷和屡禁不止的非法金融市场也从一个侧面说明了金融垄断的不合理性。把扰乱金融秩序作为界定民间借贷社会危害性的标准需要慎重，有必要认真反思金融秩序本身是否合理。和整个国家的金融体系相比，民间借贷尤其是农村民间借贷有限的规模决定了其对金融秩

① 赵秉志，万云峰. 非法吸收公众存款罪探讨[J]. 人民司法，2004（2）.

序的不良影响是十分有限的。因此，刑法在界定非法吸收公众存款罪的社会危害性的时候，应当着重考虑民间借贷事实上对债权人利益造成的实际损害，而不是只笼统地考虑“扰乱金融秩序”。

对于严重侵害债权人利益的大规模民间借贷，行政管理乃至刑罚处罚都是十分必要的。但是法律不应当为了防范金融风险就堵死了中小企业民间融资的渠道,尤其是刑法的适用必须非常谨慎。《取缔办法》对于非法吸收公众存款行为的界定导致了大量民营企业的非法生存状态，非法吸收公众存款罪概念不清导致司法实践中该罪名的扩大化适用已经造成了个别优秀民营企业家被判刑。大部分民营企业家在创业过程中都曾有过向不特定对象借款的经历，如果把刑法第 176 条按照国务院发布的《取缔办法》的标准解释并严格执行，将有大批民营企业家被判有罪，这对我国经济发展和社会进步是不利的。

有关法律法规未能明确区分该犯罪行为与合法的民间借贷的界限，增加了中小企业主在融资过程中的人身自由的风险，在一定程度上阻碍了经济发展。为了使民营企业拥有一个更加广阔的发展空间，为了从法治的角度推进中国金融体制改革和市场经济的进步，有必要对现行的金融监管体制进行改革，进一步合理引导和规制民间金融的发展，对现行刑法规定的非法吸收公众存款罪做一修正，从行为主体和行为目的双向区分非法吸收资金的行为，使刑法对非金融机构吸收资金用于非发放贷款目的的行为的介入和调整降到最低限度，使其成为保护民间金融和金融秩序的不必轻易动用的最后一道防线。

第四章
民间融资刑事法网与周边犯罪

民间融资中的各种利益交错关系，使得民间融资过程中所发生的犯罪不仅与单纯的融资行为相关联，还存在因金融传销、洗钱、偷税、逃税等各种违法行为所导致的其他犯罪现象的发生。本章选择实践中最为常见的民间融资过程中发生的洗钱罪、逃税罪进行专题研究，以期织密民间融资的刑事法网。

第一节　民间融资与洗钱罪

随着现代经济和社会的不断发展，洗钱犯罪作为一种技术含量高、需要协同合作的复杂犯罪也愈加猖獗。自 1997 年刑法典中规定洗钱罪以来，我国对洗钱犯罪的刑法规制愈来愈完善，对于打击洗钱犯罪的力度也越来越大。我国 2006 年《刑法修正案（六）》把破坏金融管理秩序犯罪纳入洗钱罪的上游犯罪，而民间融资行为本身构成犯罪的，一般也均属于金融管理秩序罪的范畴。因此，《刑法修正案（六）》的这一重大立法修改，使民间融资行为的犯罪与洗钱罪之间产生了紧密联系。当前，关于洗钱犯罪的诸多问题仍存在不少争议，其中最核心的问题为洗钱罪的主体范围是否包括上游犯罪者本身。本节即以洗钱罪的主体范围展开讨论，以有利于刑法理论的研究和司法实践的运用。

一、洗钱罪主体的立法概况和主要争议

洗钱罪从1997年刑法规定至今，经历了两次刑法修正案的修订，根据现行刑法第191条的规定，洗钱罪是指明知是毒品犯罪、黑社会性质的组织犯罪、恐怖活动犯罪、走私犯罪、贪污贿赂犯罪、破坏金融管理秩序犯罪、金融诈骗罪的所得及其产生的收益，为掩饰、隐瞒其来源与性质，而提供资金账户，协助将财产转换为现金、金融票据、有价证券，通过转账或者其他结算方式协助资金转移，协助将资金汇往境外，或者以其他方法掩饰、隐瞒犯罪所得及其收益的性质和来源的行为。从立法本身的规定来看，并不能看出洗钱罪的主体范围有何限制，而刑法理论一般认为，洗钱罪的主体是一般主体，包括已满16周岁的具有刑事责任能力的自然人和单位。

从实践中的认定来看，以洗钱罪定罪的案件寥寥可数。究其原因，在大量涉及洗钱的犯罪案件中，许多犯罪人在实施了上游犯罪之后，又继续亲自实施了洗钱行为，但最终却仅以上游犯罪本罪定罪，导致其洗钱行为无法受到刑法追究。这正是洗钱罪主体范围的理论争议在实践中的体现。理论上争议的焦点主要在于洗钱罪的犯罪主体应否包括上游犯罪者本人，对此形成了否定说和肯定说两种对立的观点。[①]否定说认为，上游犯罪的主体不能成为洗钱罪的犯罪主体，主要理由在于：其一，根据事后不可罚的行为理论，上游犯罪行为人处理自己的违法及其产生的收益行为，为上游犯罪所吸收，以上游犯罪一罪从重处罚，无须数罪并罚。其二，从刑法解释论的立场看，刑法条文已经通过“提供”“协助”等表述将上游犯罪的主体排除在洗钱罪的主体之外，也表现出了立法将帮助行为予以实行行为化的特点；并且，主观方面中的“明知”也显然不是针对上游犯罪者，而是针对洗钱者，这均体现了洗钱罪的犯罪主体排除上游犯罪的立法倾向。其三，从法条竞合的理论来看，上游犯罪的行为人实施的洗钱行为触犯了数个罪名，

① 王朋. 论洗钱罪的主体范围[J]. 河南公安高等专科学校学报，2010（2）.

属于法条竞合，只能适用一个刑法条文。否定说是目前国内的通说。而少数学者主张肯定说，认为洗钱罪的主体应当包括上游犯罪者本人。

二、洗钱罪的主体扩张

本书认为，洗钱罪的犯罪主体应当包含上游犯罪者本人，否定说的相关论据并不能成立。主要理由如下：

（一）从不可罚的事后理论来分析

不可罚的事后理论是指犯罪完成后在该罪的违法状态继续过程中所实施的行为，只要根据该犯罪构成要件已经完全评价，则该行为不构成其他犯罪。不可罚的事后行为成立的条件是：其一，在事前的状态犯中通常被包含的行为；其二，不存在新的被侵犯的法益。因此准确地说，这种事后行为并非真正的“不可罚”，而只是因为其可以被之前状态犯的构成要件所包含和评价，从而成为“共罚”的行为。以此理论来分析，洗钱行为并不能成为上游犯罪的事后不可罚的行为。尤其从第二个条件来分析，洗钱罪的社会危害性并不依赖于其上游犯罪而存在，从现行刑法规定来看，洗钱罪的上游犯罪包含了毒品、走私、贪污贿赂等几类犯罪，其侵犯的法益种类繁多，而洗钱罪本身侵犯的法益为我国的金融管理秩序，与多数上游犯罪侵犯的法益并不相同，其隐藏、掩饰赃钱来源的行为，已不可避免地侵犯了新的法益。[①]因此，洗钱行为对金融管理秩序和国家正常司法活动的危害，是不能概括地评价于其上游犯罪之中的，因而不应认定为不可罚的事后行为。

从刑法理论上看，将洗钱罪的犯罪主体扩大到上游犯罪者本人，是对“不可罚的事后行为”理论的重大突破。传统的不可罚的事后行为理论立足于当时的犯罪状况基础之上，认为上游犯罪的社会危害性大，而隐匿犯罪所得犯罪赃物的社会危害性小，后者可以依附于前者而存在，只作上游犯罪的一个量刑情节考虑，并无太大不妥。但是，现代的洗钱犯罪早已发展成为一类独立性强、技术含量高的行为，其

① 赵新彬. 洗钱罪主观问题研究[J]. 河南师范大学学报（哲学社会科学版），2007（4）.

危害性也远远大于传统的赃物类犯罪，仍然将上游犯罪的主体排除在外，显然不合时宜。从犯罪构成的角度分析，洗钱犯罪在刑法上独立成罪，其与上游犯罪应当是两个独立的行为，存在两个犯罪故意，即上游犯罪本罪与之后对非法收益的清洗行为，这不同于一般的隐藏行为，因为这种犯罪行为不仅非法持有黑钱，而且还增加了使其合法化的行为，这显然不同于大陆法系所认为的事后的隐匿并未增加新的行为的观点。可以得出判断，传统的不可罚的事后理论在处理现代的洗钱犯罪时，其理论内涵已与各国的反洗钱立法和相关国际公约脱节，应当根据实践的发展不断反哺和丰富刑法理论。①因此可以认定，上游犯罪的本罪在实施洗钱行为时并不能认为是其犯罪行为的自然延续，而是实施了一种新的不同性质的犯罪行为，应当独立成罪，即构成洗钱罪。

（二）从洗钱罪本身的发展过程来看

纵观国际上洗钱行为的刑事立法，上游罪的宽泛化呈现出不可阻挡的态势，有的国家将贪污贿赂犯罪列入其中，有的国家甚至包括了重大的财产经济犯罪。从洗钱罪的发展过程来看，正是基于洗钱犯罪的新发展具有超国家性的严重危害，国际社会才通过制定多部单行法律文件要求各国洗钱行为予以刑事犯罪化，从各国和地区的具体情况来看，基本上也遵循了这样的规律，将传统的赃物类犯罪分离出来，独立成洗钱犯罪，并逐步扩大其范围。

我国洗钱罪的立法也不例外。1997 年刑法中洗钱罪规定的上游犯罪为毒品犯罪、黑社会性质犯罪、走私犯罪，2001 年《刑法修正案（三）》将上游犯罪中新增了恐怖活动罪，2006 年《刑法修正案（六）》又把贪污贿赂犯罪、破坏金融管理秩序犯罪、金融诈骗罪纳入上游犯罪。从这一过程可以看出，我国对于洗钱罪的上游犯罪也是呈现明显的扩大化趋势的。这一趋势既与我国洗钱犯罪的发展态势相呼应，也与国际社会对洗钱犯罪的基本要求相对应。如果说在洗钱犯罪立法的初始阶段，将上游犯罪人排除在洗钱罪的主体之外尚有一定的理论基础，

① 贾宇，舒洪水. 论洗钱罪的主体[J]. 国家检察官学院学报，2005（6）.

那么在洗钱犯罪上游犯罪不断扩大的情况下仍持这一观点，无异于抱残守缺，既不利于刑法上相关理论的发展，也不利于司法实践问题的解决。[①]如果坚持否定说的观点，则会造成如下结果：上游犯罪逐步扩大，这部分犯罪人也将不断被排除在洗钱罪的主体之外，最终将导致洗钱罪本身的萎缩，其存在价值也将大打折扣，这显然不能被接受。

（三）从法条解释的观点来看

从现行立法来看，否定论者所主张的理由并不成立。一方面，从法条规定来看，并未明确将上游犯罪者排除在洗钱罪的主体之外。立法只是规定了洗钱罪的行为方式中包含“提供”“协助”等行为，但并非意在说明上游犯罪者不能实施此类行为，况且，刑法第 191 条第 1 款第 5 项明确规定了“以其他方法掩饰、隐瞒犯罪所得及其收益的来源和性质的”也是洗钱罪的行为之一，已经在行为方式上形成了兜底的包容态势，不管在理论上还是实践中来看，上游犯罪者都可以实施“其他方式”的洗钱行为。另一方面，对于主观方面“明知”的限定，应当解释为是立法者的注意性规定，而非拟制性规定，即使法条没有做出这样的规定，也应当解释为洗钱罪的主观方面具有“明知”。因此，对于主观方面的这一规定并非是出于限制主观要件的考虑，更不能理解为是对主体范围的限制。

（四）从国外立法借鉴来看

在国际刑法规范中，最早制定惩治洗钱犯罪的《联合国禁毒公约》中对洗钱罪主体是否包括上游犯罪本犯，未做出明示性的规定，但从该公约规定的犯罪构成看，其主观上须出于两种犯罪目的之一，即为了隐瞒或掩饰该财产的非法来源，或为了协助任何涉及此种犯罪的人逃避其行为的法律后果。后一种犯罪目的明确规定是“协助”上游犯罪的本犯逃避法律制裁，因而其犯罪主体只能是上游犯罪以外的他犯，但第一种犯罪目的未明示是“协助”上游犯罪本犯掩饰、隐瞒犯罪财产的非法来源。因此，从法条解释的角度看，该法条可以被理解为洗钱罪的主体中既包括上游犯罪，也可以包括上游犯罪本犯。而《美洲

① 孙华南，肖乾利. 洗钱罪上游犯罪之再扩容研究[J]. 西部经济管理论坛，2011（4）.

反洗钱示范法》第 2 条第 6 款则明确规定:“本条规定的犯罪应当作为与非法贩运或者其他严重犯罪不同的犯罪,由法院或者其他主管机关调查、审理、判决与量刑。”上述规定表明,洗钱罪与上游犯罪是两种各自独立的犯罪,即便是由同一个人来实施,也应作为两种犯罪分别予以追诉与处罚;《美国法典汇编》也规定“非法金融交易罪”“非法金融转移罪”与“以非法所得进行金融交易罪”的主体均包括上游犯罪的本犯在内。此外,英国、日本等国也主张将上游犯罪的本犯列入洗钱罪的主体范围。这主要是考虑到,洗钱罪所侵害的法益远不是上游犯罪所能涵盖的,洗钱罪破坏的是国家金融管理秩序、妨害司法活动,从国际范围来看,更影响了国家之间刑事案件的司法协作,无论从犯罪的主观方面、客观行为、侵犯法益等方面,均不同于上游犯罪,从而形成了独立的犯罪构成。

从国外和国际刑事立法来看,越来越多国家认识到在打击洗钱犯罪的过程中加强国际协作的必要性,扩大洗钱罪的主体范围、将上游犯罪者纳入洗钱罪主体范围也日益成为国际刑事立法的趋势。近年来我国经济迅猛发展,国际性犯罪也与日增多。洗钱犯罪作为典型的国际性犯罪,在主体、对象上都具有跨国性特征,而且专业化、技术化、隐蔽性等特点愈加明显,以一国的力量根本不能有效打击洗钱犯罪。[①]因此,我国在完善洗钱罪刑事立法的同时,必须积极参与反洗钱的国际合作。而将上游本犯纳入洗钱罪的主体范围,在刑事立法上与国际相衔接,有利于打击洗钱犯罪,更好地履行国际反洗钱义务,也符合国际反洗钱犯罪刑事立法的发展趋势。

综上所述,否定论所主张的洗钱罪的主体不包括上游犯罪者本人,会造成不可罚的事后行为理论本身的停滞不前和萎缩,不利于理论的丰富和发展;从法条解释的角度看,也并没有尽量从合目的性的角度解释法律,没有穷尽法条解释本身可能包含的意义;从刑罚适用的角度看,也会造成刑罚适用上的不均衡,即如果上游犯罪为共同犯罪,一部分上游共犯人实施上游犯罪后,又实施了洗钱犯罪活动,而另一

① 吕庆明,陈捷. 洗钱罪法律适用问题研究[J]. 金融理论与实践,2009(10).

部分上游共犯人没有实施后继的洗钱犯罪，这种情况下应当如何适用刑罚？如果将上游本罪不作为洗钱罪的主体，那么就意味着两部分的上游共犯人在定罪量刑上完全一样，都按照上游犯罪处理，不符合罪责刑相适应原则。而如果将上游本犯纳入洗钱罪的主体范围，这个问题就可以得到解决。实施洗钱犯罪的上游共犯人，以上游犯罪与洗钱犯罪数罪并罚处理；没有实施洗钱犯罪的上游共犯人，按上游犯罪一罪处理。从洗钱罪的国际发展角度看，否定说也无法更好地实现刑事立法上与国际接轨，从而更好地打击洗钱犯罪、履行国际职责。而肯定说则可以较好地解决上述种种问题，不仅在理论上丰富和发展了传统刑法理论，也能够实现对法条的充分解释，在实践中也能实现罪责刑相适应的刑法基本原则，同时能够适应洗钱罪本身的发展规律，从而更好地实现国际协作，加强对洗钱罪的打击力度，因而更加科学。

第二节　民间融资与逃税罪

从实践中发生的案件来看，在民间融资行为本身构成犯罪的情况下，往往还伴随着融资企业逃税的问题。这是因为，如果融资行为本身即以非法获利为目的，则后续的经营行为必然也就继续围绕非法获利而进行，逃税也便成为了其非法获利的重要途径之一。由此，使逃税罪与民间融资刑事法网的构建产生了紧密联系。

税收是国家政权和社会经济的根基，税收制度是伴随着国家的产生而逐渐产生和发展起来的。古今中外税收都被视为国之根本，侵犯税收的犯罪也被视为严重威胁社会经济秩序的犯罪。2009 年 2 月 28 日通过的《刑法修正案（七）》第 3 条对 1997 年刑法中原有的第 201 条偷税罪进行了修订，以适应日益复杂的经济生活和不断翻新的犯罪手段。从内容上看，《刑法修正案（七）》对原有偷税罪进行了如下修订：重新定位行为的性质，将“偷税”代之以“逃避缴纳税款”；犯罪手段不再具体列举，而改为概括性表述；调整了定罪标准，将具体数额改为抽象数额，并且弥合了原有条文中的漏洞；将罚金刑的适用方式由倍数罚金改为抽象罚金；增加了有条件地不予追究刑事责任的条款。2009 年 10 月 16 日施行的《最高人民法院、最高人民检察院关于执行<中华人民共和国刑法>确定罪名的补充规定（四）》将偷税罪的罪名改为逃税罪，这些变化均是立法理性化的明证。尤为重要的是，修正案中增加了初犯免责条款的设定，更加鲜明地表现出了逃税罪立法的宽宥化倾向。

一、逃税罪的立法修改

社会经济的发展是逃税罪修订的实践动力。随着我国经济发展水平的提升、纳税主体涉税金额的激增，[①]如果仍按照原有偷税罪中 1 万元的入罪门槛，则企业赋税过重，极易触礁，实践的逃税行为相当普遍，而刑法中的原有规定又机械僵化，立法上的严苛与执法中的宽松形成鲜明反差，不仅使税收工作本身限于困境，也造成了刑法第 201 条被虚置的状况。

原有偷税罪立法技术的漏洞是本罪修订的直接原因。原有犯罪手段的具体列举式行为方式极易导致实践中挂一漏万的问题，将其改为抽象描述则可以适应逃避缴纳税款可能出现的各种复杂情况；入罪标准的“数额+比例”模式同时设定了上限和下限，导致外延不周、引发漏洞，造成理论上的争议和适用中的混乱；倍数制的罚金刑同样也不利于司法机关根据社会经济形式的发展和犯罪的实际情况适时调整具体处罚力度，以更好地贯彻罪责刑相适应原则。

税收理念的进化和宽严相济刑事政策的贯彻成为本罪修订的理念支撑。传统的税收理念认为税收具有无偿性和强制性，将税款视为公共财产，不缴或少缴税款的行为即被视为“偷”的行为；随着市场经济的确立和发展，税收观念也正在发生着由国家财政向公共财政的转变，国家与公民之间的税收关系是类似于契约的平等关系。尤其在刑法谦抑性原则和宽严相济刑事政策的影响下，初犯免责这一附条件的

① 张秋华，丛中笑. 我国涉税犯罪刑事立法的法源与演进[J]. 税务研究，2007（7）.

出罪设计正是实现宽缓要求的重要途径。

二、逃税罪的理性化倾向

（一）罪名的理性化变更

修订后的罪名被确定为逃税罪，在条文中也采用“逃避缴纳税款”的文字表述，这种文字上的变化蕴含着立法者思想立场的重大转变，对罪名的确定更趋理性化。1997 年刑法中的“偷税”是基于这样一种逻辑起点：税款原本就应归国家所有，如果不履行缴税义务，不缴或少缴应纳税款，无异于从国库中盗窃不属于自己所有的财产。这种传统的税制理念割裂了公民财富与国家税收之间的关系，并为税收犯罪中的重刑苛责提供了正当化基础。“偷”意味着以窃取方式侵占了国家财产权，但是，公民缴纳的税款源自自己的合法收入，并非天然属于国家所有，国家只是因为提供公共服务才有权征收税款，因此，应当充分考虑到社会生活中人的图利本性，对逃避履行纳税义务的行为保持一定的容忍。立法机关在逃税问题上不再将纳税主体与国家完全对立起来，而是在尊重纳税人合法收入的基础上要求其履行纳税义务。纳税人未缴纳的税款并非天然已归国家所有，因此用“偷”实为不当，“逃”则准确地表明了纳税主体与国家之间更为平等的契约关系。

（二）罪状的理性化描述

逃税罪罪状的修订主要表现在两个方面，一是具体行为方式的变化，二是入罪标准的变化，这两处变化均体现了立法者的理性与务实。

其一，具体行为方式的变化。在税收犯罪具体行为的方面，各国均采取了多种规定方式，包括简单罪状、叙明罪状、空白罪状等。我国刑法中对逃税罪的行为方式经历了由简单到复杂、再到简单的过程。1979 年刑法采用简单罪状的方式对税收犯罪进行了抽象规定，仅规定“违反税收法规，偷税、抗税，情节严重的”，即构成偷税罪或抗税罪。1997 年刑法则为了弥补立法的粗疏，以列举式的叙明罪状详尽规定了偷税罪的行为手段：即纳税人采取伪造、变造、隐匿、擅自销毁账簿、记账凭证，在账簿上多列支出或者不列、少列收入，经税务机关通知申报而拒不申报或者进行虚假的纳税申报的手段，不缴或者少缴应纳税款，偷税数额达到一定比例及数额的，即构成偷税罪。相比之下，列举式的详尽规定具有明确性和排他性的特点，有利于罪刑法定原则的贯彻。但其弊端也十分明显，即不能适应社会经济发展的状况，对新出现的逃税手段无法及时涵括，虽然实现了刑法规定的明确性，但失之灵活。《刑法修正案（七）》将逃税罪的具体行为方式概括为以“欺骗、隐瞒手段进行虚假纳税申报或者不申报”，从本质上界定了逃税行为的特征，简化了逃税罪的行为手段，内涵更准确而外延更周全，严密了刑事法网，对实践中各种纷繁复杂的逃税行为进行了有力规制，在立法技术上实现了由繁到简的理性转变。

其二，入罪标准的变化。根据修订前刑法第201条的规定，该罪除了规定“因偷税被税务机关给予二次行政处罚又偷税”构成犯罪之外，还遵循“比例+数额”的入罪标准，即“偷税数额占应纳税额的百分之十不满百分之三十并且偷税数额在一万元以上不满十万元的”，构成犯罪;“偷税数额占应纳税额的百分之三十以上并且偷税数额在十万元以上的”，加重处罚。这种基本犯罪构成同时设定了比例和数额的上限和下限，造成了理论上的争议和司法适用中的混乱。刑法学界也对这一入罪标准恶评如潮，最有力的批判就是，这一入罪标准存在明显的漏洞：即偷税数额在1万以上不满10万，偷税比例在10%不满30%的构成犯罪，但是，偷税数额在1万以上不满10万且偷税比例在30%以上的、偷税数额在10万元以上且偷税比例在10%不满30%的是否应构成犯罪争议极大。这种漏洞和争议虽然可以由刑法解释中的当然解释方法、通过举轻以明重的原则加以弥补和解决，但立法规定不明确的问题仍然存在。

针对上述问题，《刑法修正案（七）》对逃税罪的入罪标准进行了两方面的修订：一方面取消了“因偷税被税务机关给予二次行政处罚又偷税”的规定，另一方面对“比例+数额”入罪模式中的数额和比例均进行了调整，将具体数额修改为抽象数额，用“数额较大”“数额巨大”分别替代“一万元以上不满十万元”“十万元以上”，并且取消了基本犯罪构成中的比例上限，将“偷税数额占应纳税额的百分之十以上不满百分之三十”改为“逃避缴纳税款占应纳税额百分之十以上”。如此一来，既克服了具体数额规定的僵化性，以适应我国幅员辽阔、经济生活变化飞速、各地发展不均衡的实际情况，也从根本上解决了同时设定上下限而造成的法条漏洞，注意了数额设定的科学性和严密性，保持了数额与比例之间的协调一致和不同量刑层次之间的紧密衔接，实现了入罪标准的科学和理性。

三、初犯免责的宽宥化设计

《刑法修正案（七）》在本罪第 4 款中增加了附条件的初犯免责，即“有第一款行为，经税务机关依法下达追缴通知后，补缴应纳税款，缴纳滞纳金，已受行政处罚的，不予追究刑事责任；但是五年内因逃避缴纳税款受过刑事处罚或者被税务机关给予两次以上行政处罚的除外”。这一规定通过非犯罪化的处理方式，充分考虑到了人性的弱点，在维护国家税收利益的同时又对构成逃税罪的行为进行了合理限制。一方面可以鼓励纳税主体主动补缴税款，另一方面也可以降低税务机关的稽查成本。这种宽宥化的处理方式，不仅反映了我国税制理念的根本性变更，也与宽严相济刑事政策的要求不谋而合，成为逃税罪修订的最大亮点，也成为理论研讨的重点。根据逃税罪第 4 款的规定，行为人只有在构成逃税罪的前提下，才能适用初犯免责的规定，在具体适用时应注意以下问题：

（一）对扣缴义务人能否适用初犯免责

逃税罪的主体包括纳税人和扣缴义务人。本罪第 4 款明确规定“有第一款行为……不予追究刑事责任”，而第 1 款中规定的行为主体仅限于纳税人，则扣缴义务人能否适用初犯免责的规定呢？本书持否定回答。一方面，结合第 1 款和第 4 款来看，立法规定十分明确，初犯免责的条款只针对纳税人采取欺骗、隐瞒手段进行虚假纳税申报或者不申报逃避缴纳税款的行为，而没有包括第 2 款规定的扣缴义务人不缴或少缴已扣、已收税款的行为；另一方面，纳税人逃税与扣缴义务人逃税存在重大区别。从表面上看，两者的行为都表现为国家税收遭受损失，但是，在前一种情况下纳税人还没有缴纳税款，在后一种情况下，纳税人已经缴纳了税款。同时，纳税人需要从自己的合法收入中拿出一部分上缴国家，而扣缴义务人只需要将已经向他人扣缴的税款上缴国家，故纳税人与扣缴义务人的期待可能性不同。[①]

（二）行政处罚应否前置

涉税犯罪的行政处罚程序与刑事处罚程序如何协调一直是久议不决的重要问题，理论上素有行政优先与刑事优先之争，在司法实务中的做法也不尽一致。随着《刑法修正案（七）》的颁布，这一问题在理论上得以初步解决。初犯免责的设立赋予了行政机关较大的权力，只要在行政程序中“经税务机关下达缴纳通知后，补缴应缴税款，缴纳滞纳金，已受行政处罚的”，即可不追究刑事责任，换言之，任何逃税案件，首先必须经过税务机关的处理，否则司法机关不得直接追究行为人的刑事责任。税务机关明知行为人已经实施了逃税行为但并不下达任何通知的，司法机关也不能直接追究逃税人的刑事责任。因此，行政处罚前置的程序应当是，税务机关下达处理决定后，根据行为人是否补缴税款、缴纳滞纳金，接受行政处罚，再决定是否启动刑事司法程序，追究刑事责任。

（三）如何理解“已受行政处罚”

实践中，行为人如果接到税务机关的相关处理、处罚文书后，按期足额地缴纳了税款、滞纳金以及罚款的，适用免责条款当然没有问题。但如果税务机关已经下达了行政处罚决定，行为人不服而提起行政复议或诉讼，或受到处罚决定后因各种原因并未实际履行的，能否适用免责条款则需要讨论。换言之，“已受行政处罚”是否要求主客观的统一呢？ 从立法过程来看，《刑法修正案（七）（草案）》中曾经将这一规定表述为“已接受行政处罚”，最后通过的文本中改为了“已受行政处罚”。[②]对比而言，“接受”更强调行为人已经受到税务机关的行政处罚这一事实，而“受”则突出行为人已经实际上积极缴纳了罚款。因此，对这一条件应当从主客观两个方面理解，即行为人必须主

---

① 张明楷. 逃税罪的处罚阻却事由[J]. 法律适用，2011（8）.

② 逄锦温. 逃税罪的立法修正与司法适用[J]. 中国审判，2009（12）.

观上认可并愿意履行行政处罚的内容，客观上在规定的时间内积极主动履行完毕相关行政行为规定的义务。

（四）初犯免责的适用有无时间限制

这一问题需要讨论的是，初犯免责的适用有无最后时间点的限制？还是可以适用于整个刑事诉讼过程中？如果行为人在接到行政处罚决定之后及时补缴税款、缴纳滞纳金，则无须启动刑事司法程序，自然可以适用初犯免责，不予追究刑事责任。但在司法实践中，如果行为人在进入刑事诉讼程序后，如公安机关立案后再补缴应纳税款、缴纳滞纳金，接受行政处罚，甚至在检察机关起诉后、法院审理过程中再履行行政处罚的，是否能够适用初犯免责的规定而不予追究刑事责任？一种观点认为，法条中并未规定时间限制，因此，只要符合初犯免责的其他条件，在刑事诉讼的任何一个阶段均可适用该规定，对行为人免于刑事处罚。此观点主要从刑法谦抑性出发，同时考虑了有利于被告人的原则。[①]另一种观点则认为，只能在刑事立案之前适用，刑法对行为人的容忍和宽宥应有一定的限度，否则会导致权利滥用，并使得后续的刑事诉讼程序长期处于一种不稳定的状态，因此，这一权利的行使必须有一个时间截止点。

本书赞同第二种观点。在行为人不补缴应纳税款，或不缴纳滞纳金，或不接受行政处罚时，就意味着放弃了不被追究刑事责任的权利，而权利一经放弃便归于消灭。进入刑事诉讼程序后再有相关补救行为的，只能作为量刑情节考虑，却不能成为决定是否应追究其刑事责任的根本因素。从该规定的沿革看，2002 年《最高人民法院关于审理偷税抗税刑事案件具体应用法律若干问题的解释》第 1 条第 3 款明确规定，补缴的时间期限是在“公安机关立案侦查以前”，第二种观点的理解正与此相契合。而第一种观点无疑会导致刑事司法程序的启动乃至终止的整个进程都完全取决于行为人的事后行为，不但对于司法权威有损失，也极大地浪费了司法资源，造成原本不需要也不应该立案、起诉、审判的案件，进入了相应程序。如果允许行为人在判决生效前

---

① 赵琦. 由“偷税罪”的修改引发的思考[J]. 法治论坛，2010（1）.

的任何一个阶段均可以由自己的行为单方面决定刑事诉讼的终止，从而避免刑事责任的追究，则必然助长行为人的侥幸心理和对税务机关依法处理的漠视和蔑视。

（五）初犯免责的排除性条件

《刑法修正案（七）》第 4 款的但书规定，“五年内因逃避缴纳税款受过刑事处罚或者被税务机关给予两次以上行政处罚的”不适用初犯免责，这是初犯免责的排除性条件，即存在这种情况时，不得适用初犯免责。这一排除性条件应从以下几个方面进行理解：

“五年内”从何时开始计算？例如，当前次逃税所受的是罚款处罚时，是从税务机关做出罚款决定之日起计算，还是从行为人缴纳罚金之日起计算？当前次逃税所受的是刑事处罚时，是从判决生效之日起计算，还是从刑罚执行完毕之日起计算？“五年内”的限定既与刑法上成立累犯的时间条件相协调，也与《税收征收管理法》第 86 条有关逃税行为经过五年即不得给予行政处罚的规定相一致。鉴于此，应当从刑事处罚、行政处罚执行完毕之日起计算。同时，“五年内”的截止点应当计算至行为人后次逃税之日止，而非后次逃税被发现或受行政处罚之日止。

“受过刑事处罚”应如何理解？需要明确的是，“受过刑事处罚”不同于“受过刑罚处罚”。刑法上承担刑事责任的方式多种多样，最常见的即给予刑罚处罚，此外还包括适用非刑罚处罚方法、单纯宣告有罪等。因此，“受过刑事处罚”的具体情况可以包含以下几种：受过主刑与附加刑的处罚；仅受过附加刑的处罚；仅受过非刑罚处罚；仅受过有罪宣告而没有受到刑罚与非刑罚的处罚。

“给予两次以上行政处罚”，首先，应理解为因逃税受到行政处罚后又逃税而再次被给予行政处罚。即已经受到两次行政处罚，第三次或更多次再逃税的，才有可能阻却免责条款的适用，应当追究刑事责任。其次，并非第三次逃税应受行政处罚时即一律追究刑事责任，而应当理解为，后来的逃税行为还必须符合第 1 款所要求的数额及比例标准，才能定罪。最后，做出行政处罚的主体可以是地税，也可以是国税，如果行为人因同一经营行为逃避缴纳不同税种而同时受到国税和地税的双重处罚，则应视为一次行政处罚。因为行为人只实施了一个刑法意义上的行为，只是由于税务机关的不同分工而导致将其行为分割评价，不能因为处罚主体的不同而造成两次行政处罚的结果。

在刑事立法上，我国的税收犯罪经历了罪名上的从无到有、罪状和法定刑上的从笼统到具体、再到抽象的发展历程。这一过程既与我国的经济发展态势、税收活动的基本状况和涉税犯罪的基本情况紧密相连，也与原有条文的弊端与漏洞相关，从根本上更受到我国税收理念变更和宽严相济刑事政策的影响。从逃税罪的最新修订来看，该罪正在向着科学化、理性化和宽宥化的方向发展；从长远来看，尽可能不动用刑罚、提高纳税人的税收遵从度，使纳税人依法纳税，是逃税罪立法的最高境界。[①]纳税虽是公民的一项基本义务，但公民也应对税收政策的制定、税收管理的运行、税款支出的用途等享有相应的知情权。只有当税款能够真正取之于民、用之于民时，公民才能逐步树立积极纳税的自觉意识；逃税行为最终才能相应减少。在民间融资行为中，如果融资行为本身合法，并未构成刑事犯罪，则后续的经营行为中，通常不会出现逃税等违法行为；如果融资行为本身已构成犯罪，后续的经营行为中又实施逃税行为的，则将面临刑法更加严厉的惩处。

① 刘荣. 刑事政策视野下的逃税罪[J]. 中国刑事法杂志，2010（12）.

第五章

民间融资中的暴力型犯罪：以绑架罪为例

本书第三章和第四章分别对民间融资刑事法网的中心犯罪——非法吸收公众存款罪和两个典型的周边犯罪——洗钱罪和逃税罪进行了探讨。此外，在民间融资过程中，因当事人的暴力行为而引发的非法拘禁罪、故意杀害罪、绑架罪等暴力型犯罪，在近年来的民间融资刑事犯罪中也不断发生，本章专门选择其中的绑架罪，对如何区分绑架罪和其他犯罪的关系进行探讨，并结合近年来我国正在进行的死刑改革问题，就绑架罪的死刑适用展开分析。

第一节　绑架罪立法概况

绑架罪作为一种严重侵犯公民人身权利的犯罪，是世界上公认的最严重的刑事犯罪之一。为了形成防范和打击此类犯罪的国际通力，联合国于 1979 年通过了《反对劫持人质国际公约》，其中第 1 条即规定了劫持人质罪：任何人如劫持或扣押并以杀死、伤害或继续扣押另一个人为威胁，以强迫第三者，即某个国家、某个国际政府间组织、某个自然人或法人或某一群人，做或不做某种行为，作为释放人质的明示或暗示条件，即为犯本公约意义范围内的劫持人质罪行；任何人图谋劫持人质，或与实行或图谋劫持人质者同谋而参与其事，也同样犯有本公约意义下的罪行。在对绑架罪进行严厉规制这一点上，各国的态度和立场基本一致，但由于各国立法者的价值取向、立法理念、司法实践的不同，导致在具体构建上也有不同。

一、国外立法

考察国外的立法及判例，各国对绑架罪在法定刑的设置、罪状的构建等方面均有一定的相似之处。

其一，主观上具有特定的目的。在各国立法中，有的仅以“勒赎为目的”，如《意大利刑法典》630 条、《巴西刑法典》第 159 条的规定、《日本刑法典》第 225-2 的规定；有的规定为“其他不法意图”，如《法国刑法典》第 224-4 规定其目的是为了逃逸或保护其免受制裁，或者为了使某种命令或条件得到执行，尤其是为了获得支付赎金；《加拿大刑法典》《美国模范刑法典》等规定的目的虽各不相同，但其内容均具有多重性。我国的绑架罪同样也是目的犯，但对于绑架罪目的的内容、程度、产生时间等均有较大争议。

其二，刑罚较为严厉。绑架罪是公认的罪质严重的犯罪行为，多伴有程度较强的暴力行为，因此，虽然国际社会刑法发展的整体趋势是趋向缓和，轻刑化的主张也日渐有力，但多数国家的刑法对绑架罪都规定了严厉的刑罚，呈现出对绑架犯罪的打击力度大、刑罚重的特征。

有“绑架之都”之称的菲律宾在 2002 年为惩罚绑架犯罪而恢复死刑。其他国家对绑架罪的处罚多为 20 年有期徒刑、无期徒刑，甚至是死刑。[①]例如，法国刑法典第四章侵犯人身自由罪第一节绑架罪与非法拘禁罪第 224-1 条规定，没有制定权力机关命令且在法律规定之情况外，绑架他人的，处 20 年徒刑。[②]瑞典刑法典第四章对自由和安

---

① 盛冲. 绑架罪若干问题研究[D]. 北京：中国政法大学，2007：2.
② 罗洁珍. 法国新刑法典[M]. 北京：中国法制出版社，2003：78.

宁的犯罪第 1 条规定，意图伤害他人身体或健康……以绑架罪处 4 年以上 10 年以下有期徒刑或者终身监禁。[①]泰国刑法典第十一章妨害自由和名誉的犯罪第一节妨害自由罪第 313 条规定，为了取得赎金而有下列情形之一的，处十五年至二十年有期徒刑，并处三万至四万株罚金，或者处无期徒刑或死刑。[②]意大利刑法典在侵犯财产权利罪一章中规定“以释放为条件，为自己或者其他人索取不正当利益，并且为此目的对他人进行绑架的，处 25 年至 30 年有期徒刑。造成被绑架者死亡的，处无期徒刑。”在 2009 年《刑法修正案（七）》颁布之前，我国对绑架罪规定的最低法定刑是十年有期徒刑，表明了立法者严厉打击绑架犯罪的决心，也能够适应社会经济体制转型期的严峻犯罪态势。《刑法修正案（七）》将最低法定刑降低至五年，也显示了对绑架罪立法规制的感性打压到理性回归。

其三，多明文规定了加重罪状和减轻罪状。绑架犯罪中的行为方式多种多样，绑架意图实现的目的也千差万别，最终造成的社会危害也有所差异，因此，各国多规定了不同程度和情节的罪状，以适应处理复杂案件的需求。关于加重罪状的规定，各国设置并不完全相同：《俄罗斯刑法典》第 126 条规定了多次实施绑架、武装绑架、绑架未成年人或孕妇、绑架的共同犯罪等要加重处罚；《巴西刑法典》第 159 条规定：绑架延续 24 小时以上、绑架未成年人、结伙或集团犯罪的是加重处罚的条件。虽然各国设置的绑架罪的加重要件并不完全相同，但是“致使被绑架人的重伤、死亡结果”在德国、法国、俄罗斯、巴西、意大利等绝大多数国家刑法典中作为绑架罪加重处罚的条件。[③]我国刑法的绑架罪也有判处绝对死刑的加重情节，即“致使被绑架人死亡或杀害被绑架人的，处死刑”，表明立法者对后果严重的绑架罪多做出了加重处罚的严厉规制。

为了保护被绑架人的生命、健康，多数国家对绑架行为人“自愿、安全地释放被绑架人的”做出减轻处罚的规定，这种重在保护人

---

① 陈琴译. 瑞典刑法典[M]. 北京：北京大学出版社，2005：6.
② 吴光侠. 泰国刑法典[M]. 北京：中国人民大学出版社，2004：68.
③ 杨春雷. 论绑架罪[D]. 哈尔滨：黑龙江大学，2004：4.

质安全的规定具有刑事政策的指导意义。例如，日本刑法第三十三章掠取和诱拐罪第 228 条之二规定，犯第 225 条、第 227 条第 2 项或第 4 项之罪的人，在提起公诉前，将被掠取或者被诱拐的人解放至安全场所的，减轻处罚。[①]法国刑法典第 224-1 条第 3 款规定，如被拘留或被非法拘禁的人自其被扣留之日起未满 7 天之前，得到罪犯的自愿释放，罪犯所受执刑罚为 5 年监禁并科 75000 欧元罚金。第 224-2 条所指情况除外。[②]这是从正面角度对被绑架人人身安全的保护。[③]类似的规定对于引导行为人放弃犯罪、防止危害继续扩大，最终保护人质安全方面起到不可忽视的作用。在我国也有为数不少的学者在讨论绑架罪的完善时，建议将主动释放人质的行为作为特殊的中止犯或其他减轻处罚情节，这正是考虑到了类似规定的积极作用。

国外立法的不同之处，主要体现在如下几个方面：

其一，罪名归类及设置不同。各国基于对绑架罪侵犯法益的不同理解，导致了绑架罪在刑法分则中的体系归类并不相同；又因对绑架罪概念的不同概括，决定了绑架罪是作为独立罪名存在还是依附于其他罪名存在，各国规定也有差异。

第一种立法例是将绑架罪归入“侵犯人身自由罪”。多数国家将绑架罪首先视为侵犯人身自由的犯罪，以独立的罪名归类于侵犯人身自由罪中。如《德国刑法典》分则第十八章“针对个人自由的犯罪行为”、《日本刑法典》第 33 章“掠取和诱拐罪”、英国议会上院对绑架罪所做的权威性解释“其性质是侵犯公民的人身自由”；另外，法国、美国多数司法区包括《模范刑法典》、加拿大等也将本罪列入侵犯人身自由罪之中。也有作为他罪的附属罪名被归入此类犯罪，如《瑞士刑法典》将掳人勒赎作为“剥夺自由和诱拐”的加重情节。

第二种立法例是将绑架罪归入“侵犯财产罪”。作为独立罪名归入侵犯财产罪的，如《意大利刑法典》第十三章“侵犯财产罪”第 630 条的规定、《巴西联邦共和国刑法典》分则第 2 章“抢劫和敲诈罪”中规

① 张明楷. 日本刑法典[M]. 北京：法律出版社，2006：85.
② 罗洁珍. 法国新刑法典[M]. 北京：中国法制出版社，2003：79.
③ 盛冲. 绑架罪若干问题研究[D]. 北京：中国政法大学，2007：3.

定了掳人勒赎罪等；也有作为他罪的组成部分归入此类犯罪，如《西班牙刑法典》将绑架归于抢劫罪中。

第三种立法例是将绑架罪归入“危害公共安全罪”。将其归属于危害公共安全犯罪中的有俄罗斯刑法第二十四章危害公共安全的犯罪，其中第206条规定:“劫持或扣留他人作为人质，以迫使国家、组织或公民实施某种行为或放弃实施某种行为作为释放人质的条件的，处5年以上10年以下的剥夺自由”。这似乎可以与俄罗斯统治强权和政治高压的历史传统相吻合，在这种背景下，将国家和公共利益置于优先考虑的地位，将不特定公民的危害行为视为危害公共安全的犯罪。这在各国立法中是较为独特的。

其二，客观方面诸多差异。具体又表现在如下三方面：

首先，绑架行为之不同。此种情形存在以下几种：有的国家刑法设定为“单行为”，如意大利、法国、巴西等，《美国模范刑法典》也是规定为“单行为”；二是“复行为”的立法情况，如德国、日本、加拿大、俄罗斯等。俄罗斯、加拿大的立法使用“绑架”和“劫持”（或扣押）人质，日本规定的是“掠取”和“诱拐”，德国则使用的是“绑架”和“勒索性掳人”的语词。我国绑架罪的客观方面也存在单一行为说与复合行为说的激烈争论，一方面是由于法条规定存有一定模糊之处，另一方面也是因为对绑架罪罪质的理解不同而导致。

其次，明确规定绑架行为的空间或场所。如《德国刑法典》第234条a要求犯本罪跨法域；或带往法域外或阻止返回本法域；《美国模范刑法典》在第212-1条中也有类似的规定。我国绑架罪中同样存在绑架行为是否需要将被绑架人劫持离开原地的争议，主要是由于出现了非典型的绑架案例，导致学者需要对常规的绑架行为做出新的解释。

最后，绑架的持续时间对成立犯罪或重罪轻罪的意义。如《德国刑法典》第239条b款的“……或者持续一周以上的自由剥夺”是罪与非罪的划分标准；而泰国刑法第316条的“于第一审判决前，使被掳掠、拘禁或羁押之人重获自由，且未发生重伤或濒临生命紧急危险者……”《法国刑法典》第224-1条“……自其被扣留之日起未满7天之前，得到罪犯的自愿释放”、《美国模范刑法典》第212-1条D

的规定、《巴西联邦共和国刑法典》第 159 条等关于绑架时间的规定则是重罪与轻罪的区分。通说认为，我国的绑架罪是行为犯，是要实施了绑架罪的实行行为即构成既遂，绑架持续的时间长短对于定罪没有决定性意义。

其三，对主体的规定不同。对主体规定的主要不同发生在父母能否成为绑架罪主体的问题上。父母本对子女享有监护权，因此，对于父母绑架子女的行为是否剥夺了子女的人身权益，并非是无须讨论的问题，各国因历史传统、文化理念、社会观念、伦理道德等的不同，对此规定也有较大差异。

第一种立法例是肯定父母能够构成绑架罪的主体。以美国刑法为典型。根据美国刑法规定，父母劫取儿童罪也称为父母绑架罪、儿童绑架罪或盗取儿童罪，是指父母中一方未经另一方同意绑架儿童的行为。这种行为可能发生在父母准备提起离婚诉讼之前，或离婚诉讼悬而未决期间，或离婚判决被批准之后。1981 年国会通过了联邦父母绑架防止法。这个法案宣称，《逃亡重罪犯法案》适用于州重罪的父母绑架案，当儿童劫取者跨越洲际线逃亡时适用美国联邦调查局司法管辖权。美国的立法与其历史传统、文化理念有关，主要是考虑到被父母一方绑架的儿童会经受心理上的痛苦和变化，甚至会承受逃亡的生活，这些经历产生的痛苦、害怕、负罪、愤怒和忧虑可能会导致不能修复的心灵创伤。因此，出于对未成年人的考虑，美国刑法规定了这类犯罪。[①]

第二种立法例是规定父母不能构成绑架罪的主体。以俄罗斯刑法为典型。俄罗斯刑法规定，父或母违背母或父的意志或违背接受子女寄养的近亲属的意志控制亲生子女或收养子女的，不能按绑架罪定罪。犯罪主体被剥夺亲权与否在这里没有意义。近亲属（例如祖父母或外祖父母）违背父母的意志控制儿童的，如果这种行为是为了儿童的利益，包括错误理解的利益，也不是绑架。[②]目前世界上多数国家

① 盛冲. 绑架罪若干问题研究[D]. 北京：中国政法大学，2007：6.

② [俄]俄罗斯联邦总检察院编. 俄罗斯联邦刑法释义[M]. 黄道秀，译. 北京：中国政法大学出版社，2000：340.

都是这种立法。如越南刑法典、泰国刑法典等。

对比美国和俄罗斯的典型立法，似乎可以得出结论，美国更注重保障公民个人的绝对自由，父母中的一方无权剥夺子女的人身自由；而俄罗斯更注重社会伦理秩序的保护，子女的人身自由在一定程度上可以由父母决定。我国司法实践中也出现过父亲绑架子女向妻子勒索钱财的案件，学者的观点不尽相同。有学者倾向于通过道德、伦理、传统观念来规范家庭关系，而尽量避免法律的介入，尤其是作为最后一道防线的刑法；也有观点认为应当从我国现行刑法的规定出发，绑架罪并未对犯罪主体做出身份上的相应限制，因而不能排除父母成为绑架罪的主体。

二、我国立法

绑架犯罪在我国的相关规定可谓历史久远，而中华人民共和国成立后却由于当时的现实状况排除了规制绑架行为的紧迫性，导致我国在 1979 年的刑法典中，对绑架犯罪并没做出规定。但是随着时代的发展，实践中绑架行为频繁发生。为了打击这一行为，立法者和司法实践对此做出了不断探索，对绑架罪的规定从无到有，经历了相当长的一段历史时期，从某种程度上讲，这是我国刑事立法进程的一个缩影。从最初按照抢劫罪定罪处罚，到规定为绑架勒赎罪、绑架妇女、儿童罪，逐步积累经验，最终形成了比较成熟的观点和意见，将绑架罪作为一个独立的罪名在 1997 年刑法分则第四章中明确予以规定。除立法性文件外，其他的司法机关也逐渐形成了较为丰富的法律文件来规制绑架罪。

（一）1997 年之后的立法

1997 年刑法将绑架罪列入分则第四章侵犯公民人身权利、民主权利罪，作为第 239 条明确加以规定。该条规定：“以勒索财物为目的绑架他人的，或者绑架他人作为人质的，处十年以上有期徒刑或者无期徒刑，并处罚金或者没收财产；致使被绑架人死亡或者杀害被绑架人的，处死刑，并处没收财产。”“以勒索财物为的偷盗婴幼儿的，依照前款的规定处罚。”与之前的全国人大常委会《全国人民代表大会常务委员会关于严惩拐卖、绑架妇女、儿童的犯罪分子的决定》（简称《决定》）相比，该法条不仅增加了“绑架他人作为人质的”情形，而且对绑架罪的法定刑做了修订：将“1 万元以下罚金”改为“罚金”，删除了对罚金具体数额上限的限制；同时也对适用死刑的条件做了修改：将处死刑的条件由“情节特别严重”修改为“致使被绑架人死亡或者伤害被绑架人”。可以说，1997 年刑法对于绑架罪的规定是十分严格的，尤其从法定刑来看，充分体现了对绑架罪重罪模式的价值判断和从严惩处的打击力度。

2000 年 7 月 13 日，最高人民法院《关于对为索取法律不予保护的债务非法拘禁他人行为如何定罪问题的解释》规定，行为人为索取高利贷、赌资等法律不予保护的债务，非法扣押、拘禁他人的，依照刑法第二百三十八条的规定定罪处罚。由此可见，为索取债务而非法拘禁他人的，不管债务是非法还是合法，都应当以非法拘禁罪定罪处罚。这主要是考虑到索取合法债务的情况下实施绑架行为的，虽然手段不合法，但毕竟是为了维护合法权益，因此应当认定为非法拘禁罪。在索取非法债务的情况下，虽然其财产不受法律保护，但是实施绑架行为毕竟事出有因，因此对这一类犯罪也按照非法拘禁罪定罪处罚。

2001 年 11 月 8 日，最高人民法院《关于对在绑架过程中以暴力、胁迫等手段当场劫取被害人财物的行为如何适用法律问题的答复》规定：行为人在绑架过程中，又以暴力、胁迫等手段当场劫取被害人财物，构成犯罪的，择一重罪处罚。这一答复旨在解决绑架过程中的暴力取财行为的罪数问题。

2001 年最高人民法院刑事审判第一庭审判长会议《关于已满 14 周岁不满 16 周岁的人绑架并杀害被绑架人的行为如何适用法律问题的研究意见》认为，对已满 14 周岁不满 16 周岁的人绑架并杀害被绑架人的，应当依照刑法第 232 条的规定，以故意杀人罪追究其刑事责任。2002 年 7 月 24 日全国人大常委会法制工作委员会《关于已满 14 周岁不满 16 周岁的人承担刑事责任范围问题的答复意见》中规定，对司法实践中出现的已满 14 周岁不满 16 周岁的人绑架人质并杀害被绑架人的行为，依据刑法是应当追究刑事责任的。2003 年 4 月 18 日最高人民检察院《关于相对刑事责任年龄的人承担刑事责任范围有关问题的答复》中规定，相对刑事责任年龄的人绑架并杀害被绑架人的，其罪名应认定为绑架罪。时间相近的三个文件均是关于实践中日渐多发的相对刑事责任年龄人绑架并杀害被绑架人的应如何承担刑事责任问题的解答。可以看出，两高的意见各执一端，法工委的意见模糊不清，并没有真正解决这一问题。

2005 年 6 月 8 日，最高人民法院《关于审理抢劫、抢夺刑事案件适用法律若干问题的意见》中规定，绑架过程中又当场劫取被害人随身携带财物的，同时触犯绑架罪和抢劫罪两罪名的，应择一重罪定罪处罚。这一意见主要是解决绑架过程中当场劫取财物行为的定性，同时也与 2001 年最高人民法院对此类现象所做的答复相一致。

综上，从中华人民共和国成立后对于绑架罪的法律规制过程来看，我国针对绑架罪的立法在定罪和法定刑的设定上都日趋科学。定罪方面，从最初按照抢劫罪定罪处罚，到规定为绑架勒赎罪、绑架妇女、儿童罪，最终在刑法典中正式规定了绑架罪，对于绑架罪内涵和外延的认识也逐渐成熟，并且能够与有意识地与已经加入的国际公约相适应。法定刑方面，罚金刑由《决定》中的具体数额改为 1997 年刑法中的抽象规定，死刑的适用范围也由《最高人民法院、最高人民检查院关于执行<全国人民代表大会常务委员会关于严惩拐卖、绑架妇女、儿童的犯罪分子的决定>的若干问题的解答》中的六种改为 1997 年刑法中的“致使被绑架人死亡或者杀害被绑架人的，处死刑”，这充分说明法定刑的规定也日渐完善合理，并能结合新形势下刑事政策的科学指导，同时体现刑法和刑罚发展的国际趋势，向轻刑化靠拢，在保证能够有效打击犯罪、保护法益的同时，也能注重人权保障。虽仍有缺憾，但其积极意义是显而易见的，而《刑法修正案（七)》对绑架罪的修正，尤应引起重视。

（二）《刑法修正案（七）》的重大修订

1997 年刑法颁布后，绑架罪在司法适用过程中出现了罚过其罪、罪责刑不相适应的问题，由此引发了质疑，如制刑过重，不符合罪责刑相适应原则；量刑空间过窄，不便于实务操作；起刑点过高，不利于保护人质安全等弊端。为解决上述问题及充分贯彻宽严相济的基本刑事政策和体现罪责刑相适应的基本原则，全国人大常委会于2009年2月28日通过了《刑法修正案（七）》，其中第6条对绑架罪在以下两个方面进行了修正：一是在刑法典第239条第1款后增加“情节较轻的，处五年以上十年以下有期徒刑，并处罚金”。二是将第239条第1款中“犯前款罪，致使被绑架人死亡或者杀害被绑架人的，处死刑，并处没收财产”设为刑法典第239条第2款。[①]绑架罪的最新修订可谓毁誉参半：即是刑法的七个修正案以来第一次以增加从轻处罚的情节来修正分则罪名，充分体现了宽严相济刑事政策之宽的一面；同时，对于法定最低刑的降低并未达到多数学者的预期，且对于两种加重情节没有区分地规定了绝对确定的死刑，这与我国限制和废除死刑的基本取向相悖，仍有继续完善的空间。

作为《刑法修正案（七）》的亮点之一，绑架罪不仅将加重构成从原条文的第1款中独立出来设为第2款，更重要的是降低了为学者所诟病已久的严苛刑罚，在原法定刑的基础上增加了独立的一档，规定“情节较轻的，处五年以上十年以下有期徒刑，并处罚金”。这是截至目前七个刑法修正案以来，第一次出现以增加从轻处罚的方式修正分则罪名。对于“从轻处罚”可以分为两部分来理解，即行为描述“情节较轻”和处罚后果“处五年以上十年以下有期徒刑”。

对于法定刑的降低，虽然离刑法学界大部分学者主张降至“三年以上十年以下有期徒刑”的观点尚有差距，但我们要认识到，立法的修正不是纯粹技术性的，也不是纯粹学术性的，而是各种力量不断妥协和平衡的产物，立法上的点滴进步都是学者、立法机关和民众相互博弈的结果，学者们的主张尽管代表了专业领域内的最高水准，却未必都能够被需要考虑其他众多因素的立法者和感性占据上风的民众所接受。因此，虽然没有达到学者们的预期，但本着不盲目批判和善意解释法律的精神，也不容忽视其积极意义。

① 赵秉志. 刑法修正案罪刑理解适用[M]. 北京：中国法制出版社，2009：96—97.

首先，可有效处理一些危害较轻的绑架案。近年来的司法实践中出现了一系列特殊的绑架案件，有的手段较为平和，没有对被绑架人造成伤亡等在绑架罪中常见的严重危害结果，最典型的如2007年发生在云南的善良绑匪案，绑匪不但没有对被绑架人实施暴力，还在看守途中幡然悔悟，并用身上仅有的20元送小孩平安回家，最终获刑6年，被网友报以极大的同情；有的并非为了勒索巨额钱财或者提出重大不法要求，甚至只是为了能够见到自己喜欢的电台主持人；有的是绑架子女向妻子索要钱财等，均与典型的绑架案件有较大差别。但一个共同点就是整体的社会危害性较轻，因此刑法修订前最低10年有期徒刑的法定刑在面临这些特殊案件的时候，总是无能为力。

降低最低法定刑有利于处理实践中出现的绑架罪危害性较轻的情形。司法实践中提出的绑架罪刑罚层次过少、起刑点过高，不能完全适应处理情况复杂案件的需要，尤其是云南善良绑匪案等特殊典型案例的出现，迫切需要绑架罪做出改变，以适应复杂的现实需求。在修正案颁布后，各地已相继出现了适用“情节较轻”条款的案例，因此，其实践意义自不待言。

其次，契合刑法的基本原则。按照刑法通说的理论，绑架罪基本可以认为是非法拘禁罪和敲诈勒索罪的合成，而后两罪基本犯的法定刑仅仅是3年以下有期徒刑，即使按照数罪并罚的顶点，也不过是6年有期徒刑，为绑架罪配置十年有期徒刑的法定最低刑实为不当。为了避免过重的刑罚，实践中对绑架罪的处理存在一定的变通之处，有的被作为敲诈勒索罪处理，有的作为非法拘禁罪处理，司法者的良苦用心可以原谅，但这种牺牲法律规定而追求个案公正的做法并非好事，也不值得提倡。增设从轻处罚的情节后，有利于正确处理这些案件，实现罪刑均衡，避免法官为了适用适当的刑罚而被迫选择错误的定性。

最后，达到瓦解犯罪人和保护被害人的双赢结果。从轻处罚的规定实际上是在向行为人传递一个明确的信号，主动释放人质或没有造成人身损害等后果的，刑法设置了明确的、宽容的刑罚。对于犯罪人而言，从轻处罚的设置等于给了其重新选择、回头是岸的机会，对于被害人而言，也更有利于最大程度保障其利益。甚至对于处理绑架案件的司法者来说，无疑也增加了劝止行为人继续实施犯罪的谈判筹码，最终均有利于妥善处理绑架案件，将犯罪的危害降到最低。

需要进一步讨论的是，由于没有统一具体的规定，对于如何理解“情节较轻”，司法实践中多存争议。如未遂、中止等法定情节能否被视为情节较轻、行为人的一贯良好表现能否考虑、犯罪后的积极悔罪行为能否作为参考因素等，对这些问题的不同认识，直接影响对“情节较轻”的理解和适用。

其一，是否包括法定情节。有观点认为，对“情节较轻”的认定，一般应当包括绑架犯罪未遂、中止、索取少量赎金，未伤害被绑架人或致被绑架人轻伤、犯罪后主动投案未造成严重后果等情况。[①]媒体广泛宣传的“北京市法院首次适用《刑法修正案（七）》轻判绑架犯”[②]即采用此种观点。据审理此案的法官认为：“这两名被告人都是初次犯罪，跟踪了王某 4 天没有动手，并不是因为没有机会，而是因为害怕而迟迟没有实施绑架行为。而且，两人因为形迹可疑遭到警方盘问后，主动交代了他们要实施绑架的事实。从这些情况来判断，两人虽然实施了犯罪预备的行为，已经构成了绑架罪，可主观恶性程度还不是那么深，应该符合刑法修正案（七）中所说的‘情节较轻’的情形。”[③]两名被告最终获从轻处罚，一方面是因为行为本身属于预备形态，另一方面又因处于预备阶段、主观恶性程度不深而被认定为“情节较轻”，这种观点无疑值得商榷。犯罪未遂、中止以及预备、自首等都是我国刑法明文规定从轻情节，也即法定量刑情节，如果再将这些情节也视为绑架罪的“情节较轻”，无疑在量刑时会对这些情节进行重复适用，违反了禁止重复评价的原则。

其二，是否只限于构成要件的基本事实而排除其他犯罪事实。“情节较轻”中的“情节”究竟是指构成绑架犯罪主客观要件的基本事实

---

① 孙涛. 刑法修正案（七）对绑架罪的调整与刑罚适用[J]. 中国检察官，2009（5）.

② 参见 2009 年 3 月 16 日北京晚报，案情简介：郑丽刚、柴彦军为向王某勒索财物，预谋进行绑架，并准备了刀、枪状打火机、假车牌及车辆等作案工具，于 2008 年 10 月 27 日至 30 日驾车到王某经营的饭店及住处对其进行跟踪。因形迹可疑被巡逻民警盘查并抓获。被抓后，他们供述了预谋绑架的犯罪事实，检方以绑架罪提起公诉。昌平法院判处郑丽刚有期徒刑 10 个月，柴彦军有期徒刑 1 年，各处罚金 2000 元。一审为生效判决。

③ 李松，黄洁. 法官详说“轻判”绑架案背景与缘由[N]. 法制日报，2009-3-19.

还是同时包含基本事实以外能够影响绑架行为危害程度的犯罪事实？笔者认为应是两者皆有，但以构成基本事实的情节为主。前者如前文论及的实施绑架行为的暴力程度、犯罪对象、索要财物的数额、造成的危害后果等，后者则包括作案的时间、地点、环境条件、被害人过错、与被害人的关系等因素。

对于法条的解释应放在整个刑法典中进行体系性的考虑，保证对相同的情形做相同的理解。分则中与绑架罪的“情节较轻”条款比较类似的是故意杀人罪。经过司法实践多年的积累和讨论，对故意杀人罪“情节较轻”的理解已经较为一致，通常认为包括大义灭亲杀人、因长期受虐杀人、被害人过错、基于被害人请求的杀人以及溺婴等情形，在绑架罪中同样可予以考虑。

其三，是否只限于案件本身的基本事实而排除反映人身危险程度的事实。有观点认为，绑架罪“情节较轻”的判断基础是能够影响罪质轻重的事实要素，如果某一事实因素不能反映绑架罪社会危害程度，自然不能成为“情节较轻”的判断基础，如一贯表现、是否属于初犯、偶犯、前科情况、悔罪态度等纯粹反映行为人人身危险性的事实因素就不能成为判断是否属于“情节较轻”的基础。[①]这种观点同样值得商榷。刑法第61条规定了量刑的根据，“对于犯罪分子决定刑罚的时候，应当根据犯罪的事实、犯罪的性质、情节和对于社会的危害程度，依照本法的有关规定判处”。仔细分析便可发现，法条对于“事实”和“性质”均有“犯罪的”作为定语，而对恰恰省略了对“情节”一词的限定，这不应当理解为是立法的疏漏，反而是一种巧妙的提示。这里的“情节”，不影响犯罪性质的认定，但与决定犯罪性质的主客观事实具有密切联系，又能说明罪行的程度。从刑法规定的自首、立功等制度的精神来看，量刑时应考虑犯罪人的某些个人情况、犯罪前的表现、犯罪后的态度等，或反映犯罪人人身危险性和再犯可能性的一系列因素。这也对实现刑罚个别化和特殊预防之目的有积极作用。因此只有全面掌握包括反映人身危险性在内的各种情节，才能更加准确地确定刑罚。

---

① 杨志国. 如何判断绑架罪的“情节较轻”[N]. 检察日报，2009-9-11.

另外，从当下新兴的刑事和解角度来看，虽然现在理论上通常认为适用范围只限于轻微刑事案件，但从中也可以看出对犯罪人事后的积极赔偿、赔礼道歉等悔罪行为也是处理此类刑事案件定罪量刑的重要依据之一。因此，在判断是否符合“情节较轻”时，绑架罪行为人的反映人身危险程度的事后赔偿、真诚悔罪等行为也应当予以考虑。

从上述争议问题的讨论可以看出，对于绑架罪的“情节较轻”应做全面理解。除法定量刑情节因禁止重复评价的原则而被排除以外，所有反映犯罪构成的基本事实、基本构成以外的案件事实以及行为人人身危险程度的相关因素，均在考虑之列，在此判断基础上做出的情节认定才是全面的。

第二节　绑架罪的罪名与罪数

一、绑架罪与非法拘禁罪的区分

根据刑法第238条规定，非法拘禁罪是指非法剥夺他人人身自由的行为。应当说，非法拘禁罪与绑架罪在行为方式上并无太大差异，都可以使用暴力、胁迫或其他手段实现对他人的实力控制。在一定意义上可以说，绑架罪是特殊的非法拘禁罪，其成立要件已经包含了非法拘禁的行为本身，两者是特殊与一般的关系。两者的主要区分在于主观方面的不同，绑架罪以索财或其他非法要求为特殊目的，而非法拘禁罪仅要求实现对他人人身自由的剥夺。一般而言，两者的区分并无困难，主要的混淆在于索财型的绑架罪与索债型的非法拘禁罪难以区分。

在司法实践中，为索取债务而非法拘禁、扣押他人的案件时有发生，对此，刑法第238条第3款明确规定：“为索取债务非法扣押、拘禁他人的，依照前两款的规定处罚”。这意味着，为索取债务非法扣押、拘禁他人后，如果没有使用暴力致人伤残、死亡的，都认定为非法拘禁罪。从本质上讲，这属于“事出有因”的绑架行为，被害人过错和宽恕一定程度的私力救济是这一立法规定的合理注脚。然而由于这一规定中并未明确债务的性质，导致实践中对因索取非法债务而拘禁他人的情况如何处理争议仍然很大，是构成绑架罪还是构成非法拘禁罪？对此，最高人民法院于2000年6月30日对《关于对为索取法律不予保护的债务非法拘禁他人行为如何定罪问题的解释》做出明确规定："行为人为索取高利贷、赌博等法律不予保护的债务，非法扣押拘禁他人的，依照刑法第238条的规定定罪处罚。"即上述情况应以刑法第238条非法拘禁罪及其转化犯而非绑架罪定罪处罚。但实践中发生的案例总是千变万化，这一司法解释并不能解决所有问题，如行为人索取事实上并不存在的债务而非法拘禁他人、索要的数额明显超过债务数额、索要难以查清或数额不定的债务等问题，都需要深入讨论。

（一）为索取不存在的债务而非法拘禁他人

是否存在真实的债权债务关系（不论合法与否）是区分索债型非法拘禁罪与索财型绑架罪的重要区别。根据主客观相统一的原则，为索取事实上不存在的债务而非法拘禁他人的，可以分为两种情况讨论：一是误以为存在。行为人基于主观上的认识错误，将事实上并不存在的债务误以为真实存在。行为人主观上仍是为了索取债务，并不具有非法索财的非法目的，因此仍然是非法拘禁。二是明知不存在或不可能存在债权债务关系，仅以索债为借口而非法拘禁他人。此时的行为虽与前一情况相同，但主观上仅是以虚假的债务为借口，不能改变其非法索财的目的，符合"以勒索财物为目的绑架他人"的绑架罪的构成。

（二）索取数额明显超过债务数额

实践中由于种种原因，债权人索取的数额有可能大于债务数额本身，可以分为以下几种情况讨论。

第一种情况，行为人已经索得债务，又向与被绑架人有特定关系的人索要额外财物。此时行为人向第三人索要额外债务的行为已经完全超出了"为索取债务"而事出有因的拘禁行为，具有非法索取财产的目的，并且指向了被绑架人以外的第三人，符合绑架罪的本质特征，应以绑架罪论处。

第二种情况，债务数额确定，行为人索取的数额明显超过该数额。如被害人欠货款 5 万元，行为人扣押被害人索要 50 万元。此时的行为已经带有借机勒索的性质，一行为同时触犯了数罪名，根据想象竞合犯的处断原则，应从一重处断，认定重罪时，原有的债务额宜从中扣除。

此处的关键问题是，如何判断“明显超出”。在有效的司法解释尚未出台之前，应当结合实际欠款额、索要的数额、差额的绝对数和相对比例，并参照相关犯罪的数额标准来综合评定。如有学者认为实际欠债数额在 1000~3000 元起不足 1 万元～3 万元（各省、自治区、直辖市依本地情况而定）的，“明显”标准依照敲诈勒索罪数额认定标准，以敲诈勒索罪“数额较大”标准掌握；实际欠债数额在 1 万元～3 万元不足 10 万元的，“明显”标准依照敲诈勒索罪数额认定标准，以敲诈勒索罪“数额巨大”标准掌握；实际欠债数额在 10 万元以上的，“明显”标准依照诈骗罪“数额巨大”（3 万元）标准掌握，[①]这一思路值得借鉴。

第三种情况，客观上存在着债权债务关系，但债务数额却处在待确定状态。如双方发生争执，一方将另一方打成重伤，应赔偿的数额在未被认定之前处于待确定的状态。此时若发生非法拘禁以索要赔偿金的，以非法拘禁罪追究刑事责任更为妥当。原因在于，数额虽不确定，但债务本身是真实存在的，为了索取真实存在的债务而拘禁他人的，本就应构成非法拘禁，只因为数额不确定就认为行为的性质发生变化，理由并不充分。况且，但索要数额明显超出实际数额的才转变成绑架罪，此时的数额尚未确定，更加不能判断数额是否“明显超出”，因此以非法拘禁罪追究刑事责任为宜。

（三）为索债而非法拘禁债务人以外的第三人

现实生活中存在很多这样的现象，如为索取债务而非法拘禁债务人的子女等。最高人民法院的观点认为不能按照绑架罪论处，[②]而有学者的观点则正好相反，认为“为了索取债务，而将与债务人没

① 朱明，姜新国．也论绑架罪的几个问题[J]．河南职业技术师范学院学报，2004（1）．

② 最高人民法院刑一、二庭．刑事审判参考（2002 年第 1 辑）[M]．北京：法律出版社，2002：49.

有共同财产关系、扶养、抚养关系的第三人作为人质的，应认定为绑架罪”。[①]

对此问题的解决，在索要数额、行为程度等其他条件都符合非法拘禁罪的情况下，关键是如何理解刑法第238条第3款中规定的“他人”。本书认为，这里的“他人”没有必要严格限定为债务人本人。行为人非法拘禁债务人以外的人，其目的仍然是索要债务，这与绑架罪的勒索财物的目的显然不同。对于债务人来说，由于自己的确欠有债务，因此，对于他人被拘禁的事实应当有所预料，在这样的情况下，也并没有面临绑架罪中被勒索人通常会面临的“两难的选择”：要么破财，要么伤人。债务人的自决权并没有收到实质性的影响，因为其本来就应当偿还债务。因此，为索取债务而非法拘禁债务人子女以向债务人索债的类似案件仍然应当认定为非法拘禁罪。

但是，同样也需要注意，“他人”的范围并不能无限扩大，应该限制在行为人与被拘禁人之间以及行人与被拘禁者的利害关系人之间，如果超出此债务关系范围而非法扣押、拘禁他人后向第三人勒索财物的，符合绑架罪的构成要件。比如，乙欠甲的钱，甲拘禁乙后向乙的父亲丙索要该笔欠款，或者甲拘禁丙后向乙索取欠债，都构成非法拘禁罪。但是如果甲拘禁了乙的朋友丁，借口要求丁替乙还债而向丁的父亲戊（与乙无利害关系）勒索，则行为人甲构成绑架罪。[②]因此，对于真实存在、索要数额合理的索债行为而言，行为人非法拘禁债务人而向其本人或有特定关系的第三人所索债的，非法拘禁有特定关系的第三人而向债务人索债的，均应构成非法拘禁罪。超出此范围的，则应构成绑架罪。

（四）债权债务存在与否难以查清

当难以查清行为人索要的债务是否存在时，对于行为人定性的关键问题其实转化成了举证责任归属问题。在暂不考虑其他因素的情况下，能够举证债务关系真实存在的，则应定非法拘禁罪。在行为人举

① 张明楷. 刑法学[M.]. 北京：法律出版社，2007：667. 类似观点参见刘树德. 绑架罪案解[M]. 北京：法律出版社，2003：206.

② 黄嵩. 论非法拘禁罪与绑架罪认定中的若干难点[J]. 法学评论，2004（4）.

证不出证据的情况下，如何定性？在许多债权债务纠纷案件中，由于债权人碍于熟人情面或缺乏证据意识，常常没有留存法律上认可的证据，若事后债务人拒不承认，债权人很难通过法律途径实现自己的合法权益。

民事诉讼中的一般证据规则是谁主张谁举证，在举证不能的情况下就要承担败诉的后果。如果将这一规则直接适用于刑事案件，则会导致举证不能时，推定债权不存在，随之而来的不利后果就是以绑架罪论处，则可能面临至少五年的牢狱之灾；而一旦能够证明债权的存在，则最多为三年有期徒刑，从而出现由于举证不能而导致刑事案件的定罪量刑差异巨大的局面。

本书认为，绑架索债型案件一般是由民事债权债务纠纷引起，而在解决过程中由于采用了非法绑架的手段而转化为刑事案件。作为刑事案件，根据罪刑法定的刑法原则和无罪推定的刑事诉讼法原则，证明指控犯罪成立的责任当然在于公诉方。因此作为定罪重要依据的债权关系的存在与否，其举证责任也在于公诉方。此时可能出现以下局面：就债权是否存在这一证明问题而言，绑架罪的证明责任要比非法拘禁罪的证明责任低，因此更要求公诉方能够完整地行使其责任和职权。当查明债权确实不存在时，应以绑架罪定罪；能够举证确实存在时，应以非法拘禁罪定罪；当是否存在存有疑问时，应当依据刑事诉讼中“疑罪从轻”的原则，按照处刑较轻的非法拘禁罪处理。作为控辩双方的平衡，辩护方也有权对债权债务问题提供证据，以证明行为人无罪或罪轻。

二、绑架罪与抢劫罪的区分

绑架罪与抢劫罪在刑法分则中分属不同的章节，分别归入侵犯公民人身权利罪和侵犯财产罪。抢劫罪是指以非法占有为目的，当场使用暴力、胁迫或其他方法，强行劫取财物的行为。两者除犯罪主体、犯罪主观方面和侵犯的客体有所不同外，最本质的区别在于行为结构的不同。不可否认，两罪都是暴力程度较高的犯罪，客观方面具体的行为手段都可以包括暴力、胁迫或其他方法，但其区别也是明显的：抢劫罪是典型的复合行为犯，具有暴力行为和取财行为的双重特点，且双重行为均直接指向被抢劫人，而不涉及第三人；暴力行为和取财行为都具有“当场性”，当然这里的“当场”应做广义理解。绑架罪是单一行为犯，暴力行为指向被绑架人，除此之外，还以向人质以外的第三人索财或提出其他非法要求为目的。

一般情况下，根据上述规则是可以较容易区分绑架罪和抢劫罪的，比较有争议的是绑架过程中出现的取财行为如何评价。对此，学界存在不同的意见：有的学者认为，对于行为人在控制被绑架人后实施抢劫行为的，只定绑架罪。有的学者则认为，对于行为人在控制被绑架人后实施抢劫行为的，应定绑架罪并从重处罚。2005 年 6 月 8 日最高人民法院《关于审理抢劫、抢夺刑事案件适用法律若干问题的意见》规定：“绑架过程中又当场劫取被害人随身携带财物的，同时触犯绑架罪和抢劫罪两个罪名，应择一重罪定罪处罚。”此前最高人民法院刑事审判庭主编的《刑事审判参考》倾向于只定绑架罪。[①]

本书基本同意最高人民法院司法解释的观点，并进一步认为，行为人利用绑架过程中的暴力行为劫取被绑架人随身携带财物的，应以绑架罪一罪从重处罚，而非抢劫罪或数罪并罚。其原因可以从以下几个方面考虑。

首先，从禁止重复评价来看。在绑架过程中，行为人已对被绑架人实施了暴力等能够实现实力控制人质的行为，在此情况下劫取被绑架人财物，利用的仍是绑架中的暴力行为。如果以绑架罪和抢劫罪数罪并罚，无疑对整个过程中的暴力行为进行了两次评价，即将一个暴力行为既用作绑架罪的构成要件，又用作抢劫罪的构成要件，违反了禁止重复评价的刑法原则，也必定会造成罪责刑的失衡。

其次，从期待可能性来看。在绑架过程中，行为人已用实力控制被绑架人的人身安危，换言之，被绑架人的人身安全完全置于行为人的掌控之下，人身安全尚且如此，则被绑架人携带的财产自然也在行

---

① 最高人民法院刑一庭、刑二庭. 刑事审判参考》（2002 年第 1 辑）[M]. 北京：法律出版社，2002：198.

为人的控制之下。这种情况下，法律不能期待行为人不实施劫财行为，换言之，对于行为人的不劫财，法律没有期待可能性。可以说，这种顺手牵羊的做法是符合当时特定的情况的。

再次，从刑罚裁量来看。绑架罪本身配置了较为严苛的法定刑，即使在最新修订之后，在均保留死刑的情况下，其法定最低刑也要高于故意杀人罪和抢劫罪。因此，仅以绑架罪一罪从重处罚，将劫财的行为作为量刑情节来考虑，并不会轻纵犯罪。

最后，关于索财型绑架和人质型绑架的关系问题。有观点认为，当行为人实施的是以勒索财物为目的的绑架罪时，这种做法是可取的，因为其意图勒索和中途劫取的均是财产，而对人质型绑架罪则不能适用。[①]本书认为这种观点不妥。从绑架罪的本质来看，在于控制人质以实现索财或其他非法的目的，对于被绑架人人身安危的侵害是必然的，而索财或其他非法要求只是具体目的的不同，并不影响绑架罪的罪质。因此，只要是以实力控制了被绑架人，不管其具体的犯罪目的如何，都无法否定行为人同时也控制了被绑架人随身携带的财产，因而这样的做法对于索财型绑架和人质型绑架均可以适用。

还需要指出的是，司法实践中存在先以暴力控制被害人并当场劫财，后继续控制被害人并向第三人勒索的情形。这种情况属于前后阶段明显的两个独立行为，即先实施了抢劫行为，又发生了犯意的转化实施了绑架勒索的行为，有别于绑架过程中临时发现被绑架人携带财产而予以劫取的情形。因此，应当以抢劫罪和绑架罪数罪并罚。

三、绑架罪与故意杀人罪、故意伤害罪的区分

一般而言，绑架罪与故意杀人罪、故意伤害罪因其显而易见的主体和主观方面的差异而不难区分。但三罪的客观行为暴力程度都较高，而且绑架罪的客观行为本身包含故意伤害甚至故意杀人的手段，更规定了“致使被绑架人死亡或杀害被绑架人”的加重处罚，因此，绑架

① 盛冲. 绑架罪若干问题研究[D]. 北京：中国政法大学，2007：33.

罪与故意杀人罪、故意伤害罪也会存在一定的混淆。

（一）以特别残忍手段致使被绑架人重伤或严重残疾

对于此类案件，理论界主要存在两种观点：第一种意见认为应当以绑架罪和故意伤害罪数罪并罚。理由是，我国刑法对故意伤害被绑架人未致人死亡的情形未做出规定，且未排除以绑架罪和故意伤害罪实行数罪并罚的可能。绑架人故意伤害人质的行为相对于绑架行为而言具有相对的独立性，应予以单独评价。第二种意见则认为应当以绑架罪一罪论处。理由是，绑架罪本来就是一种暴力犯罪，在绑架过程中致使被绑架人重伤或严重残疾的，可以为绑架罪所吸收。本书同意第一种观点，主要理由如下。

首先，控制人质阶段的残忍伤害行为具有独立性。根据绑架罪发生和发展的过程，可以将其分为前后两个阶段，即实施绑架阶段和控制人质阶段。在前一阶段，暴力行为主要是为了达到对人质的实力控制，因此，所有能够排除被绑架人反抗的暴力行为，均可以作为绑架罪的实行行为。在后一阶段，行为人已经实现了对被绑架人的实力控制，主要是为了继续维持这种状况即可，常以拘禁或扣押等行为方式实现。在这一过程中，如果行为人没有重新遇到被绑架人的激烈反抗，则其手段残忍的伤害行为对于维持被绑架人的受控状态就是多余的，因而也是独立存在的，无法被绑架罪本身的暴力行为所包含，而应当单独评价。

其次，能够实现罪刑均衡。如果对此类伤害行为不单独评价，而由绑架罪包含，则会造成以下结果：由于没有造成死亡结果，因此不能适用绑架罪中的加重处罚情节判处死刑，而只能在相应的基本法定刑即“十年以上有期徒刑或无期徒刑”内量刑；而第 234 条故意伤害罪第 2 款规定“以特别残忍手段致人重伤造成严重残疾的，处十年以上有期徒刑、无期徒刑或者死刑”。量刑之差异显而易见。只有将伤害行为单独评价，与绑架罪进行并罚，才能够实现罪刑均衡。并且，这种做法并不是本书所批判的以刑求罪，而是以对行为的准确定性为基础，同时也更加符合罪责刑相适应的原则。

最后，刑法并未禁止此种情况下数罪并罚的可能。绑架罪对“致使被绑架人死亡或者杀害被绑架人”的加重情节配备了绝对确定的法定刑——死刑，排除了对造成死亡结果的伤害或杀害行为进行数罪并罚的可能。不论其合理与否，都必须严格遵守这一规定。而对以残忍手段故意伤害被绑架人同时又未造成死亡结果的，刑法并没有做出这种强制性的规定。因此，从理论上说，数罪并罚的结论并不与现行刑法规定相悖，属于在可能的范围内对法律的善意解释。

（二）绑架过程中杀害其他人或致使其死亡

根据绑架罪的规定，能够适用死刑的只限于致使“被绑架人”死亡和杀害“被绑架人”。而在司法实践中经常发生这样的现象：偷盗婴幼儿的过程中被监护人发觉，转而对监护人实施暴力以排除阻力，结果造成其死亡。类似上述案例，在绑架过程中杀害被绑架人的监护人、近亲属或其他人，或者致使其死亡的，应当如何处理？本书主张对此类行为应当以绑架罪、故意杀人罪数罪并罚。主要理由包括以下几个方面。

首先，从法条规定本身看，刑法明文规定的“杀害被绑架人的，处死刑”，即作为一罪处理时，将绑架中杀害的对象限定为被绑架人本人。对此行为中的对象范围不能做任意的扩大解释，而应当以词语本身可能包含的意义为限。如果将所有绑架过程中实施的杀害行为均以一罪论处，则极易导致无法完整评价犯罪行为，轻纵罪犯。

其次，从犯罪客体的角度进行分析。依据单一客体说，绑架罪被归入侵犯人身权利的犯罪，本意旨在保护被绑架人的人身权益，而第三人的权益并非必然处于受侵犯的状态，因此，绑架过程中对于第三人遭受的超出绑架行为本身可能辐射的侵害时，应当另行评价，否则无法充分保护第三人的合法权益。

再次，行为人的主观心态已经超出了以实力控制赵某的犯罪故意，不能被绑架罪的主观所吸收，而是单独构成了其他罪名的主观心态，其行为方式也已超出了绑架罪所包含的针对被绑架人实施的暴力行为，应当进行单独评价。

最后，从罪责刑相适应原则看，绑架中针对其他人的伤害或杀害行为也应当单独评价。其所针对的对象具有一定程度的偶然性和不确定性，如果仍以绑架一罪论处，无疑会鼓励行为人任意扩大危害范围，无法实现刑法对犯罪行为的完整评价，导致重罪轻判。

四、绑架罪与敲诈勒索罪的区分

敲诈勒索罪是以非法占有为目的，对他人实行威胁，索取数额较大的公私财物的行为。其基本结构是：对他人实行威胁—对方产生恐惧心理—对方基于恐惧心理处分财产—行为人或第三人取得财产—被害人遭受财产损失。[①]绑架罪中包括了向被绑架人的近亲属及其他人勒索财物的情况，与敲诈勒索的关键区别在于是否实际上绑架了他人。如下几种情况在具体认定时应特别注意。

（一）绑架杀害人质后勒索财物

对于此类案件的定性，主要有以下观点：一是故意杀人与敲诈勒索数罪并罚说。此观点认为，从客观上看，绑架人主要实施了两个行为，杀害被绑架人的行为和向亲属进行勒索的行为，而这两个行为之间并不存在手段与目的的关系，具有各自的独立性，因而并不能满足绑架罪的构成特征；从主观上看，故意杀人的故意产生在前，勒索钱财的故意产生在后，具有明显的时间上的先后，也是各自独立存在的。因此，从犯罪构成上看，符合故意杀人罪和敲诈勒索罪两个犯罪构成，应当数罪并罚。二是故意杀人罪说。此观点认为，绑架人在实施将被绑架人绑架后才索取其亲属财物的，这种行为不是敲诈勒索罪，而是绑架罪；杀害被绑架人的行为又构成故意杀人罪。因此，此类案件构成故意杀人罪和绑架罪，属想象竞合犯，应按“从一重处断的原则”处理，认定为故意杀人罪。三是绑架罪说。[②] 此观点认为，绑架杀害人质后勒索账物的，只认定为绑架罪不构成其他犯罪。

本书同意第三种观点，认为应以绑架罪一罪论处，理由如下：

其一，从主观上看。绑架人的犯意一般经历了如下发展过程：杀死人质——绑架人质将其杀死后勒索钱财，即由最初的杀人转化为杀

---

① 张明楷. 刑法学[M]. 北京：法律出版社，2007：722.

② 邵栋豪. 对绑架杀害人质后勒索财物构成何罪的讨论[N]. 人民法院报，2007-7-3.

人后索财。这一犯意的发展是在绑架人着手实施犯罪之前就已经完成的，且是针对同一对象，因此是犯意转化而非另起犯意，应当以转化后的一罪论处。从绑架罪的主观方面看，以索财或其他不法要求为特定目的，绑架人转化后的犯意完全符合绑架罪的主观方面。

其二，从客观行为看。绑架人共实施了两个自然意义上的行为，即杀害行为和勒索行为，而所有的行为都是在转化后的犯罪故意支配下实施的，应当将其作为一个整体评价，不能完全因循行为人的主观发展变化将其分割。从绑架罪的客观行为看，体现为以暴力、胁迫等手段控制被绑架人，如果要实现绑架罪的目的，还需实施客观的超过要素，即向第三人勒索财物或提出其他非法要求。值得注意的是，其中的暴力行为可以达到故意杀人的程度，而绑架罪对于“杀害被绑架人”也规定了加重刑罚。当绑架罪的构成要件能够完整评价林某的行为时，认定为绑架罪就已足够实现司法评价的目的，公正地追究其刑事责任。

（二）绑架自己勒索他人

对于此类案件的认定，主要有如下意见：第一种意见认为不构成犯罪。这种意见认为此类案件并未对他人造成实质损害，未达到破坏社会秩序的高度，不宜认定为构成犯罪。第二种意见认为构成诈骗罪。诈骗罪的行为结构是，采取虚构事实、隐瞒真相的方法，使对方陷入错误判断，基于错误判断主动交付了财物。绑架人为了达到骗取他人钱财的目的，虚构了自己被绑架的事实，意图使与其存在一定利害关系的人陷入错误的判断从而交付财物，完全符合诈骗罪的行为方式。第三种意见认为构成敲诈勒索罪，本书同意这种观点。理由如下。

敲诈勒索罪与诈骗罪均属侵犯财产的犯罪，两者在犯罪的主体、主观方面均有相同或相似之处，但诈骗罪仅侵犯公私财产所有权，而敲诈勒索罪的客体除了侵犯公私财产所有权外，还包括他人的人身权利或其他权益。两罪的关键区别在于客观方面。诈骗罪是用虚构事实或隐瞒真相的方法，使被害人产生错误认识，从而“自愿”交付财物。而敲诈勒索罪则是以威胁或要挟的方法，使被害人产生恐惧心理，从而被迫交付财物。因此，区分诈骗罪与敲诈勒索罪，主要不是看有没有欺骗，而是看行为人取得财物是以诈骗手段，还是以威胁的手段。

此类案件中，绑架人通过绑架自己欺骗他人只是表象，其目的是使敲诈勒索行为更具有隐蔽性和震慑力，真正起作用的是以此作为威胁的手段。

（三）致人死亡后谎称绑架被害人而索财

首先来看一个案例：张某因索要加班费问题与老板王某产生口角，继而打斗，打斗中，张某顺手拿起一张铁椅，往王某头上打去，致王某当场死亡。张某将王某藏尸后，打电话给王某的妻子，称其绑架了王某，要王某的妻子汇 5 万元到其指定账户，张某收到王某妻子汇入的 5 万元后逃亡，两个月后，张某被抓获归案。①

对张某行为的定性存在如下几种不同观点：绑架罪说，故意伤害罪说，故意杀人罪和绑架罪数罪并罚说，故意伤害罪和敲诈勒索罪数罪并罚说。本书同意最后一种观点，理由在于：

第一，明确张某的行为是一罪还是数罪。一方面，从客观行为分析，张某的行为呈现明显的前后两个阶段：因口角而发生打斗并用铁椅致使王某死亡——谎称绑架王某而向王某妻子索要钱财。两个行为是各自独立存在的，并无手段行为与目的行为等的牵连关系，也并非表面上属于多个自然行为而实质上属于一个法律行为的情况。依据罪数的判断标准，实质上存在数个行为的，除非法律的特别规定，应当具有成立数罪并罚的前提条件。另一方面，从主观上判断，张某的行为存在明显的犯意转化：先有伤害的故意，致人死亡后又产生了索财的故意，而非事前预谋以伤害为手段、以索财为目的。前文已述，犯意转化的实质在于行为在实施过程中发生了不同于原犯罪构成要件的情况，使得整个行为不能被原犯罪构成所包含，而符合另一个新的犯罪构成，因此要数罪并罚。

第二，分析张某的行为应以何种数罪并罚。第一阶段的行为应是故意伤害（致死）而非故意杀人。从案发的原因看，张某因索要加班费而与被害人发生口角并打斗，属于事出有因的行为，打斗中“顺手”拿起铁椅向王某头上打去，可以看出其行为并无预谋。从打击方式看，

① 钟庆. 绑架罪相关犯罪形态研究[D]. 北京：中国政法大学，2009：16.

只实施了一次伤害行为，打击部位虽是致命所在，但这主要是由于当时情形下的激情所迫，张某并无杀害王某的故意。第二阶段，张某以事实上并不存在的绑架向王某的妻子索要钱财，使王某的妻子产生了恐惧而被迫交付钱财，符合敲诈勒索罪的犯罪构成。因此，整体而言，张某的行为应以故意伤害罪和敲诈勒索罪数罪并罚。

除了上述分析的绑架罪与其他相关罪名的区分之外，刑法中还明文规定了几种与本罪相关的、应以数罪并罚的情形：其一，刑法第 120 条规定了组织、领导、参加恐怖组织罪："组织、领导和积极参加恐怖活动组织的，处 3 年以上 10 年以下有期徒刑；其他参加的，处 3 年以下有期徒刑、拘役或者管制。犯前款罪并实施杀人、爆炸、绑架等犯罪的，依照数罪并罚的规定处罚"。其二，第 294 条规定了组织、领导、参加黑社会性质组织罪："组织、领导和积极参加以暴力、威胁或者其他手段，有组织地进行违法犯罪活动，称霸一方，为非所恶，欺压、残害群众，严重破坏经济、社会生活秩序的黑社会性质的组织，处 3 年以上 10 年以下有期徒刑；其他参加的，处 3 年以下有期徒刑、拘役、管制或者剥夺政治权利。犯前两款罪又有其他犯罪行为的，依照数罪并罚的规定处罚"。根据这两条的规定，实施上述组织犯罪，同时又实施了绑架等犯罪的，将组织犯罪与绑架罪数罪并罚。刑法规定组织、领导、参加此类犯罪组织的行为本身即构成犯罪，实质上是将非实行行为升格成实行行为规定为独立罪名并配置相应的法定刑，之后又实施犯罪组织本身可能包含的杀人、爆炸、绑架等实行行为的，实行数罪并罚。这样的立法例主要是出于及早严厉打击此类犯罪组织的目的。虽然有学者批评这样的立法无法反映犯罪组织形成的过程，[①]但是，司法实践应当严格按照现有法律的规定，对恐怖组织和黑社会性质组织实施的绑架等行为实行数罪并罚。

---

① 刘树德. 绑架罪罪数认定研究[J]. 中国刑事法杂志，2003（3）.

第三节　绑架罪的死刑适用问题

一、绑架罪死刑适用的法定条件分析

根据《刑法修正案（七）》对绑架罪的修订，现行立法对绑架罪适用死刑的规定体现在第 239 条第 2 款的规定："犯前款罪，致使被绑架人死亡或者杀害被绑架人的，处死刑，并处没收财产。"根据这一加重构成，绑架罪适用死刑的法定情形包括"杀害被绑架人"和"致使被绑架人死亡"两种情况。如何理解法条中的规定，是分析绑架罪死刑适用的理论基础。

（一）"杀害被绑架人"的分析

1. 性质分析

关于"杀害被绑架人"的性质认定，学界有诸多争议，如结果加重犯的观点认为绑架罪案件中，对于杀害被绑架人的行为，"是将绑架犯罪中的故意杀人结果作为结果加重犯来加以规定"，[①]性质上仍然属于绑架罪的范畴；情节加重犯的观点认为杀害被绑架人同时所触犯的故意杀人罪仅仅是裁量绑架罪适用死刑的一种从重处罚情节，只能以绑架罪一罪定罪处罚，不能以绑架罪和故意杀人罪实行数罪并罚；[②]包容加重犯的观点认为此种情况是"在基本的包容之犯罪构成之外，又出现了能够被刑法独立评价的被包容之罪的犯罪行为，刑法规定以包容之罪一罪论处，并规定加重法定刑的犯罪形态"。[③]

上述争议需要解决的关键问题在于当"杀害被绑架人"中的"杀害"是否必须出现死亡的结果，换言之，当杀害行为由于各种原因最终没有导致被害人死亡时，能够适用"处死刑"的刑罚吗？情节加重犯的观点认为"杀害被绑架人"强调的是行为本身，只要有杀害行为，

① 阮方民. 论新刑法中相对负刑事责任年龄规定的适用[J]. 浙江大学学报，1999（2）.

② 潘慧庆. 对绑架罪中人质死亡情形的定罪量刑分析[J]. 河南公安高等专科学校学报，2008（4）.

③ 姚兵. 包容加重犯概念之提倡[J]. 广西政法管理干部学院学报，2008（5）.

即使没有出现死亡结果，也应当适用“处死刑”的规定；而结果加重犯的观点则强调结果的出现，不论任何原因，没有死亡结果出现的，均不应适用死刑。由此争议来看，本书支持结果加重犯的观点。一方面，从文理解释的方法来看，“杀害”一词本身就包含了死亡结果的出现，“杀”可以是一种行为，而“害”则强调结果本身的出现，做出这样的解释并不超出词语本身可能包含的范围。另一方面，从限制适用死刑的基本立场来看。刑法第48条所规定的“罪行极其严重的犯罪”，应当是一种综合性的判断，即最严重的社会危害性和最高程度的主观恶性与人身危险性。按照这一标准进行分析，是否出现被绑架人死亡的结果，对于判断行为人的行为是否属于“罪行极其严重”，应当有重要意义。如果将出现死亡结果认定为“罪行极其严重”，则没有出现死亡结果的行为在社会危害性上无疑应当做出区别评价。不做区分地均适用死刑，不仅有违限制死刑的基本精神，也有违罪责刑相适应的刑法基本原则。

2. 存在阶段

杀害被绑架人时绑架罪中规定的可以适用死刑的从重处罚情节。因其包含了“杀害”这一故意杀人的情节，因此其罪过形式仅为故意。一般认为，杀害被绑架人，包括绑架行为实施后在勒索财物之前杀害被绑架人、因勒索财物不成而杀害被绑架人，以及在勒索财物之后又出于灭口而杀害被绑架人几种情形。[①]

从绑架行为的完整过程来看，绑架罪实质上包含两个阶段，即绑架实施阶段和非法控制人质阶段。有观点认为，杀害被绑架人只能发生在非法控制人质阶段，而不包括绑架实施阶段，换言之，绑架实施阶段的行为不包括故意杀人。[②]

本书不同意这种观点，而是认为杀害被绑架人可以发生在整个绑架过程中，包括绑架实施阶段和非法控制人质阶段。原因在于：一方面，在绑架实施阶段杀害被害人的，并不与绑架罪的罪质相悖。绑架罪的本质在于控制被绑架人、利用人质作为筹码来索财或提出其他不

① 孟庆华. 关于绑架罪的几个问题[J]. 法学论坛，2000（1）.
② 王志祥. 绑架罪中“杀害被绑架人”新论[J]. 法商研究，2008（2）.

法要求，而控制被绑架人并不排除剥夺其生命，甚至可以说，剥夺生命是最有力、最彻底的控制被绑架人。只要行为人在实施杀害行为之际就已经产生绑架罪的特定目的，就不应排除其作为绑架罪实行行为的本质特征。另一方面，如果认为杀害被绑架人只能发生于非法控制人质阶段，则会造成以下局面：同样有杀害被绑架人的行为、造成同样的死亡结果，只因为杀害行为的时间不同，而导致不同的定罪量刑，在绑架实施阶段的，以绑架罪（未遂）与故意杀人罪数罪并罚，而在非法控制人质阶段的，以绑架罪一罪论处，并处绝对确定的法定刑——死刑。虽然最终的刑罚裁量可能相同，但定罪这一本质问题具有显著的差异，实不足取。

因此，将杀害被绑架人的过程限定于控制人质阶段，失之过窄，实践中绑架的实施也并非总是先劫持或控制人质后再杀人，两个阶段的杀害行为并无本质区别。认识清楚这一点，对于发生在不同阶段的杀害绑架人的行为如何定性及适用刑罚十分重要。

3. 人质未死亡时的处理

杀害被绑架人可能会导致两种后果，一是死亡结果出现，二是未出现死亡结果，如由于绑架人自动中止杀害行为或被害人得到救助而未死亡。在现行立法规定下，如何处理第二种情况，应当如何适用刑罚，是需要重点考虑的问题。

以绑架杀人未遂为例，有观点认为，仍然应当适用“杀害被绑架人的，处死刑”，且不适用未遂犯从轻、减轻处罚的规定；[①]也有观点认为，适用“杀害被绑架人的，处死刑”的规定，同时适用刑法关于未遂犯从轻、减轻处罚的规定；[②]第三种观点认为，仍应按照绑架罪的基本犯罪构成处理，并且杀害被绑架人未遂的不能作为绑架罪从轻、减轻处罚的根据；[③]第四种观点认为，绑架杀人未遂的，认定为基本的绑架罪与故意杀人罪未遂，实行数罪并罚。[④]

本书赞同第二种观点，在现行刑事立法下，对绑架杀人未遂的，

① 甘亚杰. 如何理解“杀害被绑架人”[N]. 人民法院报，2004-9-20.
② 张明楷. 绑架罪中“杀害被绑架人”研究[J]. 法学评论，2006（3）.
③ 赵秉志. 刑法分则要论[M]. 北京：中国法制出版社，2010：322.
④ 王志祥. 绑架罪中“杀害被绑架人”新论[J]. 法商研究，2008（2）.

适用“杀害被绑架人的，处死刑”的规定，同时适用刑法关于未遂犯从轻、减轻处罚的规定，理由在于：首先，从限制死刑适用的精神来看，发生死亡结果和未发生死亡结果不应当作同样的处理。当未发生死亡结果时，适用对未遂犯从轻或减轻处罚的规定，符合罪责刑相适应原则的要求，有利于减少死刑的适用，同时也不至于轻纵罪犯。其次，有利于实现总则对分则的指导作用。根据这一方案，在具体裁量时，不仅要考虑绑架罪本身的规定，还应当统一适用刑法总则关于相应犯罪形态的规定，从而确定相应的刑罚。再次，也有利于处理绑架杀人中止。与对绑架杀人未遂的处理结论相一致，对于绑架杀人中止的，应当适用刑法中“杀害被绑架人的，处死刑”的规定，同时适用刑法总则关于中止犯从宽处罚的规定。这既有利于故意行为人中止犯罪，保护被绑架人的生命，也能做到罪责刑相适应。最后，有利于最大程度减少现行刑事立法所造成的弊端。现行立法为“致使被绑架人死亡”和“杀害被绑架人”配置了相同的法定刑，导致主观方面不同的两种行为适用相同的法定刑，极不合理。上述处理方案，可以在没有出现死亡结果的情况下，适用与出现死亡结果时不同的法定刑，减少现行立法轻重不分的弊端。

（二）“致使被绑架人死亡”的分析

“致使被绑架人死亡”是绑架罪的加重情节之一，对这一情节的理解，理论界有以下几种观点：有的学者认为应仅限于故意伤害致死；[①]有的理解为包括故意伤害致死或者完全由于过失而致使被绑架人死亡的情况；[②]有观点认为是指行为人故意伤害被绑架人造成死亡，或者因虐待、侮辱、猥亵、胁迫等方式造成被绑架人自杀等情况；[③]有学者从“致使”一词的含义出发，表明行为人的绑架行为与被害人的死亡具有刑法上的因果关系，被害人的死亡是由于行为人的绑架行为所制造的危险并在这一范围内实现了这一危险，并因此认为被害人自杀身亡的，不属于“致使被绑架人死亡”的情形；还有学者强调绑架行

① 何秉松. 刑法教程[M]. 北京：中国法制出版社，1997：354.
② 郭立业，杨迎泽. 刑法分则适用疑难问题解[M]. 北京：中国检察出版社，2000：147.
③ 孟庆华. 关于绑架罪的几个问题[J]. 法学论坛，2000（1）.

为与被绑架人的死亡之间具有直接的因果关系，具体说来包括以下几种情形：在实施暴力劫持过程中，伤及要害部位而导致被害人死亡；在关押过程中，关押强度过大而导致被害人死亡等。[①]

1. 性质认定

应当明确的是，绑架罪的这一规定属于结果加重犯，即法律上规定的一个犯罪行为，由于发生了严重结果而加重其法定刑的情况。构成结果加重犯的前提条件是犯罪人必须实施了基本犯罪行为，且造成了基本犯罪的罪质以外的重结果。基本犯罪行为和加重结果之间存在因果关系。按照这一观点来理解，“致使被绑架人死亡”是行为人实施了基本的绑架行为，但造成了被绑架人死亡的加重结果，刑法因而规定了加重的法定刑，即死刑。明确这一性质，才能为准确适用“致使被绑架人死亡”的法定刑奠定基础。

2. 主观心态

我国刑法中多处存在“致人死亡”的立法例，其罪过形式也不尽相同。如故意伤害罪中的“致人死亡”，对加重结果的主观心态为过失，否则就构成了故意杀人罪；而对于抢劫罪中的“致人死亡”，则可以包含故意和过失两种心态，因为抢劫罪的暴力应当作最严重程度的理解，其本身就包含故意杀人。

对于绑架罪来说，“致使被绑架人死亡”的主观心态的判断，应当结合犯罪的性质、行为方式、法定刑以及犯罪之间的关系等因素来进行分析。从刑法的规定来看，绑架罪还有一种加重情形，即“杀害被绑架人”。这一规定明确体现了“杀害”的主观心态应当是故意。从法条的体系性解释来看，应当将致使被绑架人死亡的主观心态理解为过失，而非一些学者所主张的过失和故意并存。如果做出并存的理解，则将与杀害被绑架人的罪过形式发生重叠，无法明确界分两者，不仅导致对法条理解的混乱，更造成了杀害被绑架人这一规定的虚置。做出这一理解后，也能为准确适用致使被绑架人死亡时应处何种刑罚奠定基础。

① 陆诗忠. 绑架罪的立法改进及其相关问题[J]. 法学，2008（12）.

3. 具体判断

“致使被绑架人死亡”究竟包含哪些具体情形，有一定的争论。“致使”一词的表面含义可以理解为一行为导致另一结果发生，强调因果关系的真实存在。当基本行为具有造成加重结果发生的高度危险时，才能认定为结果加重犯。而如果是实行行为之后的行为或者其他介入因素的作用而导致被绑架人死亡的，则切断了基本的实行行为与死亡结果之间的因果关系。从实践中来看，主要包括以下几种情形：（1）在实施暴力劫持过程中，因用力过猛伤及要害部位，或堵嘴捂鼻引起窒息等原因，过失致被绑架人死亡；（2）在关押过程中，因被害人哭闹、挣扎，对其堵嘴捂鼻或者为其注射麻醉剂过量等原因过失引起死亡；（3）在关押过程中，因关押时间较长没有给被绑架人提供足够的水和食物以及防寒物品致使被绑架人饿、冻而死；（4）对被绑架人残酷殴打、折磨致使在关押期间因重伤死亡。而以下情形不宜认定为“致使被绑架人死亡”：绑架过程中的其他过失行为导致的被害人死亡。如绑架人在看守被绑架人时，随手扔烟头导致火灾，造成被绑架人死亡的，应以绑架罪与过失致人死亡罪（或失火罪）论处。此时，导致死亡结果的原因不是绑架罪的暴力等实行行为，而是扔烟头的失火行为，能够排除绑架罪基本行为与加重结果之间的因果关系。

这一问题中，最典型的争议问题是被绑架人自杀的情形是否属于“致使被绑架人死亡”。根据上述理论，本书认为应当对此问题分情况讨论：如果在绑架过程中，绑架人对受害人不断进行折磨殴打，被绑架人因不堪忍受折磨而自杀死亡的，绑架行为与死亡结果之间的因果关系可以确定，应认定为致使被绑架人死亡。如果绑架行为完成后，在绑架人没有实施故意伤害、折磨等行为的情况下，被害人因自身原因如性情刚烈、失去信心等而自杀的，行为人主观上并无罪过，如果单纯以死亡结果来追究刑事责任，难免有结果归责之嫌，[①]因而不宜认定为“致使被绑架人死亡”。也即在认定“致使被绑架人死亡”时，应依据主客观相统一的基本定罪原则，行为人承担刑事责任的条件是

① 杜国强. 绑架罪若干问题研究[J]. 河北法学，2001（6）.

行为人对于危害结果主观上具有认识，只有如此才谈得上罪过，才具有可罚性。因此，在人质自杀的案件中，必须重点考虑绑架行为与死亡结果之间的因果关系。如查明被绑架人自杀与绑架行为没有直接的因果关系，是否有介入因素导致被绑架人自杀，并且应当分析介入因素对结果发生的作用力大小、介入因素本身的异常性大小等，来判断行为人对死亡是否应负刑事责任。具体而言，绑架过程中对被害人虐待、侮辱、猥亵、殴打等，致使其不堪忍受而自杀，行为人对此至少有过失，可以认定属于“致使被绑架人死亡”；如果行为人并无对其过多的虐待、侮辱、殴打等行为，仅因被害人性情刚烈等原因而自杀，难以说明犯罪分子对被害人自杀的结果持有过失，则不应包括在内。在司法实践中，发生被绑架人死亡的情况是多种多样的，应当结合具体案情具体分析，也要结合相关的证据规则进行判断。

4. 刑罚配置

现行立法对“致使被绑架人死亡”和“杀害被绑架人”没有区别地规定了绝对确定的法定刑——死刑，这在众多学者看来是极不妥当的，本书也持这种观点。

首先，从刑法条文的对比来看。一方面，我国刑法分则条文中，在故意犯罪中将“致人死亡”（包括故意和过失）作为加重结果的，除绑架罪外还有 19 个条文 25 个罪名，其中只有 11 个条文 15 个罪名可以适用死刑，除了劫持航空器罪和拐卖妇女、儿童罪规定了绝对确定的死刑外，其余各罪均非如此，死刑只是可选择的刑种之一。[①]相较之下，绑架罪的这一加重情形规定过于严苛。另一方面，我国刑法典在 7 个罪名中设置了绝对确定的死刑，分别是劫持航空器罪，绑架罪，拐卖妇女，儿童罪，暴动越狱罪，聚众持械劫狱罪，贪污罪，受贿罪。其中劫持航空器罪属于危害公共安全罪，暴动越狱罪和聚众持械劫狱罪属于妨害社会管理秩序罪，这些罪名适用绝对死刑所要求造成的结果重于绑架罪适用死刑时的结果。而绝对确定的法定刑不考虑各种差别，只要达到法定条件就必须适用同一刑罚。这就导致对实质上不同

① 张永红，孙涛. 绑架罪法定刑的立法完善[J]. 广西市公安管理干部学院学报，2007（4）.

程度的危害结果，处以相同刑罚的局面出现，违背了罪责刑相适应原则的贯彻。

其次，从主观罪过来分析。致使被绑架人死亡的主观罪过是过失，将对死亡结果没有希望或放任心态的行为人处以极刑，在废除死刑的国际潮流和我国严格限制死刑适用并力求逐步废除死刑的趋势下，这样的刑罚配置很明显是欠缺科学性的；甚至《刑法修正案（七）》也没有对此进行彻底的修订，无疑也是一种遗憾。

再次，对比外国的立法例来看。在外国刑法中，极少对绑架罪采用绝对确定的死刑。在对罪名划分较细的美国，多数司法区把绑架分为三类：普通绑架、加重绑架和绑架儿童，其中加重绑架大多处以长期监禁或者终身监禁，只有在个别司法区可以判处死刑；[①]而模范刑法典中还规定了减轻情节予以缓和："绑架属于一级重罪，但行为人未造成被绑架人死亡，并且在审判前自愿将被害人释放到安全地点的，属于二级重罪。"[②]德国、法国等国均已从立法上废除了死刑，因此对于绑架罪根本没有死刑可言；日本未明确规定绑架致人死亡的处罚，但从其关于故意杀人罪、过失致人死亡罪和故意伤害罪的规定中可以看出，死刑也不是唯一的选择，而是和无期惩役、有期惩役一起作为可供选择的刑种，而且由于其在司法上严格限制死刑的适用，实际上也几乎不会对绑架罪判处死刑。[③]

二、绑架罪死刑适用的司法标准

（一）死刑适用的司法标准概况

我国刑法第 48 条第 1 款对死刑适用的标准予以明确规定，即"死刑只适用于罪行极其严重的犯罪分子"，刑法分则也对具体罪名的死刑适用做出了具体规定。刑法第 239 条即规定了绑架罪适用死刑的条件："致使被绑架人死亡或者杀害被绑架人的，处死刑。"但不管是国

① 储槐植. 美国刑法（第三版）[M]. 北京：北京大学出版社，2005：175—176.
② 刘仁文. 美国模范刑法典及其评注[M]. 北京：法律出版社，2005：137.
③ 张永红，孙涛. 绑架罪法定刑的立法完善[J]. 广西市公安管理干部学院学报，2007（4）.

家立法机关还是最高司法机关，都没有对刑法第 48 条规定的死刑适用的司法标准以及绑架罪死刑适用的具体司法标准做出明确和全面的解释。

尽管如此，最高司法机关在此方面还是做出了不少探索和努力，以求严格和统一掌握死刑立即执行案件的标准，确保死刑只适用于极少数罪行极其严重的犯罪分子。[①]如最高人民法院于 1999 年 10 月 27 日发布的《全国发言维护农村稳定刑事审判工作座谈会纪要》(以下简称《座谈会纪要》) 指出:“要准确把握故意杀人犯罪适用死刑的标准。对故意杀人犯罪是否判处死刑,不仅要看是否造成了被害人死亡结果,还要综合考虑案件的全部情况。对于因婚姻家庭、邻里纠纷等民间矛盾激化引发的故意杀人犯罪，适用死刑一定要十分慎重，应当与发生在社会上的严重危害社会治安的其他故意杀人犯罪案件有所区别。对于被害人一方有明显过错或对矛盾激化负有直接责任，或者被告人有法定从轻处罚情节的，一般不应判处死刑立即执行。”此外，“要注意严格区分故意杀人罪与故意伤害罪的界限。在直接故意杀人与间接故意杀人案件中，犯罪人的主观恶性程度是不同的，在处刑上也应有所区别。间接故意杀人与故意伤害致人死亡，虽然都造成了死亡后果，但行为人故意的性质和内容是截然不同的。不注意区分犯罪的性质和故意的内容，只要有死亡后果就判处死刑的做法是错误的，这在今后的工作中，应当予以纠正。对于故意伤害致人死亡，手段特别残忍，情节特别恶劣的，才可以判处死刑。”又如，最高人民法院在 2000 年 4 月 4 日发布的《全国法院审理毒品犯罪案件工作座谈会纪要》中，就毒品犯罪的死刑适用问题做了详细规定。如关于毒品犯罪的数量，认为“毒品犯罪数量对毒品犯罪的定罪，特别是量刑具有重要作用。但毒品数量只是依法惩处毒品犯罪的一个重要情节而不是全部情节。因此，执行量刑的数量标准不能简单化。特别是对被告人可能判处死刑的案件，确定刑罚必须综合考虑被告人的犯罪情节、危害后果、主观恶性等多种因素。对于毒品数量刚刚达到实际掌握判处死刑的标准，

① 赵秉志，彭新林. 我国死刑制度改革的路径与步骤[J]. 法学，2009（2）.

但纵观全案，危害后果不是特别严重，或者被告人的主观恶性不是特别大，或者具有可酌情从轻处罚等情节的，可不判处死刑立即执行。对于被告人被公安机关查获的毒品数量不够判处死刑的标准，但加上坦白交代的毒品数量，超过了判处死刑的数量标准的，一般应予从轻处罚，可不判处死刑立即执行”。关于毒品犯罪的共犯，认为“共同犯罪中能分清主从犯的，不能因为涉案的毒品数量特别巨大，就一律将被告人认定为主犯并判处重刑甚至死刑”。

2005年10月26日，最高人民法院在其工作改革纲要中指出：“贯彻罪刑相适应原则，制定故意杀人、抢劫、故意伤害、毒品等犯罪适用死刑的指导意见，确保死刑正确适用。”时任最高人民法院院长肖扬大法官在第五次全国刑事审判工作会议上也指出，严格控制和慎重适用死刑，就是要严格掌握和统一死刑适用的标准，确保死刑只适用于极少数罪行极其严重的犯罪分子。[①]因此，虽然最高司法机关对死刑适用标准尚未做出全面、统一的规定，但其诸多的探索和完善也正在进行。由此，在理解绑架罪死刑适用的司法标准时，可以参照前述相关规定，尤其是《座谈会纪要》中关于故意杀人案件的死刑适用标准。故意杀人罪和绑架罪都属于严重的暴力犯罪，在理解其死刑适用标准时，具有一定的相似之处，可以有所借鉴。

（二）绑架罪死刑适用的具体司法标准

分析绑架罪死刑适用的司法标准，需要结合刑法总则和分则规定来综合认定。就总则规定而言，刑法第48条第1款所规定的“罪行极其严重”，应当从客观危害、主观恶性和人身危险性等方面进行综合把握。只有当行为人不仅实施了客观上危害极端严重的犯罪，而且犯罪人具有极其强烈的对抗社会的心理态度，再犯的可能性十分明显，即犯罪的性质极其严重、犯罪情节极其严重、犯罪人的人身危险性极其严重三者统一，[②]才能认为是“罪行极其严重”，进而考虑死刑的适用。

就绑架罪的具体规定而言，可以从以下几个方面入手分析绑架罪死刑适用的标准：其一，犯罪的性质。在判断具体罪名适用死刑的标

---

① 王斗斗. 肖扬要求严格掌握和统一死刑适用标准[N]. 法制日报，2006-11-9.
② 冯卫国. 死刑裁量若干问题探讨[J]. 杭州商学院学报，2003（5）.

准时，犯罪的性质是判断其是否符合“罪行极其严重”的第一因素，也是综合性的因素，因为犯罪性质本身就是对整个犯罪活动本质和其他特征的总结与概括。[①]绑架罪就罪质而言，属于严重的暴力犯罪，因此，就犯罪的性质这一判断标准而言，绑架罪可以在广义上属于“罪行极其严重”的犯罪。其二，犯罪造成的社会危害。就绑架罪这一暴力犯罪而言，主要指绑架行为对被害人造成了死亡结果或具有杀害被绑架人的行为，出现了刑法规定的可能适用死刑的犯罪结果。在这一客观要素的判断中，被害人的人数、行为的方式和程度等都是需要考虑的因素。其三，犯罪人的主观恶性。在绑架罪中，行为人怀有极大恶性实施绑架行为，意图实现勒索钱财或其他非法目的，不仅对被绑架人本人具有极大的恶意，而且对与被绑架人有特定关系的第三人形成了极大的心理胁迫。其四，犯罪人的人身危险性。反映在绑架罪中，表现出绑架人对社会的敌意非常强烈，对遭受自己侵害的被害人及其亲属毫无歉意，没有积极挽回损失或进行赔偿的悔罪行为，改造的难度极大。总体而言，只有在以上几个方面的要素同时具备时，才能够考虑死刑的适用。

就量刑情节而言，认定“罪行极其严重”的基本要素及其内在联系是死刑司法适用的具体化标准。具体来说，死刑适用的量刑情节主要有以下几种：其一，犯罪主体的情节。其主要有犯罪人年龄、犯罪人特定身份、犯罪人精神状况、犯罪人生理状况、共同犯罪人等因素。其二，犯罪主观情节。犯罪动机、犯罪目的、犯罪意志产生的缓急（是激情犯罪还是预谋犯罪）、犯罪意志的强弱（是否有挽回损失的措施、心态等），都是考虑限制死刑适用的酌定因素。其三，犯罪客观情节。其主要有犯罪停止形态、犯罪工具、犯罪手段、犯罪结果、犯罪对象、犯罪场合、犯罪次数、附随行为、犯罪客观影响等情形。其四，犯罪附随情况。其主要有国外受过处罚、犯罪原因、再犯与累犯、自首与立功等情形。通常而言，在司法实务中，最为重视的主要是犯罪手段是否极为残忍、犯罪后果是否极其严重、犯罪人悔改

① 赵秉志，黄晓亮. 论死刑适用标准的统一化问题——以限制死刑适用为立场[J]. 政治与法律，2008（11）.

态度等。[①]

本书即以上述因素为切入点，分析绑架罪死刑适用的具体司法标准。在这一分析过程中，将结合具体案例进行说明，既分析适用死刑的因素与情况，同时也考虑不适用死刑的因素与情况，力图概括便于司法实践运用的规则或结论。

1. 犯罪性质

从现行刑事立法来看，绑架罪适用死刑的情况限定于两种，即“致使被绑架人死亡”和“杀害被绑架人”。对这两种情况具体应当如何理解，前文已有阐述。此处需要讨论的是，致使被绑架人死亡与杀害被绑架人的危害性质是否相同，在适用死刑时是否应当有所差异。

被法律评价为应处死刑的极其严重的罪行在社会危害本质上应当具有相当性，比较这两种情形，既然立法将两种情节分开并列，就表明“致使”的主观因素中，排除了“杀害”被绑架人的故意，二者不管从主观恶性、行为方式还是最终结果来看，与故意杀害被绑架人都不可同日而语。因此，虽然现行立法对这两种情形配置了相同的法定刑，但在具体适用时，应当将其区分开来：如果在一起绑架案件中，同时出现了杀害被绑架人和致使被绑架人死亡的情形，在量刑上应当有所区分。由于现行立法没有区分地规定了绝对确定的死刑，因此，应当在此范围内进行协调，以实现量刑的均衡：对于杀害被绑架人出现死亡结果的，可以考虑死刑立即执行，但对于致使被绑架人死亡的，只宜考虑死刑缓期两年执行。

2. 行为手段

绑架罪作为严重侵犯人身权利的犯罪，对被绑架人的实力控制是其行为的本质特征，因此，手段的暴力程度和严重程度在很大程度上反映了绑架罪的情节。刑法理论一般认为，绑架的手段具体包括暴力、胁迫、麻醉等方法，实践中也曾出现行为人利用未成年人心智尚未发育成熟而采取诱骗等方式对其进行控制的情况。显然，行为人采用绑

① 赵秉志，黄晓亮．论死刑适用标准的统一化问题——以限制死刑适用为立场[J]．政治与法律，2008（11）．

架手段的不同，直接影响到该罪的社会危害程度。[①]一般而言，暴力的威胁程度最高，胁迫次之，诱骗的程度相对最低。即使同为暴力，也存在程度的区别。绑架中杀死被绑架人或致其死亡的，才可以考虑死刑的适用，而在绑架过程中以何种程度的行为实现对被绑架人的实力控制也是量刑时应当考虑的因素之一。如果在绑架过程中故意以残忍的手段折磨、伤害被害人的，或者有分尸、焚尸伪造现场等行为的，或者在一定时间或区域内接连以同样的手法实施连环绑架，给公众造成心理恐慌的，或者在与警方或被勒索的第三方对峙期间当面实施残忍的伤害乃至杀害行为的，可以考虑适用死刑。

3. 危害结果

严重的社会危害性是犯罪的本质特征。绑架罪必定侵犯到的法益是被绑架人的人身权利，而通常也会侵犯到第三人的财产或其他权益。对于绑架罪适用死刑的两种情况而言，“致使被绑架人死亡”毋庸置疑应当以被绑架人死亡为必要条件，而“杀害被绑架人”是否要求有同样的结果出现则争议较大。本书认为，当犯罪人杀死被绑架人时，尤其是以残忍手段实施的杀害行为或者被害人人数众多时，应当考虑适用死刑。而由于各种原因导致只实施了杀害行为而没有出现死亡结果时，应当同时适用刑法总论中关于未遂犯从轻或减轻处罚的规定，排除死刑的适用。下文结合两个典型案例进行分析。

4. 行为对象

绑架罪侵害对象的不同在一定程度上也反映了行为的社会危害性程度。绑架罪的特点决定了绑架行为可能会与熟识的人乃至亲友之间发生关联，并常常以反抗能力较弱的特殊群体为行为对象。如以老人、儿童或妇女作为绑架对象，与其他的绑架罪相比，情节就显得更为恶劣，社会危害性也就更大。因为老幼妇孺在社会观念中属于弱势群体，因其反抗能力较弱而使得行为人容易实现犯罪的最终目的，同时更有可能造成被害人的伤亡后果，也严重背离了社会的基本伦理道德，可责性更强。此外，被绑架人特定的社会身份也会影响到绑架罪的社会

---

① 杨志国. 认定绑架罪“情节较轻”的几个理论问题[J]. 中国刑事法杂志，2009（11）.

危害性程度。绑架行为直接作用的对象是被绑架人，而一旦提出索财或其他不法要求，则会形成双重对象，“如果以外交官员、国际友人或者社会知名人士等作为绑架对象，社会影响就会更加恶劣，危害性也就更大”。[①]

5. 被害人过错

被害人过错是指被害人出于主观上的故意或者过失，侵犯他人合法权益，诱发他人的犯罪意识，激化犯罪人的犯罪程度的行为。[②]研究被害人过错，主要是分析其对犯罪人刑事责任轻重的影响，进而探讨这一情节在死刑适用中的作用和意义。在被害人有过错的案件中，加害方与被害方的作用交织在一起，被害人的过错在一定程度上减轻了犯罪人的可责性，从刑罚预防以及刑罚个别化原则的要求来看，应当在量刑时予以考虑。前述最高人民法院《座谈会纪要》中关于故意杀人罪的死刑适用，明确规定了被害人必须承担的责任存在两种情况：一是被害人一方有明显的过错，二是对矛盾激化负有直接责任，此时一般不应判处死刑立即执行。绑架罪与故意杀人罪同属严重侵犯人身权利的暴力犯罪，对于绑架罪中的被害人过错，也可以借鉴这一较为成熟的做法。所谓“被害人一方有明显过错”，是指被害方有过错或者重大过错的情形，而“对矛盾激化负有直接责任”，则指被害方对于矛盾的激化起到了决定性的催化作用，并直接促成犯罪的发生。如果只有一定的原因力，但并无决定性的作用，与矛盾激化的结果之间不具有直接因果关系，则不能认定为负有直接责任。[③]如被害人曾长期克扣工资导致他人生活困难、长期实施残忍虐待行为等，在综合考虑其他因素的基础上，可以不适用死刑。

6. 犯罪目的与动机

犯罪目的与动机都属于主观要素的范畴，体现了行为人主观恶性程度，由此对犯罪的社会危害程度产生影响。按照刑法理论的通说，绑架罪是目的犯，其犯罪目的是勒索财物或以人质为要挟提出

① 杨志国. 认定绑架罪“情节较轻”的几个理论问题[J]. 中国刑事法杂志，2009（11）.
② 高铭暄，张杰. 刑法学视野中被害人问题探讨[J]. 中国刑事法杂志，2006（1）.
③ 阴建峰. 故意杀人罪死刑司法控制论纲[J]. 政治与法律，2008（11）.

其他不法要求，属于犯罪主观方面的内容，而犯罪动机虽不是犯罪构成的基本要素，但与犯罪目的关系密切。犯罪动机是激起和推动犯罪人实施犯罪的内心起因，动机是否恶劣可以从一个侧面体现出犯罪人的主观恶性。从绑架罪的整体情况来看，最常见的犯罪动机大体有以下两类：一是贪利，如追求奢侈生活，或为筹措吸毒、赌博资金而绑架，二是泄愤、报复，如为了打击竞争对手而绑架，还有的绑架罪出于特定的政治目的，有无预谋也是判断是否需要适用死刑的重要依据之一。一般情况下，绑架罪作为一种高风险、高收益的复杂犯罪，大部分是经过预谋实施的，因为有了精心策划、周密准备，具有很强的针对性和目的性。这类绑架犯罪一旦得逞则会造成严重的社会危害。

7. 共同犯罪人

在绑架罪的主体情节中，犯罪人年龄、特定身份、精神状况、生理状况等适用总则中的相关规定即可。需要重点讨论的是共同绑架案件的各共犯人的死刑适用，这不仅涉及共犯人需要承担刑事责任的一般理论，也需要结合绑架罪的具体特征进行分析。

其一，共同绑架罪中各共犯人的作用与死刑适用。在共同绑架罪中，对于杀害被绑架人或致使被绑架人死亡，依法应当判处被告人死刑的，一般只对主犯适用死刑立即执行，对于从犯，根据其作案参与的情节，应当从宽处罚。一案中有多名主犯的，还要在主犯中进一步区分出罪责更为严重者或最严重者。对于没有具体实施杀害行为的绑架者，其量刑应当有别于实行杀害行为的绑架者；对被教唆、被胁迫实施杀害行为的绑架者，量刑也应当与起主要作用的教唆者或胁迫者有所区分。[①]因此，在共同犯罪中，需要进一步分清各被告人的地位和作用，原则上只判处作用最突出、罪责最重的被告人死刑立即执行。不能一出现人质死亡的结果就简单地对所有主犯都判处死刑。即使由于各共犯人的手段残忍、危害严重、主观恶性深等因素均判处死刑，也应考虑死刑立即执行和死刑缓期两年执行的不同执行方式。

① 项谷. 严重暴力犯罪死刑适用的酌定标准[J]. 法学，2009（11）.

其二，共同绑架致一人死亡时的死刑适用。对于共同致一名被害人死亡的案件，要进一步分清各被告人的地位、作用，确定各被告人的罪责，依据区别对待的原则判处各共犯人的刑事责任。一方面，要恰当运用死刑缓期两年执行的刑罚措施，避免“多命抵一命”的现象频繁出现；另一方面，在特殊的情况下，认为确实应当判处两名以上被告人死刑的，必须有绝对充分的理由、绝对无误的把握、群众绝对支持的社会效果。[①]如数人共同实施了杀害的实行行为、主观恶性均极大、手段极为残忍等，也可以判处两人以上死刑立即执行。

其三，共同绑架罪中实行过限情况的死刑适用。实行过限是共犯理论中的热点和难点问题，尤其是涉及共犯人责任的承担时，需要重点讨论。刑法理论一般认为，实行过限指的是实行行为超出了共同犯罪故意的行为。根据主客观相统一和罪责自负的原则，实行过限行为的刑事责任只能由过限者承担，其他共犯人不对此承担责任，而只在共谋的范围内承担罪责。而雇佣犯罪是一种比较特殊的共同犯罪，一般来说，雇主的授意即为共同犯罪的故意，可以分为确定性的授意和概括性的授意。前者指雇主的授意明确具体，对犯罪的对象、种类、程度等有明确的表示，此时实行者超出授意的行为就属于实行过限；后者指授意不明确，只是模糊地约定或委托，对犯罪行为的具体方式、可能造成的结果等均含糊不清，如使用“收拾”“摆平”“教训”等词语，经常会发生严重的分歧。在共同绑架案件中也有类似情况出现，应当遵循的原则是，当雇主明确授权约定不得造成人质严重伤亡后果等情形时，实行者的过限行为杀害被害人或导致被害人死亡的，雇主原则上不应当适用死刑；授权不明确时，应考察案件的具体情况，分析雇主在共犯中所起作用的大小，尤其当出现被绑架人死亡的情形时，需要明确雇主是否与这一结果有直接的因果关系、是否起到了核心的作用，结合被害人死亡人数、雇主是否亲自参与实施绑架等因素进行综合判断。

① 张军. 死刑政策的司法适用[M]. 北京：北京大学出版社，2009：235.

8. 犯罪前后表现

其一，一贯表现。考察犯罪人罪前的一贯表现可以衡量犯罪人的人身危险性，对于量刑也具有一定程度的影响，这种影响同时也体现在死刑的适用上。如果犯罪人平时表现良好、系初犯或偶犯，没有前科，说明其人身危险性不大，往往是慎用死刑立即执行的理由；如果罪前表现一贯较差，甚至有前科或系再犯、累犯，则人身危险性大大增加，适用死刑的可能性也大大增加。最高司法机关也以各种方式认可了这一点。如最高人民法院 2008 年 12 月 1 日印发了《全国部分法院审理毒品犯罪案件工作座谈会纪要》，其中第二部分即规定，“必须依法严惩毒枭、职业毒贩、再犯、累犯、惯犯、主犯等主观恶性深、人身危险性大、危害严重的毒品犯罪分子。……对其中罪行极其严重依法应当判处死刑的，必须坚决依法判处死刑”；而第三部分也明确指出，“对有证据证明被告人确属受人指使、雇佣参与运输毒品犯罪，又系初犯、偶犯的，可以从轻处罚，即使毒品数量超过实际掌握的死刑数量标准，也可以不判处死刑立即执行”。在绑架犯罪中，如果之前曾经有过暴力犯罪，且性质比较严重，如强奸、抢劫等，而后罪实施的绑架犯罪也具有极其严重的危害程度，则可以根据个案的具体情况适用死刑，以前述刘锡钢绑架案为例进行说明：从危害结果的角度看，刘锡钢绑架了三名被害人，杀死了其中二人，整个犯罪独立实施，作案手段残忍，社会危害性极大，完全符合杀害被绑架人的特征；尤其是，刘之前曾因盗窃罪先后两次被判入狱服刑，绑架罪系前罪执行完毕五年内又犯，构成累犯，充分表明其残虐的主观恶性和人身危险性，应当适用死刑立即执行。

其二，悔罪或赔偿。在严重的暴力犯罪中，被害人要求赔偿的呼声很高，因此积极赔偿作为对被告人从宽处罚的量刑情节，一般均能在判决中体现。如果被告人能从经济上予以补偿，则将减轻被害人及其家属的经济负担，也能在一定程度上弥补被害人及其家属心理上的伤痛。但在贪利刑的绑架罪中，绑架者的赔偿能力一般较弱，而被害方在获赔无望的情况下，坚决要求判处死刑的诉求会转而增强。因此，应当理性缓和双方之间的对立，对于确实无法赔偿却有真诚悔罪行为的，可以考虑不适用死刑。如果同时有积极的赔偿，可以说明绑架者有积极的悔罪行为，从弥补被害人损失、抚慰其受伤心灵等方面来说，应当将其作为从宽处罚的情节，一般不适用死刑。如被告人具有真诚悔罪的行为，尽管没有全额赔偿的能力，但在可能的范围内积极变卖家产、筹措赔偿金，争取被害人的谅解，在此类案件中，一般可不考虑死刑的适用。

三、绑架罪死刑适用问题展望

（一）绑架罪死刑适用的特点及弊端

从现行立法规定来看，绑架罪的死刑适用有如下特点和弊端：

1. 绝对确定的死刑配置

绝对确定的法定刑是指，触犯一定罪名的犯罪行为应判处何种刑罚，均以条文一一规定，司法裁判中无任何选择伸缩的余地，刑种、刑度单一化、固定化的法定刑。[①]在西方社会，绝对确定的法定刑是反对封建刑法罪刑擅断的产物，由于担心法官自由裁量权侵犯立法权，基于严格的三权分立的思想，1791 年法国刑法典最早进行了立法上的尝试，规定了毫无弹性的绝对确定的法定刑。[②]这种做法视法官为法律的传声筒，完全排斥其主观能动性和自由裁量权，此种情况下，司法机关无法根据具体案情的不同实现刑罚裁量的差异，“使绝对确定的法定刑在形式公正的表象下偏离了实质意义上的公正”，[③]难免有矫枉过正之嫌。绝对死刑的严厉程度更是显而易见，绝对死刑机械和僵化的适用，往往会导致不是罪行极其严重的犯罪人被判处死刑，[④]这不仅违反罪刑均衡原则，更使犯罪人在实施了一定程度的行为以后成为刑法上的“自由人”，变相鼓励其实施社会危害性更大的犯罪行为。就世界范围内来看，绝对确定的法定刑尤其是绝对确定的死刑之立法例，

---

① 周光权．法定刑研究[M]．北京：中国方正出版社，2000：70.

② 黄明儒．论绝对确定的死刑及其替代措施[J]．湘潭大学学报（哲学社会科学版），2006（3）．

③ 汪本立，谢彤．试论绝对确定法定刑的利弊及其适用[J]．山东法学，1998（5）．

④ 胡迪．绑架罪法定刑的现状解读与未来出路[J]．内蒙古民族大学学报，2010（4）．

已很少采用。绑架罪加重构成的法定刑属于典型的绝对法定刑，且为绝对的死刑，在被害人死亡时，对于绑架罪的行为人必须适用死刑。如果有其他不同的犯罪情节，如是否实际勒索到财物、勒索财物数额的大小、被害人死亡人数等，要对这些不同犯罪情节的案件在刑罚裁量上做出区分，就只能在死刑执行方式上予以体现。

2. 过于宽泛的适用条件

根据现行立法的规定，绑架罪中只要出现了被害人死亡的危害结果，不管是行为人故意造成的，还是绑架行为过失造成的，法院均可据此对行为人适用死刑。不区分主观恶性、具体手段、死亡人数、共犯人的不同作用等因素而“一视同仁”地适用死刑，造成死刑的适用条件过于宽泛。甚至有学者认为，从某种程度上说，刑法学界对此基本形成了共识，即“致使被绑架人死亡或者杀害被绑架人的情况下处死刑”是一个恶劣的立法。①尽管有立即执行和缓期两年执行两种方式可用选择，但这样的选择并不必然能够区分上述因素造成的不同影响，从严格限制死刑的立场出发，应当对实施多次绑架行为、导致多人死亡、勒索数额特别巨大等严重情况明确适用实行立即执行，而排除一般情节的死刑适用。

3. 模糊不清的执行方式

对绑架罪是适用死刑立即执行，还是适用死刑缓期二年执行，无法根据刑法典以及刑法司法解释的相关规定直接得出结论。既然如此，就只能通过不同的死刑执行方式来努力实现罪责刑相适应原则的要求。例如，对直接杀害被害人的绑架罪行为人判处死刑立即执行，而对过失造成被害人死亡的绑架罪行为人判处死刑缓期二年执行。②通常认为，所谓“不是必须立即执行”是指犯罪人罪行极其严重，罪该处死，但因犯罪人具有某些特定从宽情节，不需要立即执行死刑。③由于案件复杂性和立法有限性的根源性矛盾，刑事立法上不可能对所有不是必须立即执行的条件做出完整、具体的规定，但这种模糊、概括

---

① 付立庆. 论绑架罪的修正构成的解释与适用[J]. 法学家，2009（3）.

② 黄晓亮. 共同犯罪案件适用死刑的实体与程序问题[M]. 北京：中国法制出版社，2009：144.

③ 赵秉志. 死刑个案实证研究报告[M]. 北京：中国法制出版社，2009：27.

的规定需要不断进行相对明确的解释，通过解释实现死缓在具体罪名中的适用。

（二）完善建议

1. 取消绝对死刑的立法规定

绝对确定的法定刑本身具有无法克服的弊端，不仅与现代刑事法治理念不符，不利于有效发挥法官的自由裁量权、实现刑罚个别化，从限制和慎用死刑的角度考虑，应当以相对确定的法定刑进行替代，如增加无期徒刑的刑罚配置，减少绝对确定的死刑理论上固有的诟病和实践中产生的弊端。

2. 充分发挥死缓的功效

以中国目前的现实来看，立即废除暴力犯罪的死刑仍有难度。对于暴力犯罪死刑，大多数学者持一种维持和严格适用的态度, 但也主张扩大死缓的适用。①正如有的学者指出的，通过立法修改扩大死缓的适用范围，当然是减少死刑立即执行的最好举措，但在目前的法律框架下，通过刑法的合理解释，放宽死缓“不是必须立即执行”的适用条件，进而扩大死缓的适用范围，也是完全可能的。②尤其是对于配置了绝对确定死刑的绑架罪来说，如果能在法律允许的范围内扩大死缓的适用范围、充分发挥死缓的功效，对于限制绑架罪死刑的适用，具有极其重要的现实意义。

3. 将“杀害被绑架人”作为数罪并罚处理

以罪数理论进行判断，“杀害被绑架人”有独立的实行行为和主观罪过，原本符合两个独立的犯罪构成，应成立实质的数罪，即绑架罪和故意杀人罪。只是立法出于各种原因将其规定为绑架罪的加重情形。如果能将故意杀人行为从绑架罪中剥离，单独评价，首先可以减少杀害被绑架人未遂等问题的纷争，对于类似的情况，以故意杀人罪（未遂或中止）与绑架罪进行数罪并罚，同时也在分则罪名中实现了刑法总论理论的指导作用。其次，以这样的处理方式，对于“杀害被绑架人”的自然可以取消死刑配置，这样既不会轻纵

---

① 黄晓亮. 论暴力犯罪死刑的未来走向[J]. 法学杂志，2009（3）.

② 刘志伟. 通过死缓减少死刑立即执行的路径探究[J]. 政治与法律，2008（11）.

犯罪，也与绑架罪的罪质理解一致，更减少了分则中挂靠死刑的罪名数量，体现了立法的进步，也与我国逐步限制和取消死刑的整体趋势保持一致。

第六章

民间融资刑事法网的刑罚适用

第一节　酌定减轻处罚权与民间融资犯罪的刑罚改革

我国现行刑法典第 63 条第 1 款规定："犯罪分子具有本法规定的减轻处罚情节的，应当在法定刑以下判处刑罚。"该条第 2 款规定："犯罪分子虽然不具有本法规定的减轻处罚情节，但是根据案件的特殊情况，经最高人民法院核准，也可以在法定刑以下判处刑罚。"这是我国现行刑法关于减轻处罚情节的规定，其第 1 款是法定减轻处罚，第 2 款为酌定减轻处罚。酌定减轻处罚作为与法定减轻处罚并列的一项有利于被告人的制度，对于发挥法官的自由裁量权、实现案件的个案公正、缓解情与法的紧张关系等均具有重要意义；但因上述规定在实体条件方面较为模糊、在程序条件方面过于严苛，导致在理论研究和司法适用中出现了许多问题和争议，因而很有深入研究和进行改进的必要。

在《刑法修正案（八）草案》的研讨过程中曾经考虑过对酌定减轻处罚权进行修改，针对其现有的一些弊端，也有学者提出过不同的意见，如明确适用的实体条件、将核准权下放到高级人民法院或由最高人民法院和高级人民法院一同行使等。虽然公开征求意见的《刑法修正案（八）草案》因故并未采纳这些建议，但刑法理论界和司法实务部门的探讨并未就此停止。酌定减轻处罚权本身具有极其丰富的价值内涵，在当前刑法改革的背景下，应着力使这一制度最大限度地发挥其应有的作用与功效。本书即以酌定减轻制度的发展脉络为导线，发掘其价值所在，并结合实体和程序两方面的争议问题，探讨对这一制度的理解，进而提出相应的立法完善建议。

一、酌定减轻处罚权的发展脉络和适用情况

（一）酌定减轻处罚权的发展脉络

1. 1979 年刑法典第 59 条第 2 款之酝酿与创制

在 1979 年刑法典出台之前，早在中华人民共和国成立之初，由中央人民政府法制委员会于 1950 年 7 月 25 日拟成的《中华人民共和国刑法大纲草案》第 27 条规定："犯罪人社会危险性不大，或因其他特殊情形，法院认为依法从重或从轻处罚，嫌其过重者，得于法定刑范围之外减轻处罚之，但必须于判决书中说明减轻之理由。"①可以说，这是我国 1979 年刑法典第 59 条第 2 款之初始萌芽。本条不仅规定了减轻处罚的实体条件，即犯罪人社会危险性不大或其他特殊情形，法院认为依法从重或从轻，仍嫌过重；同时也规定了减轻处罚的程序条件，即由各级法院自行适用，且需在判决书中说明理由。

其后由国家立法工作机关起草的多部刑法草案中，对本条修订较大的有如下几稿：1956 年 11 月 12 日的刑法草案第 13 稿第 64 条规定："根据案件的特殊情节，对于犯罪分子从轻判处法定刑的最低限度仍嫌过重的时候，可以减轻或免除处罚，但是应当在判决书中说明理由。"②这是我国刑法典草案中首次关于酌定减轻处罚的规定。较之 1950 年《中华人民共和国刑法大纲草案》的上述规定，该稿增加了可以免除处罚的规定；1963 年 2 月 27 日的刑法草案第 30 稿第 63 条第 2 款规定："犯罪分子虽然不具有本法规定的减轻处罚情节，如果根据案

① 高铭暄，赵秉志. 中国刑法立法文献资料精选[M]. 北京：法律出版社，2007：205—206.

② 高铭暄，赵秉志. 新中国刑法立法文献资料总览（上）[M]. 北京：中国人民公安大学出版社，1998：200.

件的特殊情况，判处法定的最低刑还是过重的，经过上级人民法院核准，也可以在法定刑以下判处刑罚。”[①]该条对酌定减轻处罚权的适用规定了更为严格的程序，即需要“经过上级人民法院核准”，同时把“案件的特殊情节”改为“案件的特殊情况”。后来成为1979年刑法典蓝本的第33稿草案第63条也采用了第30稿的上述规定。[②]

1978年底中共十一届三中全会开启了我国现阶段改革开放和建设社会主义法治的历程，刑法典草案的研拟也随之在沉寂了15年之后重新上马，几个稿本相继问世。值得注意的是，1979年3月31日的刑法草案第36稿删去了酌定减轻需要“经过上级人民法院核准”的程序性规定，也将“案件的特殊情况”改为“案件的具体情况”。1979年5月12日的刑法草案第37稿中，增加了适用酌定减轻需要“经人民法院审判委员会决定”的程序性规定，并为同年6月30日的第38稿沿袭，最终获得通过，成为1979年刑法典第59条第2款：“犯罪分子虽然不具有本法规定的减轻处罚情节，如果根据案件的具体情况，判处法定刑的最低刑还是过重的，经人民法院审判委员会决定，也可以在法定刑以下判处刑罚”。

2. 1997年刑法典第63条第2款之修订

对1979年刑法典的修订自1982年起就开始筹备。1988年9月，全国人大常委会法工委在邀请相关单位和专家学者参与研讨的基础上，拟出了《中华人民共和国刑法（修改稿）》，其第59条第2款规定：“犯罪分子虽然不具有本法规定的减轻处罚情节，如果根据案件的具体情况，判处法定刑的最低刑还是过重的，经人民法院审判委员会决定，也可以低于法定刑判处刑罚。”[③]本条仅将“在法定刑以下判处刑罚”修改为“低于法定刑判处刑罚”，试图消除“以下包含本数”的规定带来的判处最低刑也属于减轻处罚的矛盾局面。

其后变化较大的1979年刑法典修改草案有1996年8月的《中华

① 高铭暄，赵秉志．新中国刑法立法文献资料总览（上）[M]．北京：中国人民公安大学出版社，1998：319.

② 高铭暄，赵秉志．中国刑法立法文献资料精选[M]．北京：法律出版社，2007：284.

③ 高铭暄，赵秉志．新中国刑法立法文献资料总览（中）[M]．北京：中国人民公安大学出版社，1998：840.

人民共和国刑法(总则修改稿)》和《中华人民共和国刑法(修改草稿)》。由于实践中的滥用而导致刑罚适用的不均衡，因此这两个稿本均删去了第 59 条第 2 款的规定；[①]1996 年 10 月 10 日发给有关方面征求意见的《中华人民共和国刑法（修订草案)》（征求意见稿）中，又提供了删除和保留两种方案。[②]同年 12 月中旬拟出的《中华人民共和国刑法(修订草案)》于第 65 条第 2 款规定：“犯罪分子虽然不具有本法规定的减轻处罚情节，如果根据案件的具体情况，判处法定刑的最低刑还是过重的，经最高人民法院审判委员会核准，也可以在法定刑以下判处刑罚。”[③]将最终的核准权统一收归最高人民法院审委会。在 1997 年 3 月 13 日最后一稿《中华人民共和国刑法(修订草案)》中，将“如果”改为“但是”，将“最高人民法院审判委员会核准”改为“最高人民法院核准”，[④]此即 1997 年刑法典第 63 条第 2 款的最终规定。

3. 新旧刑法典对酌定减轻处罚权的具体变化

现行刑法典第 63 条第 2 款规定：“犯罪分子虽然不具有本法规定的减轻处罚情节，但是根据案件的特殊情况，经最高人民法院核准，也可以在法定刑以下判处刑罚。”相对于 1979 年刑法典而言，1997 年刑法典的相关变化主要有以下两处：其一，实体条件的变化。1997 年刑法典将“具体情况”改为“特殊情况”，并删除了“判处法定刑的最低刑还是过重的”这一表述。其二，核准程序的变化。1997 年刑法典将酌定减轻处罚和核准权由各级的“人民法院审判委员会”改为“最高人民法院”。

从前述立法过程来看，这一规定其实是在对本款修订的过程中，存废两派相互争论、妥协而形成的结果。废除论者认为，“这一规定损害了法律统一正确实施，许多应当判刑的经济犯罪，因适用这一款而被免予刑罚或判缓刑，同时，也容易滋长审判人员徇私枉法的

① 高铭暄，赵秉志. 新中国刑法立法文献资料总览（中）[M]. 北京：中国人民公安大学出版社，1998：1152、1227.

② 高铭暄，赵秉志. 中国刑法立法文献资料精选[M]. 北京：法律出版社，2007：540.

③ 高铭暄，赵秉志. 中国刑法立法文献资料精选[M]. 北京：法律出版社，2007：614.

④ 高铭暄，赵秉志. 新中国刑法立法文献资料总览（中）[M]. 北京：中国人民公安大学出版社，1998：1850.

现象”；[①]并且“违背了罪刑法定的原则，为司法侵犯立法权开了口子，变相剥夺了检察机关的法律监督权”。[②]保留论则认为，这一规定“体现了原则性与灵活性相结合的原则，……滥用这一条款的情况，不带有普遍性，可以在程序上加以严格限制，使这一规定更加完善”；并且“罪刑法定原则不能绝对化。各国刑法关于刑事法律溯及力的规定，就有罪刑法定原则的例外情况”，[③]因而主张保留这一规定并在程序上严格限制。立法者最终采取了后者的主张，既保留了法官根据案件的特殊情况在法定刑以下判处刑罚的裁量权，又对该权力进行了严格的限制，以防止其被滥用。

（二）酌定减轻处罚权的适用情况

酌定减轻处罚权有其重要的理论意义和实用价值，但由于各种因素，这一制度自产生之初，其适用情况即不尽如人意。纵观 1979 年刑法典该制度的诞生和 1997 年刑法典中的相应修订，这一制度的适用经历了从滥用到萎缩的两个极端。

1. 1979 年刑法典中的滥用

在 1979 年刑法典的立法背景下，为了迅速解决无法可依的局面，对于法条的设定大多较为粗疏，这在很大程度上是为了以较少的法条应对较多的案件，以便宜司法适用和有效处理案件。或许正是这样的原因，1979 年刑法典对酌定减轻处罚制度规定了极为简便的程序条件，即“经人民法院审判委员会决定”。因此，任何级别的法院都有权适用这一制度。应当承认，1979 年刑法典的这种规定利弊参半：对于仅有 192 个法条的刑法典来说，法定量刑情节的规定本就难以全面完备，为酌定情节的存在和适用留有很大的空间，对于处理纷繁复杂的案件有积极作用。但是，在当时的社会条件下，司法制度不甚健全，案例情况层出不穷，法官素质参差不齐，各种因素的综合作用导致了

① 高铭暄，赵秉志. 新中国刑法立法文献资料总览（下）[M]. 北京：中国人民公安大学出版社，1998：2207—2208.

② 高铭暄，赵秉志. 新中国刑法立法文献资料总览（下）[M]. 北京：中国人民公安大学出版社，1998：2644.

③ 高铭暄，赵秉志. 新中国刑法立法文献资料总览（下）[M]. 北京：中国人民公安大学出版社，1998：2158.

对酌定减轻处罚权的滥用。如“许多应当判刑的经济犯罪，因适用这一款而被免于刑罚或者判处缓刑”，[①]尤其是“20 世纪 90 年代以后大量适用，而且主要集中在贪污贿赂案件中”，[②]导致刑罚适用的不均衡和不平等，给判决结果带来了负面的社会效应，并直接引发了对本款的存废之争。

2. 1997 年刑法典中的萎缩

在 1997 年刑法典的修订过程中，出于对滥用现象的纠偏，在实体上和程序上都对酌定减轻处罚制度做了改动，导致本款的适用率极低，几乎处于被搁置的状态，究其原因，主要有以下两个方面：实体条件上，未能明确界定何谓“案件的特殊情况”，立法的笼统造成了理论上的分歧和实践中的困惑，很多法官宁可消极不适用，也不愿因认识偏差而导致司法误判；[③]程序方面，将最终的核准权收归最高人民法院统一行使，各级法院适用时需逐级上报。这一严苛的程序性规定，固然可以使各级法院对酌定减轻处罚权的启动更加谨慎，减少滥用，但确有矫枉过正之嫌，浪费了司法资源，助长了司法惰性，导致本款适用上的急剧萎缩，乃至名存实亡。

二、酌定减轻处罚权在民间融资犯罪中的价值体现

酌定减轻处罚制度有其存在的必要性与合理性，在缓解有限的法律与无穷的案情之间的矛盾、适度激活与利用法官的自由裁量权、实现刑法谦抑性和刑罚个别化等方面，均有重要的价值体现。在民间融资犯罪中，酌定减轻处罚权也具有同样的价值意义。

（一）罪刑法定原则的柔化和法官自由裁量的激活

虽然现行立法保留了酌定减轻处罚制度，但学界对这一制度的批判从未停止，最为严重的批判就是认为其与罪刑法定原则之间存在冲突。有的学者认为，这一制度牺牲了法的安定性，为司法权对立法权

① 高铭暄，赵秉志. 新中国刑法立法文献资料总览（下）[M]. 北京：中国人民公安大学出版社，1998：2208.

② 张军，姜伟，郎胜. 量刑中的酌定减轻处罚[M]. 北京：北京大学出版社，2008：390.

③ 冯卫国. 论酌定减轻处罚制度及其完善[J]. 政治与法律，2009（2）.

的侵犯保留了制度空间，是罪刑法定理念的破坏，应当废除。[①]

从表面上来看，罪刑法定原则要求刑罚的设置必须具备明确性的特点，对犯罪人的减轻处罚也应以法律明文规定为限，超出这一规定范围之外的自由裁量，都是对罪刑法定原则的冲突与破坏。然而，这是对在现代刑事法治理念下罪刑法定原则的误解。不可否认，罪刑法定原则在诞生之初，所处的时代背景决定了其主要功能是以反对以罪刑擅断为最大特点的封建刑法，因此，限制国家司法权的发动成为罪刑法定原则的主旨所在。发展至现代，罪刑法定原则的内涵与要求也随之发生变化，正如著名刑法学者储槐植先生所言，“和平与发展是当代世界的共同主题，国家与公众之间的亲和程度日益提高，……成文刑法在实际上已经成为国家与国民在刑事领域的社会契约”。[②]当国民不触犯刑律时，国家不得启动刑法；国民一旦触犯刑律，国家就应动用之。

正如早先严格僵硬的罪刑法定原则所要求的禁止溯及既往也发展成为禁止重法溯及既往一样，出于有利于被告人角度的考虑，刑罚的明确性也应当发展成为：不利于被告人的刑罚应当明确，而不完全禁止有利于被告人的解释。换言之，罪刑法定原则的主要功能应是限制法外入罪、禁止法外重刑，而非限制出罪、禁止轻刑。这样理解既不违背其诞生的历史意义，也符合现代意义上的罪刑法定原则的功能。

况且，罪刑法定原则并未排斥自由裁量权。一方面，语言的模糊性要求刑法法规必然需要解释，像贝卡里亚所提倡的那样，要求刑法规定明确到不允许解释的程度，[③]固然是最理想的，但这只是一种幻想，任何刑法都有解释的必要。[④]而对于法条的理解和解释本身就体现了法官的自由裁量权。另一方面，我国重刑主义的刑法结构决定了司法权应当保持一定的能动性，以缓和并柔化“厉而不严”的刑法结构。在坚持不非法入罪、不非法适用重刑的前提下，将部分行为出罪、在一定程度上适用轻刑，并不违反罪刑法定原则。刑事诉讼法中也有

① 蒋熙辉. 论特别减轻制度[M]. 北京：法律出版社，2001：97.
② 储槐植. 现在的罪刑法定[J]. 人民检察，2007（11）.
③ [意]切萨雷·贝卡里亚. 论犯罪与刑罚[M]. 北京：中国大百科全书出版社，1993：12.
④ 张明楷. 刑法学[M]. 北京：法律出版社，2007：32.

相关规定能够印证这一做法，如酌定不起诉制度，就赋予了检察官一定的自由裁量权。可见，“罪刑法定与司法官员的自由裁量功能互补，罪刑法定并未堵塞司法自由裁量权空间，甚至可以认为罪刑法定本身就要求司法裁量。司法能动机制是罪刑法定原则得以实现法律效果与社会效果双优的方法和过程”。[①]也正因为如此，在许霆案终审判决后，很多学者从酌定减轻处罚权的角度对二审的刑罚裁量进行分析，认为适用刑法典第 63 条第 2 款“既不突破现行法律的规定，又能做到兼顾情理与法理，得出令人信服的判决。……最高人民法院，也应该借助许霆案这样的一个鲜活的标本使刑法第 63 条第 2 款‘活’起来”。[②]

鉴于民间融资在当前我国经济社会转型时期的特殊意义，一方面，要严格按照罪刑法定原则对民间融资行为进行评价，严格限制法外入罪、禁止法外重刑；另一方面，也要在某些特殊案件中适度考虑启动酌定减轻处罚权，在坚持不非法入罪、不非法适用重刑的前提下，将部分民间融资行为出罪，在一定程度上适用轻刑。

（二）谦抑性原则的要求和轻刑化机制的实现

刑法的谦抑性精神要求限制刑法应当发挥作用的范围和适用刑法的必要性，强调刑法的最后手段性。在适用刑罚的过程中，谦抑性则体现在能不适用刑罚的就坚决不适用刑罚，能不适用重刑的就坚决不适用重刑。酌定减轻处罚权在符合一定条件的情况下，适当减少刑罚的适用量，不仅符合刑法的谦抑性要求，而且减少了刑法这柄双刃利剑自身所有的负面作用。

我国现行刑法属于重刑结构，在社会文明发展和人权保障的大背景下，需要尽量弥补和缓和“厉而不严”的刑法结构。量刑中的从轻、减轻、免除处罚，行刑中的减刑、假释、赦免等制度，都是实现轻刑化的有效途径。在民间融资行为引起的犯罪中，相对于法定减轻情节而言，酌定减轻处罚更能全面地考虑案件的具体情况，尤其是具有从宽处罚情节的情况，为在合理范围内实现刑法的轻刑化提供了可能。

---

① 储槐植. 现在的罪刑法定[J]. 人民检察，2007（11）.

② 付立庆. 许霆案背后的几点反思[N]. 法制日报，2008-1-20.

（三）刑罚个别化的要求和个案公正的实现

“法有限而情无穷”的矛盾要求用有限的法律规定解决无穷的具体案情。如果说具体案件更容易被准确定性的话，则个案的刑罚裁量更大程度上会受到具体案情的影响。如犯罪人的人身危险性——罪前一贯品行、有无前科、罪后有无自首或悔罪等——虽然对其行为定性没有决定性的影响力，但对刑罚的适用则是非常重要的考虑因素。而这些因素在法定量刑情节中不可能被列举穷尽，相对法定刑的规定，“原则上仅能因应常态性、典型性的犯罪行为。若遇有客观上之犯罪情状有可悯恕的事实，尽管只科处法定刑之最低刑度仍嫌过重的情形，实际法官对该法定刑之最低刑度规定，如未有修正权，则法律恐将去人情于不仁，形成苛律，而与现代刑法的刑事政策指导原理亦有未合”。[①]酌定减轻处罚制度的存在正好为司法人员提供了考虑这些因素的空间和平台，为实现刑罚个别化提供了可能。

在一些具有重大影响的民间融资案件中，民众对量刑的敏感性要远远高于对行为定性的敏感性。这是因为后者需要非常专业的知识，而前者更多是出于一种朴素的法感情，而正是这种法感情构成了民众认同刑法的基础，构成了刑法正义的基础。[②]对于普通民众来说，个案的公正在很大程度上是通过量刑表现出来的。酌定情节的存在正好为民意的表达和发挥提供了一个合理宣泄的出口，个案的公正也在此过程中得以实现。

三、酌定减轻处罚权的实体条件

如前所述，1997 年刑法典对 1979 年刑法典中酌定减轻处罚权的修订，在实体方面最重要的是将“案件的具体情况”改为“案件的特殊情况”，进而对“特殊情况”的界定产生了模糊理解，而对于本款实体条件的讨论和争议，并不限于此。

---

① 苏俊雄．刑法总论III[M]．台北：个人发行，2000：439.

② 徐立，胡剑波．“许霆案”减轻处罚的根据与幅度分析[J]．法商研究，2009（5）．

（一）对“虽然不具有本法规定的减轻处罚情节”的理解

对于这一规定是否属于适用酌定减轻处罚权的实体条件，换言之，具有法定的减轻处罚情节时，是否仍可适用酌定减轻处罚制度，存有疑问。多数专家和学者倾向于认为这一规定是适用本款的实体条件，即具有法定减轻处罚情节时，不得再适用酌定减轻处罚权。①但鲜有详细论证，似乎是当然解释能够得出的结论。也有学者存有质疑，认为是否具有法定减轻情节并不影响酌定减轻情节的适用，“刑法第 63 条第 2 款只是告诉我们，在‘不具有本法规定的减轻处罚情节’时可以适用酌定减轻，并非是说在‘具有本法规定的减轻处罚情节’时不可以适用酌定减轻。因此无论犯罪分子是否‘具有本法规定的减轻处罚情节’，只要案件的情况特殊，都可以在法定刑以下判处刑罚”。②

本书认为，刑法典第 63 条第 2 款的规定不应成为适用酌定减轻处罚权的实体条件。

一方面，从逻辑学的角度看。“虽然”带有一种假设的意味，它要表达的是“假如在这种情况下可以如何处理的问题”，而不是将这种假设的条件作为适用这一规则的必要前提。将其与第 63 条第 1 款规定做对比则更能表明这种差异：第 1 款规定的“犯罪分子具有本法规定的减轻处罚情节的，应当在法定刑以下判处刑罚”，是典型的“……的，处……”的立法模式，与“条件+结果”的法条规范模式完全吻合，因此“犯罪分子具有本法规定的减轻处罚情节”毫无疑问成为“应当在法定刑以下判处刑罚”的条件，后者也成为其必然后果。只有把第 2 款的规定调整为“不具有本法规定的减轻处罚情节……”，才可以做同样的理解。

另一方面，法定减轻处罚是否具有程度上的限制需要进行讨论。刑法理论通说认为，立法并没有设定减轻处罚的具体限度，“在刑法分则条文规定的刑罚只有一个量刑幅度的情况下，减轻处罚就是判

---

① 王作富. 刑法[M]. 北京：中国人民大学出版社，2009：211；郎胜. 中华人民共和国刑法释义[M]. 北京：法律出版社，2009：62；史明武，王辉. 论我国的法官酌定减轻处罚裁量权[J]. 中央政法管理干部学院学报，2000（2）；胡学相. 论量刑中减轻处罚和免除处罚的适用[J]. 人民司法，2004（8）.

② 张永红，孙涛. 酌定减轻处罚刍议[J]. 国家检察官学院学报，2007（5）.

处低于该条文规定的该量刑幅度最低刑的刑罚；在刑法分则条文规定的刑罚有几个量刑幅度的情况下，减轻处罚就是判处低于与犯罪人所犯之罪具体相对应的该条文规定的量刑幅度最低刑的刑罚”。[①]至于减轻到何种程度，法条本身和理论通说并未明确。根据前述通说，当犯罪分子具有法定减轻处罚情节时，对其减轻处罚的程度并无限制，因此，即使同时存在酌定减轻情节，也没有适用的必要。这种观点其实以法定减轻处罚没有限制为论据，如原判刑期为无期徒刑的，经过法定减轻处罚的，可以减至有期徒刑的较低刑。而最高人民法院2010年9月13日颁布、同年10月1日生效的《人民法院量刑指导意见（试行）》中规定，“量刑时要充分考虑各种法定和酌定量刑情节，根据案件的全部犯罪事实以及量刑情节的不同情形，依法确定量刑情节的适用及其调节比例”，并详细规定了数种常见罪名在减轻处罚时所应考虑的具体比例，如“已满十四周岁不满十六周岁的未成年人犯罪，可以减少基准刑的30%～60%；已满十六周岁不满十八周岁的未成年人犯罪，可以减少基准刑的10%～50%”。因此，法定减轻情节的适用并非没有程度上的限制。如果案件同时具有酌定减轻情节，而减轻的程度又有下降的空间，则不能完全排除酌定情节的适用。

（二）对“案件的特殊情况”的理解

对于本款最大的争议莫过于如何理解“案件的特殊情况”，在刑法和相关的司法解释中均没有明确规定，理论界争论不止，实务界也无所适从。对此，主要有以下两种观点：一是从狭义的角度做出解释，认为现行刑法典将1979年刑法典中的“具体情况”改为“特殊情况”，意在强调其案情的“特殊”之处，即涉及政治、外交、国防、宗教、民族、统战等国家利益的情况；二是从广义的角度所做的理解，主张除上述国家利益外，还包括对个案量刑产生重大影响的其他情况。[②]如犯罪的手段、犯罪的时空及环境条件、犯罪的对象、犯罪造成的结果、犯罪的动机、犯罪后的态度、犯罪人的一贯表现等，均可以成为考虑

① 王作富. 刑法[M]. 北京：中国人民大学出版社，2009：211.
② 李玉萍. 适用酌定减轻处罚的几个问题[N]. 人民法院报，2009-6-10.

因素。相比较而言，狭义说着眼于立法进程，着重考虑立法当时反映出的立法原意；而广义说则着眼于现实需要，认为应当对立法原意做出新的、符合实践需要的理解。

本书认为，在现有法律条件下，应当对“案件的特殊情况”做广义的理解，理由在于：

其一，广义说并不超越法条词语本身的范围。国家利益说出于立法原意的考察，将案件的特殊情况限制在涉及国家利益或政治性因素等的范围内，从表面来看并无不妥之处。从前述的立法过程和立法资料来看，并未明确将本款的适用局限于有关国家利益的案件，立法者在当时考虑的只是酌定减轻处罚的规定“体现了原则性与灵活性相结合的原则，从国家利益考虑，也是外交、国防、统战、民族、宗教等工作的客观需要，实践中有些较特殊的案件，在法定刑以下判处，正是体现党的政策，收到良好的效果”[①]。即便承认这就是当时的立法原意，也需要认识到，成文法的特点就在于“书写的文字留下了，说话的声音飞走了”，立法原意必定通过一定的文字表现并固定下来，一旦固定下来，法律规范本身就有了独立性。要使稳定的刑法适应不断变化发展的社会生活，可以不局限于立法最初的考虑。在坚持罪刑法定原则的前提下，对法条的理解应该做到“与时俱进”。

其二，从实践的判决结果看，广义说已经被广泛接受。1997 年刑法典以来，最高人民法院对程乃伟绑架案[②]、徐钦朋非法买卖爆炸物案[③]、洪志宁故意伤害案[④]等并不涉及政治、外交、民族、宗教等因素的案例，都核准适用了酌定减轻制度，这说明，在最高人民法院看来，案件的特殊情况并不局限于国家利益。即使在此之前，1979 年刑法典

① 高铭暄，赵秉志编. 新中国刑法立法文献资料总览（下）[M]. 北京：中国人民公安大学出版社，1998：2158.

② 最高人民法院刑一庭、刑二庭. 刑事审判参考（2002 年第 3 辑）[M]. 北京：法律出版社，2002：45—50.

③ 最高人民法院刑一庭、刑二庭. 刑事审判参考（2005 年第 5 辑）[M]. 北京：法律出版社，2006：15—18.

④ 最高人民法院刑一庭、刑二庭、刑三庭、刑四庭、刑五庭. 刑事审判参考（2006 年第 2 辑）[M]. 北京：法律出版社，2006：26—31.

中也有为数不少的经济犯罪、财产犯罪类案件适用了本款，也说明了司法机关的适用范围以广义说为依据。

其三，从反面看，如果仍将特殊情况理解为有关国家利益的特殊情况，则会导致其成为少数人独享的特权，有违平等适用刑法的原则。同时，如果只针对这部分案件适用酌定减轻，而对其他针对案件的特殊情况应该在法定刑以下判处刑罚却无涉国家利益的案件不予适用的话，难免对类似的案件做了不同的处理，造成罪责刑不相适应。

（三）对“法定刑以下”的理解

1997 年刑法典删去了 1979 年刑法典中“判处法定刑的最低刑还是过重的”规定，也由此引发了对“法定刑以下”究竟应如何理解的争论。通说认为，“法定刑以下”应指在法定最低刑以下判处刑罚，这也与 1979 年刑法典中的规定一致。但也有观点认为，既然 1997 年刑法典删去了前述规定，对其理解也应有所变化，如果坚持认为法定刑的含义是法定最低刑，会出现管制难以减轻的难题，而主张将法定刑理解为法定最高刑，则这一难题不会出现，在进行司法适用时也更为合理。[①]

本书认为，相比较而言，通说的观点更具科学性。从 1979 年刑法典的立法例来看，明确了“判处法定刑的最低刑还是过重”这一实体性适用条件，也正因为如此，该法才规定“需要在法定刑以下判处刑罚”。这里所指的“法定刑”毋庸置疑应当是“法定刑的最低刑”。如果因为 1997 年刑法典的删除而将其理解为法定刑的最高刑，则会导致在法定最高刑以下判处刑罚也属于减轻处罚，则使从轻处罚与减轻处罚的无限重叠，其界限也变得模糊不清。

另一个相关问题是如何理解“法定刑以下”的限度问题，即酌定减轻处罚有无量刑的幅度限制。对这一问题也有不存在限度和存在限度两种观点，还有的学者就后者提出了具体的“格的设定”，如认为原判为无期徒刑的，可以减为 10 年以上 15 年以下有期徒刑，而不能过轻。本书认为，酌定减轻处罚的适用不应有“降一格”的限制。依照

① 张波. 减轻处罚之“法定刑”含义新探[J]. 法治论丛，2003（6）.

《人民法院量刑指导意见（试行）》的精神来看，法定减轻情节的适用具有程度的限制，而酌定减轻情节正是为了缓和或弥补法定情节的这一程度限制而设定，如果酌定减轻也被限定了程度，则这一制度的作用将难以有效发挥。当然，这并不意味着酌定减轻可以无限制地减轻，但“降一格”的做法的确失之刻板，难以应对各种复杂的案件。借鉴前述量刑指导意见的规定，将各种情况可以减轻的幅度给予明确百分比的设定，应当是一种稳妥可行的做法。

（四）立法建言

从上述分析可知，“案件的特殊情况”是实体条件中理解最为模糊之处。同时，对于酌定减轻条件与法定减轻条件的关系、法定刑的理解、减轻的程度等，均具有一定争议。本书作者建议，可以将“案件的特殊情况”加以明确；为了进一步厘清酌定减轻处罚与法定减轻处罚的关系，可以考虑增设恢复 1979 年刑法典中“判处法定最低刑还是过重，需要在法定刑以下判处刑罚”的规定；对于减轻处罚的具体幅度，则可以在司法解释中分情况予以明确和限定。

四、酌定减轻处罚权的程序条件

（一）现行核准程序及其弊端

依照现行刑法典规定，对适用酌定减轻处罚的案件统一由最高人民法院核准，这是 1997 年刑法典对 1979 年刑法典本款最本质的改动。1998 年《最高人民法院关于执行<中华人民共和国刑事诉讼法>若干问题的解释》第 268 条对其具体程序有明确规定：

> 根据刑法第六十三条第二款规定报请最高人民法院核准在法定刑以下判处刑罚的案件，按下列情形分别处理：（一）被告人不提出上诉、人民检察院不提出抗诉的，在上诉、抗诉期满后三日内报请上一级人民法院复核。上一级人民法院同意原判的，应当逐级报请最高人民法院核准；上一级人民法院不同意原判的，应当裁定发回重新审判或者改变管辖，按照第一审程序重新审理。原判是由基层人民法院做出的，高级人民法院可以指定中级人民法院按照第一审程序重新审理；（二）

被告人提出上诉或者人民检察院提出抗诉的案件，应当按照第二审程序审理。上诉或者抗诉无理的，应当裁定驳回上诉或者抗诉，维持原判，并按照本条第（一）项规定的程序逐级报请最高人民法院核准。上诉或者抗诉有理的，应当依法改判。改判后仍判决在法定刑以下处以刑罚的，按照本条第（一）项规定的程序逐级报请最高人民法院核准。

这一严格程序设定的初衷是防止酌定减轻处罚权的滥用，但却成为一种因噎废食的做法，由此造成的弊端和后果是显而易见的。

其一，审判时间旷日持久，极大地浪费了司法资源。从理论上看，任何级别的法院都有权适用酌定减轻处罚权，基层或中级人民法院逐级上报到最高人民法院进行核准时，必定耗时极大。实践中需要适用酌定减轻的案件中轻罪居多，经过逐级上报后，被告人被羁押的时间可能已经接近甚至超过减轻后的刑罚期限；而最高人民法院也会面临业务量剧增的状况，在从实质上分析案情、核准案件方面力不从心，为宽严无度埋下了伏笔。

其二，造成司法适用中的惰性，法条规定被人为闲置，造成了立法资源的浪费。从实践中看，1997 年刑法典颁行后真正上报到最高人民法院进行核准的酌定减轻处罚案件并非如预料得那么多。究其原因，主要是法官在面对必然会出现的复杂漫长的报请程序和可能会发生的不被核准的业务上的否定时，不由自主地回避了酌定减轻制度的适用。正如有人指出的，“立法者设置这道暗门的意义在于：它赋予机械的法律规则以血肉，使得法官在面对纷繁芜杂的案件时，可以运用良知与社会经验来应对特殊情况，使个案正义也能以看得见的方式实现。但是在多一事不如少一事的衙门式思维中，这扇暗门已经尘封许久，锈迹斑斑”。[①]似乎只有在案件引发了极大民愤或舆论关注时，法官才被迫选择了这样一条漫漫长路，而在这些特殊的案件中，最高人民法院也早已通过媒体宣传等多种途径了解了案情，对其的实质核准未免因诸多因素而流于形式，许霆案两审的不同量刑正形象地说明了这一

① 楚望台. 许霆案改判，开启个案正义的暗门[N]. 新快报，2008-4-1.

问题。[①]

其三，导致量刑失轻或量刑失重。为了规避过于烦琐的报请程序，法官可能做出两种不同倾向的处理结论。一方面，刑法典第37条规定了免予刑事处罚制度："对于犯罪情节轻微不需要判处刑罚的，可以免予刑事处罚，但是可以根据案件的不同情况，予以训诫或者责令具结悔过、赔礼道歉、赔偿损失，或者由主管部门予以行政处罚或者行政处分"。从法条描述来看，免予刑事处罚并无程序或审级上的特别要求，各级法院、任何判案的法官都可以按照规定来适用。这便造成了一种奇怪的现象：酌定减轻处罚的优待程度不及免予刑事处罚，但却设定了比后者更为严格的程序。两相对比，法官更倾向于适用程序简便、没有风险的免予处罚制度，导致量刑失轻。另一方面，由于免予刑事处罚需要案件有更大程度上的从宽情节，因此，也有法官选择既不适用酌定减轻处罚，也不适用免予刑事处罚，而是对案件的特定情节不予考虑，直接适用具体罪名中的法定刑，最终导致量刑失重。这两种倾向无疑都有损于量刑的公正，同时也影响酌定减轻处罚制度的适用效果。

其四，与死刑复核程序严格程度相当。2007年1月1日起，所有判处死刑的案件不再以地域或案由等为区分因素，而统一收归最高人民法院行使最终核准权。对剥夺犯罪人生命的极刑来说，在核准程序的设定上无论多么严格都不为过，多一道程序就意味着多一道保障。而酌定减轻处罚制度也设定了与死刑复核相同的程序，未免失之过严。对于一项旨在对犯罪人从宽处罚的制度而言，应以有利于被告人的立场，在适用条件上应着重研究其能够适用的情形，同时也应设置能够有利于这一制度适用的程序。从宽处罚的程序设定与死刑复核权程序的严格程度相当，不利于这一制度的有效实施。

---

① 2007年11月30日广州市中级人民法院一审判决许霆犯盗窃罪，判处无期徒刑，剥夺政治权利终身，并处没收个人全部财产；2008年3月31日一审重审判决有期徒刑5年，并处罚金2万元；同年5月23日二审裁定维持原判；同年8月20日最高人民法院核准二审裁定。参见广州市中级人民法院（2007）穗中法刑二初字第196号刑事判决书、广州市中级人民法院（2008）穗中法刑二重字第2号刑事判决书、广东省高级人民法院（2008）粤高法刑一终字第170号刑事裁定书、最高人民法院（2008）刑核字第18号刑事裁定书。而早在一审重审判决出台之前，2008年3月10日，最高人民法院副院长姜兴长接受采访时即表示："从我目前了解的情况来看，一审判处无期徒刑明显过重"。参见 http://news.xinhua net.com/l egal/2008-03/11/content_7762083.htm，2010年5月5日访问。

（二）立法建言

鉴于上述弊端，我国刑法学界提出了若干改革方案，主要包括以下几种意见：第一，回到1979年刑法典的规定，赋予各级人民法院（审判委员会）以酌定减轻处罚权的适用和复核权；[①]第二，将复核权归到上级人民法院；第三，最高人民法院和高级人民法院共同行使；[②]第四，由最高人民法院授权高级人民法院行使。[③]第一种意见无疑会导致1979年刑法典下的酌定减轻权滥用状况的重现，因而不足取；第二种意见则存在明显的逻辑矛盾：中级人民法院和高级人民法院分别可以核准下级人民法院报请的酌情减轻案件，而对自己审判的案件则分别要报请高级人民法院和最高人民法院核准，究竟是对上级法院业务能力的肯定还是怀疑呢？同时可以预见，中级人民法院的核准权也有被滥用之隐患。第三种意见语焉不详，只提出了最高人民法院和高级人民法院共同行使酌定减轻处罚权，但对于具体的权限划分并不明确；第四种观点则从理论上架空了最高人民法院行使这一权力的可能性，同样也是不科学的。

本书主张，对于酌定减轻处罚案件，除由最高人民法院判决的以外，应当报经高级人民法院审判委员会核准。这一程序设定有如下优点：首先，平衡了案件的复杂多样和最高人民法院业务量之间的矛盾，权衡了“统和收”的关系，避免了实践中经常出现的“一放就乱、一统就死”的乱象。按照《刑事诉讼法》第20条的规定，高级人民法院一审管辖全省（自治区、直辖市）性的重大刑事案件，此外主要负责对全省审判工作的指导。以中国之省域划分，高级人民法院负责本域内的核准工作，既不会由于级别过低而使酌定减轻处罚权的司法公信力打上折扣，也不会造成最高人民法院不堪重负而力不从心的状况。其次，从现有的核准法定刑以下判处刑罚的案件来看，多为基层人民法院一审，案件本身的疑难复杂程度有限，由高级人民法院的审判委员会核准，完全可以满足案件的需要。从基层人民法院到高级人民法院需经历三级法院，

---

① 张永红，孙涛. 酌定减轻处罚刍议[J]. 国家检察官学院学报，2007（5）.

② 李玉萍. 适用酌定减轻处罚的几个问题[N]. 人民法院报，2009-6-10.

③ 李立众. 酌定减轻处罚核准权下放之建议[EB/OL]. http://www.law.tsinghua.edu.cn/lawtsinghua/index. as p.

这样的核准过程对于双方都在可以接受的程度之内：基层人民法院既不会由于漫长的核准周期而规避适用这一制度，造成量刑上的失重或者失轻；由高级人民法院审判委员会进行核准，对于此类案件也能够确保裁判质量。再次，均衡了相关法条之间的宽严尺度。死刑作为剥夺犯罪人生命的极刑由最高人民法院统一行使核准权，酌定减轻处罚作为有利于被告人的从宽处罚政策由高级人民法院依授权行使核准权，不会导致对从宽处罚的极严限制，从而实现法条之间的均衡。

酌定减轻处罚作为一项能够缓和情与法的冲突、彰显刑法的人道和谦抑的制度，时刻考验着立法者和司法者的智慧。多种因素的叠加，导致其自诞生之日起就没有被恰当、充分地运用。除了司法实践中难以避免的各种因素外，立法的不成熟应当为这一现状负主要责任。因此，本书建议，在对刑法进行修订时，可以将刑法典第 63 条第 2 款修改为："犯罪分子虽然不具有本法规定的减轻处罚情节，但是根据案件的特殊情况，判处法定最低刑还是过重，需要在法定刑以下判处刑罚的，除依法由最高人民法院判决的以外，应当报经高级人民法院审判委员会核准"。同时在刑事诉讼法及其相关解释中对其现行适用程序进行相应的修订。

第二节　减轻处罚在民间融资犯罪中的具体适用

一、减轻处罚的立法背景

（一）立法原因

我国刑法典第 63 条第 1 款规定："犯罪分子具有本法规定的减轻处罚情节的，应当在法定刑以下判处刑罚。"第 2 款规定："犯罪分子虽然不具有本法规定的减轻处罚情节，但是根据案件的特殊情况，经最高人民法院核准，也可以在法定刑以下判处刑罚。"据此，我国的减轻处罚制度可以分为两种情况，一种是法定减轻，即符合刑法某一法定量刑情节规定的减轻处罚，另一种是酌定减轻，即虽然犯罪行为不符合任何法定减轻处罚的情节，但是案件具有特殊情况，根据罪责刑相适应原则，即使判处法定最低刑仍然过重，经最高人民法院核准，也可以减轻处罚。

量刑是刑事司法活动中的重要环节，量刑情节是将刑法规定的法定刑具体化为对犯罪人适用的宣告刑的唯一依据。尤其是减轻处罚情节的适用可以突破法定刑的下线，与犯罪人的利益密切相关，如果运用得当，不仅可以节省司法资源，而且可以对犯罪人形成有效的激励机制，最大限度实现刑罚的目的。刑法典第 63 条第 1 款规定的法定减轻处罚在减轻处罚制度中发挥了重要作用，但其中一个重要的争议问题就是，如何确定减轻的幅度。刑法典只是规定“应当在法定刑以下判处刑罚”，没有限制减轻处罚的幅度。立法对于这个问题的规定存在明显的缺陷，赋予了法官过大的自由裁量权。尤其在共同犯罪中，如果对于个别犯罪人的处罚减轻过多，会造成刑罚适用的不均衡，判决的社会效果大打折扣。

（二）立法过程及内容

《刑法修正案（八）（草案）》讨论稿中曾建议将刑法第 63 条第 1 款修改为：“犯罪分子具有本法规定的减轻处罚情节的，应当在法定刑以下判处刑罚；本法对法定刑规定有数个量刑幅度的，应当在法定量刑幅度的下一个量刑幅度内判处刑罚。但是，应当判处死刑的，只能减轻处罚为无期徒刑；应当判处无期徒刑的，只能减轻处罚为十五年有期徒刑。”其中后半段关于死刑和无期徒刑的减轻处罚，由于关联到其他法条的修订，如在加重生刑的刑罚结构改革背景下有期徒刑的上限如何调整等，在讨论中被删去。最终通过的《刑法修正案（八）》将本款改为：“犯罪分子具有本法规定的减轻处罚情节的，应当在法定刑以下判处刑罚；本法规定有数个量刑幅度的，应当在法定量刑幅度的下一个量刑幅度内判处刑罚。”相对于刑法典的规定，本款增加了对具体减轻幅度的限制，即增加了“本法规定有数个量刑幅度的，应当在法定刑量刑幅度的下一个量刑幅度内判处刑罚”。这一规定在一定程度上明确了法定减轻处罚的幅度，便于司法实践中的操作和运用。

需要指出的是，刑法典第 63 条第 2 款规定的酌定减轻处罚制度，在修正案讨论过程中也曾出现过改动。酌定减轻处罚作为与法定减轻处罚并列的一项有利于被告人的制度，对于发挥法官的自由裁量权、实现个案公正、缓解情与法的紧张关系等方面均具有重要意义。现实的问题在于其实体条件规定较为模糊、程序条件过于严苛，导致在理论研究和司法适用中出现了许多争议和问题。在《刑法修正案（八）草案》的研讨过程中曾考虑对酌定减轻处罚权进行修改，针对其现有的一些弊端，有学者提出不同的修改意见，如明确适用的实体条件、将核准权下放到高级人民法院或者由最高人民法院和高级人民法院一同行使等。虽然《刑法修正案（八）》因故最终并未采纳这些建议，但刑法理论界与司法实务部门的探讨并未就此停止。酌定减轻处罚权本身具有极其丰富的价值内涵，在当前刑法改革的背景下，应着力使这一制度最大限度地发挥其应有的作用与功效。因此笔者认为，对于酌定减轻处罚制度中的实体条件，应做广义理解，即“案件的特殊情况”不应局限于外交、国防、统战、民族等涉及国家利益或政治因素等，情形而应当将对个案量刑产生重大影响的其他情况也包含在内；此外在程序方面，统一由最高人民法院核准的程序过于严格，宜改为除由最高人民法院判决的以外，应当报经高级人民法院审委会核准。如此，既平衡了案件的复杂多样与最高人民法院业务量之间的矛盾，也能够满足案件本身的审理需要。如果刑法再进行修订时，建议将刑法典第 63 条第 2 款修改为：“犯罪分子虽然不具有本法规定的减轻处罚情节，但是根据案件的特殊情况，判处法定最低刑还是过重，需要在法定刑以下判处刑罚的，除依法由最高人民法院判决的以外，应当报经高级人民法院审判委员会核准”。同时在刑事诉讼法及其相关解释中对其现行适用程序进行相应的修订。这样修改后，更能够与法定减轻情节一起发挥积极作用。

二、减轻处罚在民间融资犯罪中的适用要素分析

（一）对“法定刑以下”的理解

法定减轻处罚运用中的一个重要问题就是理解“在法定刑以下”，幅度过宽则宜导致这一制度在实践中被滥用，增加权力腐败的寻租空间；幅度过窄则无法充分发挥这一制度的应有效果。因此，如何界定法定减轻的幅度问题，是理解这一问题的关键。

我国刑法分则条文对各种具体犯罪都规定了一定的刑罚种类和刑罚幅度，有些犯罪只规定了一个量刑幅度，即单一量刑幅度，此时确定减轻处罚的适用并无太大问题；而多数条文为了适应复杂的案情需要，规定了数个量刑幅度，在这种情况下如何理解在“法定刑以下判处刑罚”则存在一定争议。理论界对此问题有不同的观点，一是“条文说”，即将某一犯罪在同一条文规定的数个量刑幅度视为一个整体，看成是一个独立的法定刑，即按照罪名确定的整体法定刑，认为法定最低刑就是数个量刑幅度中最低的那个量刑幅度的下限，[①]二是“幅度说”，如果对所犯罪行的刑罚，刑法分别规定有几条或几款时，即以其罪行应当适用的条或款作为“法定刑”；如果是同一条文中，有几个量刑幅度时，即以其罪行应当适用的量刑幅度作为“法定刑”，不能不加区别地一律以整个条文的法定最低刑幅度作为减轻标准。[②]

上述第二种观点更加科学，也符合罪责刑相适应的基本原则，《刑法修正案（八）》也支持了这一观点。根据《刑法修正案（八）》对刑法第 63 条第 1 款的修订，“本法规定有数个量刑幅度的，应当在法定量刑幅度的下一个量刑幅度内判处刑罚”。这就明确了当出现多个量刑幅度时，不应当将同一条文规定的数个量刑幅度视为一个整体，而应当视具体罪行应当适用的量刑幅度作为法定刑，以此为基础，在法定最低刑的其下一个量刑幅度内判处刑罚。此外，按照刑法典第 99 条的规定，“本法所称的以上、以下、以内，包括本数”，但在本款中的“以

① 何秉松. 刑法教科书[M]. 北京：中国法制出版社，1995：442—446.
② 赵秉志. 刑法学[M]. 北京：中国政法大学出版社，2009：353—354.

下”不能做此理解，否则减轻处罚和从轻处罚就会发生交叉，从而无法区分，在司法操作上造成混乱。因此，对于修改后的刑法第63条第1款而言，“法定刑以下”应当理解为不含本数。

（二）减轻处罚是否有格的限制

虽然《刑法修正案（八）》明确了当存在多个量刑幅度时应当如何确定在“法定刑以下”量刑，但从本质上讲，仍然没有明确减轻处罚的幅度问题，赋予了法官过大的自由裁量权。减轻处罚应当得到合理的限制，而设定“格”的概念是一种合理和有效的方法。“格”是一种较为形象化的说法，是指我国刑法分则中的法定刑依照犯罪轻重和刑期长短而体现出来的年数格段，如根据刑法规定和理论研究已基本形成共识的1年、3年、5年、7年、10年等。

减轻处罚是否有格的限制，理论上存在两种观点，一种是肯定说，认为减轻处罚存在限度的要求，原则上应当以一格为限。另一种是否定说，认为法律并未对减轻处罚应减为几格做出限制，故减轻处罚不应以一格为限，可以在法定刑以下二格或者三格判处刑罚。①认为立法并没有设定减轻处罚的具体限度，“在刑法分则条文规定的刑罚只有一个量刑幅度的情况下，减轻处罚就是判处低于该条文规定的该量刑幅度最低刑的刑罚；在刑法分则条文规定的刑罚有几个量刑幅度的情况下，减轻处罚就是判处低于与犯罪人所犯之罪具体相对应的该条文规定的量刑幅度最低刑的刑罚”。②至于减轻到何种程度，法条本身和理论通说并未明确。根据这一观点，当犯罪分子具有法定减轻处罚情节时，对其减轻处罚的程度并无限制。

笔者认为肯定说更加科学。理由在于：其一，从刑罚的配置来看，刑法分则法定刑的具体划分和设置均体现了立法者对某一犯罪的认识，并在综合考虑各种因素的情况下设定了阶梯状、渐进式的刑罚，因此，法官在量刑时也应当根据具体情节次第增减，而非跳跃式的增减，以符合刑罚本身配置的规律。其二，从限制法官自由裁量权来看，如果对减轻处罚不做任何限制，尤其是当法定最低刑较高、存在较大

① 胡学相. 论量刑中减轻处罚和免除处罚的适用[J]. 人民司法，2004（8）.
② 王作富. 刑法[M]. 北京：中国人民大学出版社，2009：211.

的减刑空间时，则极有可能出现减轻处罚中的权力滥用，如法定最低刑为 10 年期徒刑的，在没有限制的情况下可能减至 1 年有期徒刑，有违罪刑均衡的原则。其三，减轻处罚应当有限度上的要求，这一观点实际上也得到了最高司法机关的支持，并被作为量刑活动中应当遵循的原则予以确定。最高人民法院 2010 年 9 月 13 日颁布、同年 10 月 1 日生效的《人民法院量刑指导意见（试行）》中规定，“量刑时要充分考虑各种法定和酌定量刑情节，根据案件的全部犯罪事实以及量刑情节的不同情形，依法确定量刑情节的适用及其调节比例”，并详细规定了数种常见罪名在减轻处罚时所应考虑的具体比例，如“已满十四周岁不满十六周岁的未成年人犯罪，可以减少基准刑的 30%－60%；已满十六周岁不满十八周岁的未成年人犯罪，可以减少基准刑的 10%－50%”。因此，减轻情节的适用并非没有程度上的限制。

遵循格的限制，即当法定最低刑为有期徒刑时，减轻处罚原则上应当在法定最低刑的下一格处刑。例如，当法定最低刑为 10 年有期徒刑时，减轻处罚不宜低于 7 年有期徒刑，否则宜导致罪刑不均衡，过于宽纵犯罪；但是，如果上一格与下一格之间相差期限不长，在法定刑以下一格判处刑罚仍然过重时，也可以不受一格的限制。如法定刑最低刑为 3 年有期徒刑，在法定最低刑下一格（即 1 年有期徒刑）判处刑罚仍显过重时，也可以不受一格的限制，而判处 6 个月有期徒刑。这一做法其实在 1979 年刑法典制定过程中也得到过支持：1957 年《中华人民共和国刑法草案（初稿）》第 22 稿第 63 条曾规定，“犯罪分子具有本法规定的减轻情节的，应当依照下列规定，在法定刑以下判处刑罚：最低刑为无期徒刑的，可以减到 10 年以上有期徒刑；最低刑为 10 年有期徒刑的，可以减到 7 年有期徒刑；最低刑为 7 年有期徒刑的，可以减到 5 年有期徒刑；最低刑为 5 年有期徒刑的，可以减到 3 年有期徒刑；最低刑为 3 年有期徒刑的，可以减到 1 年有期徒刑；最低刑为 1 年有期徒刑的，可以减到拘役；最低刑为 6 个月有期徒刑、拘役、管制或者罚金的，可以免除处罚”。[①]这一规定由于限定得过于

① 高铭暄. 中华人民共和国刑法的孕育和诞生[M]. 北京：法律出版社，1981：93.

死板，同时也失之烦琐，最终并未被采纳，但不能否认的是，这一规定表明减轻处罚应当有格的限制，对于合理限制法官的自由裁量权、实现罪刑均衡，具有十分积极的意义。

此外，还应注意的是，适用减轻处罚制度时其减轻的幅度应有最底线的限制，即仍然应当判处一定的刑罚。如果不判处刑罚，就意味着是免除刑罚而不是减轻处罚了。这不仅直接导致减轻处罚被滥用，同时也会使两者界限模糊不清，造成免除处罚制度的萎缩。

（三）减轻处罚能否包括刑种的限制

减轻处罚能否包含刑种的限制，实质上是讨论在减轻处罚时，能否减为更轻的刑种。对此理论界有两种观点，一是认为减轻处罚既包括刑期的减轻，也包括刑种的减轻；二是认为减轻处罚只能包括刑期的减轻，而不能包括刑种的减轻。其实，当法定刑为有期徒刑以上的刑罚且最低刑较高时，在同一刑种内就能实现刑罚的减轻，无须讨论是否需要减为其他较轻的刑种。如法定刑最低刑为 7 年有期徒刑时，原则上按照有期徒刑的格予以减轻处罚即可，无须也不宜减为拘役或者管制等较轻的刑种。但在一些特殊情况下，如绝对确定的法定刑、法定最低刑为拘役、管制时，则有必要讨论是否应当包括刑种的减轻。

笔者认为，应当结合法定最低刑的具体情况，有条件地承认减轻处罚可以包含刑种的减轻，否则无法体现刑种之间的轻重差异，在特定情况下也根本无法实现减轻处罚。以法定最低刑是拘役为例，拘役的期限为 1 个月以上 6 个月以下，本身的幅度就较小，如果对拘役的减轻处罚不允许减至管制，则无法在这一较小的幅度内真正实现刑罚的减轻。而当法定最低刑为管制时，这一问题更为明显，即面临着是否能由主刑减为附加刑的问题。应当认为，既然决定对犯罪人减轻处罚，就只能在低于法定最低刑的幅度内判处刑罚，因此，可以减为较轻的其他刑种。

三、减轻处罚的具体司法适用

我国刑法对适用减轻处罚的法定情节做了明确的规定，从总则和分则的法条规定来看，这些法定情节大体可以分为两类：一类是犯罪主体存在特定减轻情节的，如刑法典第 17 条第 2 款规定，已满 14 周岁不满 18 周岁的人犯罪，应当从轻或者减轻处罚；刑法典第 19 条规定，又聋又哑的人犯罪或者盲人犯罪，可以从轻、减轻或者免除处罚；刑法典第 18 条第 3 款规定，尚未完全丧失辨认或者控制自己行为能力的精神病人犯罪，可以从轻或者减轻处罚；刑法典第 10 条规定，在国外犯罪，已在国外受过刑罚处罚的，可以免除或者减轻处罚，等等。

另一类属于犯罪客观方面存在特定减轻情节的。这一类的情况比较多，总则中的规定主要有：防卫过当、避险过当的，应当减轻或者免除处罚；对于从犯，应当从轻、减轻或者免除处罚；对于未遂犯、被教唆的人没有犯被教唆的罪时的教唆犯、有自首或立功表现的罪犯，可以从轻或者减轻处罚；造成损害的中止犯，应当减轻处罚，等等。分则中的规定主要有：在被追诉前主动交代向公司、企业或其他单位工作人员行贿行为的，在被追诉前主动交代向国家工作人员行贿行为的，在被追诉前主动交待介绍贿赂行为的，个人贪污数额在 5000 元以上不满 1 万元的，犯罪后有悔改表现、积极退赃的，可以减轻或者免除处罚。

在适用上述法定减轻处罚情节时，应当注意以下几个问题：其一，处理好应当型情节和可以型情节的关系。前者是一种硬性规定，法官具有遵守的义务，没有任意选择和自由斟酌的权利，而后者是一种授权性规定，法官可以根据案件情况决定是否适用，但同时也表明了立法上的倾向性意见，即通常应当适用。在量刑过程中，两者的地位和作用不同，应当型情节优于可以型情节。其二，我国刑法规定的从宽情节，多数是多功能情节，应根据具体案情和法条描述的性质来决定如何具体适用。如对于防卫过当，法条规定“应当减轻或者免除处罚”，各种功能的不同排列顺序表明了刑事立法的倾向性意见，法官应当首先考虑适用排在前面的“应当减轻”的功能。其三，存在数个量刑情节时，不能任意改变或简单叠加量刑情节具有的功能。如犯罪人同时具有数个减轻处罚的情节时，只能在减轻的幅度上加大调整力度，而不能免除处罚。

第三节 减刑制度在民间融资犯罪中的具体适用

减刑是根据罪犯在服刑期间的积极表现而减轻其原判刑罚的一种刑罚执行制度。减刑制度是刑罚个别化、人权保护等刑罚理念在现代行刑实践中的反映。我国的减刑制度是从长期改造犯罪的实践中探索出来的，最早可以追溯到新民主主义革命时期的各革命根据地，并得到了 1979 年刑法的确认，在 1997 年刑法中又对减刑制度进行了更为具体的规定。我国的减刑制度一方面贯彻了刑事实证学派的教育刑思想，认为刑罚的目的不单纯在于报应或威吓，而在于教育改造犯罪人，另一方面也符合现代刑罚理论和人权观念的要求，通过多种方式激活罪犯的自我矫正功能，实现了刑罚的现代化与文明化。但是，减刑制度仍然存在一定缺憾，如适用减刑的实体条件规定比较原则、缺乏可操作性，减刑后实际执行的最低刑期设定过于宽松，减刑的提请权与决定权归位不合理、程序简单粗糙、缺乏相应监管等。2011 年 2 月 25 日通过的《刑法修正案（八）》对减刑制度进行了修订，在一定程度上解决了上述问题，为更好地发挥减刑的优势提供了立法保障。

一、减刑制度的最新立法修改

（一）减刑的修法背景

减刑制度是罪责刑相适应原则在刑罚执行过程中的体现，也是刑罚目的在执行中的体现，同时也契合宽严相济的刑事政策。当犯罪人在刑罚执行期间遵纪守法、积极改造，说明其积极悔罪自新，无须将原判刑罚执行完毕，这也鼓励了犯罪人积极改造，弃恶从善。相对于另一个刑罚执行中的重要制度——假释来说，减刑在我国的适用率要高得多，但也存在诸多问题，集中表现在适用条件不明确、权力归属不准确、适用程序不规范等。近年来，刑法学界和司法实务界开始对我国的减刑制度提出质疑，指出我国的减刑制度由于自身限制不够和操作不规范等原因，出现了适用上的滥用，并引发了一系列实践中的问题。以死刑为例，根据刑法典第 50 条的规定，如果一名罪犯被判处死缓，在死缓考验期内如果没有故意犯罪，而且有重大立功表现，可以在 2 年后减为 15 年以上 20 年以下有期徒刑；如果继续表现良好，还可能再减刑。这样一来，原判死缓的罪犯，在监狱里实际执行至 12 年（不含死刑缓期执行的 2 年）就可以释放了，[①]生刑与死刑之间的差距过于悬殊。因此，关注减刑制度的学者日益增多，完善减刑制度的适用条件、充分发挥其积极作用、限制并减少其弊端的呼声也日渐强烈。

（二）减刑的修法过程

《刑法修正案（八）》的修改方案曾提出，对累犯以及因故意杀人、强奸、抢劫、绑架、放火、爆炸、投放危险物质或者有组织的暴力性犯罪被判处死缓的，人民法院可以决定在减为无期徒刑或者 20 年有期徒刑后，不得再减刑。对修改方案的上述规定，有的地方认为总体上体现了宽严相济刑事政策，一定程度上解决了“生刑过轻”的问题。但现在的规定实际上还是将“不得减刑”作为例外，而且是否减刑由法院根据犯罪情节等情况决定，过于原则，不利于操作，也不便于监督，难以避免不同法院对相同情形做出不同决定的情况，对犯罪分子不公平，影响法制的统一性和权威性，建议改为以不得减刑为原则，减刑为例外，对确有必要减刑的，报经最高人民法院核准，方可以减刑。有的地方认为方案的规定过于严厉，只强调了刑罚的惩罚性，不符合我国以改造人为宗旨的刑罚目的。从实际情况看，我国死缓、无期徒刑罪犯实际执行刑期多在 15～20 年，经过长期关押后，重新犯罪率在 1%左右，远低于“二进宫”“三进宫”的段刑犯，这表明刑罚执行的效果是好的，延长实际执行期没有必要，而且还增加了行刑成本和监狱的监管压力。

《刑法修正案（八）（草案）》三次审议稿第 15 条规定，将刑法第 78 条第 2 款修改为：“减刑以后实际执行的刑期不能少于下列期限：（一）判处管制、拘役、有期徒刑的，不能少于原判刑期的二分之一；

① 赵秉志. 当代刑法学[M]. 北京：中国政法大学出版社，2009：392.

（二）判处无期徒刑的，不能少于十五年；（三）判处死刑缓期两年执行，缓期执行期满后依法减为二十五年有期徒刑的，不能少于十八年，其中，人民法院依照本法第五十条第二款规定限制减刑的，不能少于二十年；（四）判处死刑缓期二年执行，缓期执行期满后依法减为无期徒刑的，不能少于二十年，其中，人民法院依照本法第五十条第二款规定限制减刑的，不能少于二十五年”。其中对于无期徒刑犯和特殊死缓犯的减刑条件进行了修改，并注意了与其他法条之间的协调一致。

《刑法修正案（八）》最终将刑法第 78 条第 2 款修改为：“减刑以后实际执行的刑期不能少于下列期限：（一）判处管制、拘役、有期徒刑的，不能少于原判刑期的二分之一；（二）判处无期徒刑的，不能少于十三年；（三）人民法院依照本法第五十条第二款规定限制减刑的死刑缓期执行的犯罪分子，缓期执行期满后依法减为无期徒刑的，不能少于二十五年，缓期执行期满后依法减为二十五年有期徒刑的，不能少于二十年。”与前述第三次审议稿相比，语言表述更为简练，并且重新调整了无期徒刑犯和特殊死缓犯的减刑条件。

概言之，《刑法修正案（八）》对本款的修订主要有两方面：一是将无期徒刑减刑后实际执行的刑期由原来的 10 年改为 13 年，增加了无期徒刑减刑后实际执行的刑期；二是结合修正案对刑法典第 50 条的修订，增加了第 3 项内容，即被判处死缓的累犯和因故意杀人、强奸、抢劫、绑架、放火、爆炸、投放危险物质或者有组织的暴力性犯罪被判处死刑缓期执行的犯罪分子减刑后实际执行刑期的规定。

（三）减刑的修法意义

《刑法修正案（八）》对减刑制度的上述修订，与刑罚体系改革“合理调整生刑”的整体方向和趋势一致，体现了加重生刑的倾向，[①]有利于缓解死刑过重而生刑过轻的弊端，更好地保证有期徒刑、无期徒刑和死刑之间的衔接与协调。判处无期徒刑的，减刑后实际执行的最低刑期由原来的 10 年提高到 13 年，而对被判处死缓的累犯及 8 类特定暴力犯罪人的减刑，则规定了更为严格的条件。

---

① 赵秉志. 刑法修正案（八）（草案）热点问题研讨[M]. 北京：法律出版社，2010：31—32.

同时，上述修订还实现了法条之间的协调。修改后的刑法典第 78 条第 2 款与修改后的刑法第 50 条第 2 款（死缓犯的减刑）、第 69 条（数罪并罚制度）和第 81 条（假释制度）均保持了法条之间的协调一致，对刑法第 78 条第 2 款的理解和适用也涉及相关法条的修订。《刑法修正案（八）》第 4 条规定了减刑制度的完善，其第 2 款规定，"对被判处死刑缓期执行的累犯以及因故意杀人、强奸、抢劫、绑架、放火、爆炸、投放危险物质或者有组织的暴力性犯罪被判处死刑缓期执行的犯罪分子，人民法院根据犯罪情节等情况可以同时决定对其限制减刑"。可以看出，刑法对于特定的死缓犯予以减刑制度上的严格限定，即对累犯和因故意杀人等 8 类严重犯罪被判处死刑缓期执行的犯罪分子，可以决定对其限制减刑。对此类犯罪分子，在其适用减刑时，应当与其他犯罪分子有所区分，这既体现了区别对待的原则，也是我国宽严相济刑事政策的要求。

二、民间融资犯罪适用减刑的实体条件

刑法第 78 条规定了适用减刑的实体条件，该规定同样适用于民间融资领域的犯罪。根据规定，被判处管制、拘役、有期徒刑、无期徒刑的犯罪人，在刑罚执行期间，认真遵守监规，接受教育改造，确有悔改表现或立功表现的，可以减刑，如有重大立功表现的，则应当减刑。据此，适用减刑应当具备以下实体条件。

（一）减刑的对象条件

能够适用减刑的对象包括被判处管制、拘役、有期徒刑、无期徒刑的犯罪人。这里只有刑种的限制，而没有刑期与罪质的限制。不管是故意犯罪还是过失犯罪，是重罪还是轻罪，是国事犯罪还是普通犯罪，只要具备了减刑的法定条件，均可以减刑。相对于缓刑、假释等刑罚制度而言，减刑的适用范围相对宽泛，涵盖了我国刑罚体系中的所有被判处自由刑的犯罪人。从刑罚目的来看，带有奖励性质的减刑制度对于希望早日恢复自由的犯罪人来说，无疑具有一种巨大的激励作用，能够促使其积极改造，主动消减其主观恶性和人身危险性，从

而实现特殊预防的刑罚目的。在民间融资领域，有不少案件当事人的主观恶性本来就不大，对其适用减刑，也有利于对其的积极改造。

（二）减刑的实质条件

犯罪人在刑罚执行期间的各种表现决定了能否适用减刑。认真遵守监规、接受教育改造、确有悔改或立功表现等，既是犯罪人积极改造、人身危险性降低的明证，也是考察机关在执行刑事累进处遇制度、贯彻宽严相济刑事政策中区别对待的原则时的主要考虑因素。[①]我国刑法第78条规定的实质条件，包括可以减刑和应当减刑两种情况。

可以减刑的实质条件是，犯罪人在刑罚执行期间，认真遵守监规，接受教育改造，确有悔改表现，或者有立功表现。具体而言包括两种情况：一是犯罪人认真遵守监规，接受教育改造，确有悔改表现的。根据最高人民法院1997年10月28日通过的《关于办理减刑、假释案件具体应用法律若干问题的规定》（以下简称《减刑规定》），“确有悔改表现”是指同时具备以下四个方面的情形：认罪伏法；认真遵守监规。接受教育改造；积极参加政治、文化、技术学习；积极参加劳动，完成生产任务。对罪犯在刑罚执行期间提出申诉的，要依法保护其申诉权利。对罪犯申诉应当具体情况具体分析，不应当一概认为是不认罪伏法。二是具有立功表现的。根据《减刑规定》，“立功表现”是指具有下列情形之一的：检举、揭发监内外犯罪活动，或者提供重要的破案线索，经查证属实的；阻止他人犯罪活动的；在生产、科研中进行技术革新，成绩突出的；在抢险救灾或者排除重大事故中表现积极的；有其他有利于国家和社会的突出事迹的。

应当减刑的实质条件是，犯罪人在刑罚执行期间，有重大立功表现。根据刑法第78条规定，有下列重大立功情形之一的，应当减刑：组织他人重大犯罪活动的；检举监狱内外重大犯罪活动，经查证属实的；有发明创造或者重大技术革新的；在日常生产、生活中舍己救人的；在抗御自然灾害或者排除重大事故中，有突出表现的；对国家和社会有其他重大贡献的。

---

① 彭辅顺. 宽严相济的刑事政策在减刑中的运用[J]. 前沿，2008（7）.

（三）减刑的限度条件

在对犯罪人适用减刑的时候，必须遵守刑法对减刑规定的限度条件，减刑的幅度必须恰当。限度过严或者过宽，会使犯罪分子觉得获得减刑过易或过难，不利于发挥减刑制度的正面引导作用，促使犯罪分子积极改造。因此，设定恰当的减刑限度十分重要。《刑法修正案（八）》对刑法第 78 条第 2 款进行了修订，明确限定了减刑应当符合的限度，即犯罪人经过减刑以后，应当实际执行的最低刑期。减刑之所以要设定一个限度，是因为减刑并不是对原判决的否定，只是出于鼓励犯罪人改造的考虑改变了刑罚的具体执行期限，如果减得过多就会改变原判刑罚的性质，损害原判决的严肃性和稳定性。因此，减刑限度条件的设定，既要能够引导罪犯积极改造，又不能使刑罚失去严肃性，从而使罪犯滋生侥幸心理。

《刑法修正案（八）》的此次修订，进一步明确了适用减刑的限度条件，体现在：（1）判处管制、拘役、有期徒刑的，减刑后实际执行的刑期不能少于原判刑期的 1/2。这与刑法典的规定一致，并未进行修订。因此，如果管制、拘役、有期徒刑减刑后的刑期若只有原判刑期的 1/2，就不得再减刑了。（2）判处无期徒刑的，减刑后实际执行的刑期不能少于 13 年，将实际执行的刑期由原来的“10 年”提高到“13 年”。因此，无期徒刑减刑后若只有 13 年有期徒刑，就不得再减刑了。（3）人民法院依照刑法第 50 条第 2 款规定限制减刑的死缓犯，缓期执行期满后减为无期徒刑，之后又减刑的，减刑后实际执行的刑期不能少于 25 年；缓期执行期满后减为 25 年有期徒刑，之后又减刑的，减刑后实际执行的刑期不能少于 20 年。

这里涉及实际执行刑期是否包含先行羁押时间的问题。对于该问题，刑法学界存在三种观点，第一种是否定说，认为实际执行的刑期，应该是原判决发生法律效力，将判决交付执行后，犯罪人实际服刑改造的时期。既然如此，判决宣告以前先行羁押的日期，就不能计算在实际执行的刑期以内。[①]第二种是肯定说，认为实际执行刑罚的时间，

① 张明楷. 刑法学[M]. 北京：法律出版社，2007：468.

既包括宣告以后犯罪人服刑的时间，也包括先行羁押的时间。第三种是区别说，认为对于原判管制、拘役、有期徒刑减刑的，先行羁押期应当计入实际执行刑期；而对于原判无期徒刑减为有期徒刑的，先行羁押期不应计入实际执行期。本书认为，区别说是较为科学的观点，该说看到了不同刑种对先行羁押期的差异。对于管制、拘役、有期徒刑减刑，法律上明确规定先行羁押期可以折抵刑期，既然法律上拟定羁押期与实际服刑期改造没有区别，则应当计算在实际执行刑期之内，而无期徒刑本身就不存在折抵刑期的问题，先行羁押期限并未算在原判决中，也就不能计算在内。

从上述计算方法可以看出，对无期徒刑犯的减刑和对特殊死缓犯的减刑与其他刑种的减刑相比在适用条件上要严厉得多，对特殊死缓犯而言尤其如此。对于被判处死缓的累犯而言，在一定时间内重复实施故意犯罪，表明了其主观恶性和人身危险性极大，因此对其的考察要更加严格，相对于刑法原有的规定，修正案也适当延长了对其减刑后的刑期计算。这不仅与刑罚结构调整的整体趋势相协调，也符合我国刑法对累犯从重处罚的基本精神；而对于因故意杀人、强奸、抢劫等 8 类犯罪被判处死缓的犯罪人，其实施的行为均是严重侵犯人身权利的、具有极大社会危害性的暴力犯罪，因此，对其适用减刑的适当从严是完全必要的。同时，不管是直接从无期徒刑减为有期徒刑、还是死缓犯缓期执行期满后减为无期徒刑、之后又减为有期徒刑的，已经服刑的刑期不计入减刑后的刑期，这种做法一方面从严规定了减刑的条件，另一方面也可以鼓励这部分犯罪分子积极改造，争取早日减刑。因为犯罪分子获得减刑的起始时间越晚，对其就越不利，意味着其真实服刑时间会因获得减刑的时间越晚而越长。

三、民间融资犯罪适用减刑的司法程序

（一）减刑的基本程序

减刑是对原判决的执行做实体性的变更，因此减刑的适用要格外谨慎，必须严格依照法定的程序进行。我国刑法第 79 条规定：“对于

犯罪分子的减刑，由执行机关向中级以上人民法院提出减刑建议书。人民法院应当组成合议庭进行审理，对确有悔改表现或者立功事实的，裁定予以减刑。非经法定程序不得减刑。”根据刑法、监狱法和其他相关法律的规定，减刑应当由执行机关根据犯罪人在服刑中的具体表现，提出减刑建议书，并连同有关证明材料，报请相应的人民法院受理。人民法院组成合议庭进行审理并做出裁定。

但是，在我国的司法理论与实践中，对于减刑决定权的归属问题，一直存在激烈的争议。一种观点认为，减刑属于对原判刑罚的变更，本质上属于刑事审判裁定的范围，因此减刑决定权应当归属于法院；[①] 另一种观点则认为减刑决定权应该归属于刑罚执行机关。[②]上述争议问题的焦点在于减刑权在本质上究竟是行刑权还是审判权。从应然角度分析，应当将减刑权理解为行刑权，将减刑决定权归属于执行机关。这样既在理论上符合教育性的刑罚目的，有利于刑罚个别化要求的实现，同时也是司法实践的需求，对于犯罪人的改造、监管、考察、变更刑事处遇等，均应由最了解其具体情况的执行机关来进行。而法院作为审判机关，无法掌握罪犯改造的实际情况，其开庭审理也只能依据执行机关所提供的材料，不仅流于形式，也浪费司法资源，流弊甚多。因此，从改革的角度来看，可以借鉴英美法系国家的做法，将减刑决定权收归以执行机关为主导的司法行政机关行使。

（二）减刑的幅度

减刑不仅要有一定的限度，而且要有一定的幅度。减刑的幅度是十分敏感的问题，既直接反映减刑是否公正，又直接关系服刑罪犯的切身利益，因而为服刑罪犯所关心。[③]根据《减刑规定》的相关条文，减刑的幅度可以从以下几方面理解：（1）对被判处无期徒刑的罪犯减刑，一般可以减为 18 年以上 20 年以下有期徒刑；有重大立功表现的，可以减为 13 年以上 18 年以下有期徒刑；如确有悔改并有立功表现的，可以减为 10 年以上 15 年以下有期徒刑。（2）对被判处有期徒刑的罪

---

① 陈永生. 论减刑、假释裁决权之归属[J]. 中国刑事法杂志，2007（4）.

② 姚明军，杨柳. 对我国减刑制度的理性思考[J]. 青海社会科学，2004（1）.

③ 徐静村. 减刑假释制度改革若干问题研究[J]. 法治研究，2010（2）.

犯减刑，确有悔改或立功表现的，一般一次减刑不超过 1 年有期徒刑，如果确有悔改并有立功表现，或者有重大立功表现的，一般一次减刑不超过 2 年有期徒刑。被判处 10 年以上有期徒刑的罪犯，如果悔改表现突出的，或有立功表现的，一次减刑不得超过 2 年有期徒刑，如果悔改表现突出并有立功表现，或者有重大立功表现的，一次减刑不得超过 3 年有期徒刑。（3）对犯罪时未成年的罪犯的减刑，在掌握标准上可比照成年罪犯依法适度放宽减刑幅度。未成年犯是指犯罪时已满 14 周岁不满 18 周岁的人，根据 2006 年 1 月 11 日最高人民法院《关于审理未成年人刑事案件具体应用法律若干问题的解释》第 18 条的规定，对于未成年犯的减刑，在掌握标准尚可以比照成年犯依法适度放宽。未成年犯能认罪伏法，遵守监规，积极参加学习、劳动的，即可视为“确有悔改表现”予以减刑，其减刑的幅度可适当放宽，间隔的时间可以相应缩短。

需要指出的是，上述《减刑规定》是针对 1997 年刑法做出的，其规定的减刑起始时间、具体幅度、时间间隔均以刑法典原有条文为依据，在《刑法修正案（八）》对减刑的条件做出修改后，《减刑规定》中的相关条文也应做出相应调整。具体变化应以最高人民法院新的解释为准，在此之前，应当根据修正案的精神和减刑制度本身的特点来理解减刑幅度的具体要求。从整体来看，修正案合理调整了刑罚结构，加重了生刑的期限，尤其对无期徒刑犯和特殊死缓犯规定了更加严格的减刑条件，因此，对这部分犯罪人减刑幅度可以适当减小，如适当延后减刑的起始时间、减少一次减刑的年数等。

（三）减刑后的刑期计算

《刑法修正案（八）》对于减刑的限度条件进行了修订，这一修订使得减刑后的刑期计算也发生了本质变化。具体而言，减刑后的刑期计算因原判刑罚种类的不同而有所区别：

（1）对于原判刑罚为管制、拘役、有期徒刑的刑期计算。此类犯罪人减刑后的刑期应从原判决执行之日起计算，原判刑期已经执行的时间，应当计算到减刑后的刑期以内。例如，原判刑罚为 14 年有期徒刑，服刑 5 年后获得减刑，裁定减刑 2 年，减刑后的刑期为 12 年有期徒刑，已经执行过的 5 年刑期应当计入减刑后的 12 年刑期中，因此犯罪人只要再执行 7 年有期徒刑即告刑罚执行完毕。

（2）对于原判决为无期徒刑减为有期徒刑的刑期计算。此类犯罪人减刑后有期徒刑的刑期从裁定之日起计算，已经执行的刑期以及判决宣告以前先行羁押的日期，不得计算在裁定减刑后的有期徒刑的刑期以内。例如，某犯罪人原判刑罚为无期徒刑，服刑 3 年后获得减刑，裁定减刑为 19 年有期徒刑，已经执行的 3 年时间不得计入减刑后的 19 年刑期之内，因此，犯罪人还要再执行 19 年有期徒刑。对于无期徒刑减为有期徒刑后，再获得减刑的，其再次减刑后的刑期计算应当按照有期徒刑减刑的方法进行计算。

（3）对于人民法院依照本次修正案修订后的刑法第 50 条第 2 款规定限制减刑的死刑缓期执行的 9 类犯罪分子（即对被判处死刑缓期执行的累犯以及因故意杀人、强奸、抢劫、绑架、放火、爆炸、投放危险物质或者有组织的暴力性犯罪被判处死刑缓期执行的犯罪分子），缓期执行期满后依法减为无期徒刑的，减刑后实际执行的刑期不能少于 25 年；缓期执行期满后依法减为 25 年有期徒刑的，减刑后实际执行的刑期不能少于 20 年。这是刑法对特殊的死缓犯减刑的特别规定，加重了生刑，也体现了对此类特定死缓犯的从重处罚，实现了区别对待的原则。例如，某犯罪人因故意杀人罪被判处死刑缓期执行，缓期执行期满后被减为无期徒刑，在无期徒刑服刑 3 年后获得减刑，因为减刑后实际执行的刑期不得少于 25 年，假定该犯罪人被裁定减为 27 年有期徒刑，则还要执行 27 年有期徒刑才告执行完毕，已经执行的 3 年有期徒刑、死刑缓期执行的考验期、原判决确定之前先行羁押的期限，均不计入减刑后的 27 年刑期之内。又如，某犯罪人因抢劫罪被判处死刑缓期执行，缓刑考验期内有重大立功表现，缓期执行期满后减为 25 年有期徒刑，在有期徒刑服刑 3 年后获得减刑，因为减刑后实际执行的刑期不得少于 20 年，假定该犯罪人被裁定减刑 1 年，减刑后刑期为 24 年有期徒刑，已经执行的 3 年时间计入减刑后的 24 年之内，但死刑缓期执行的考验期不计入减刑后的刑期，因此该犯罪人还应执行 21 年有期徒刑。

第四节　民间融资犯罪中宽严相济刑事政策的贯彻

2010年2月8日，最高人民法院下发了《关于贯彻宽严相济刑事政策的若干意见》（以下简称《意见》）。《意见》是当前和今后较长时期内刑事审判工作的指南，它对人民法院在刑事审判工作中如何贯彻落实宽严相济刑事政策，提出了指导性意见。《意见》规定，“要根据经济社会的发展和治安形势的变化，尤其要根据犯罪情况的变化，在法律规定的范围内，适时调整从宽和从严的对象、范围和力度”。这就为我们在执法活动中科学、适时、正确地贯彻政策留下了空间。同时，《意见》还特别强调法律效果和社会效果的有机统一。宽严相济政策作为我国的基本刑事政策，其目的不仅仅在于为刑事司法活动提供明确的政策标准和界限，规范司法行为，更深远的目的在于最大限度地减少和化解社会矛盾，化消极因素为积极因素，进而促进社会和谐稳定。民间融资作为我国当前较为活跃的一种经济现象，各种犯罪活动层出不穷，同时又容易引发社会矛盾，因此，在民间融资犯罪领域贯彻宽严相济的刑事政策，尤其具有重要的意义。本节选择该《意见》中几个较为典型的刑事政策进行探讨，以期使这些政策在民间融资犯罪领域得到贯彻。

一、从宽量刑情节与非监禁刑之适用

（一）相关刑事政策的内涵解读

《意见》第16条规定：“对于所犯罪行不重、主观恶性不深、人身危险性较小、有悔改表现、不致再危害社会的犯罪分子，要依法从宽处理。对于其中具备条件的，应当依法适用缓刑或者管制、单处罚金等非监禁刑。同时配合做好社区矫正，加强教育、感化、帮教、挽救工作。”对于那些在民间融资领域社会后果危害较小、主观恶性不深、有悔改表现的犯罪分子，该条的贯彻具有积极的改造意义。

罪责刑相适应的刑法基本原则要求，刑罚的轻重应当与犯罪分子

所犯罪行和承担的刑事责任相适应。据此，在对犯罪分子进行量刑的时候，需要考虑多方面的因素以最终决定其刑罚裁量。我国刑法第 61 条规定:“对于犯罪分子决定刑罚的时候，应当根据犯罪的事实、犯罪的性质、情节和对于社会的危害程度，依照本法的有关规定判处。”从宽处理包括从轻处罚、减轻处罚和免除处罚三种情况，从轻处罚应当在法定刑的限度以内判处较轻的刑罚，减轻处罚则应在法定刑以下判处刑罚。犯罪是具有严重社会危害性的行为，犯罪分子所犯罪行的严重程度，是判断其行为对社会造成危害性的决定性因素；主观恶性反映了其实施犯罪时的主观心理状态；人身危险性等其他因素反映了犯罪人是否不致再危害社会，这些因素在量刑时均应全面考虑。

本条规定所涉及的非监禁刑，是指某一行为虽然构成犯罪，但根据犯罪情节和犯罪人的悔罪表现，依法免于刑事处罚或判处罚金、剥夺政治权利等刑罚，或者依法使用缓刑、假释等不予关押的刑罚种类。这是一种人道、经济的刑罚运用制度，根据犯罪人的特定情况决定是否适用，可以充分避免监禁刑的负面作用和影响，符合现代刑罚发展的基本趋势，也与宽严相济中“宽”之本质具有内在的契合性，科学的适用可以达到法律效果和社会效果的有机统一。

社区矫正是指将符合社区矫正条件的罪犯置于社区内，由专门的国家机关在相关社会团体和民间组织以及社会志愿者的协助下，矫正犯罪心理和行为恶习，促进其顺利回归社会的非监禁刑罚执行活动。社区矫正同样是一种非监禁刑罚执行方式，对于具备条件的犯罪人在社区内进行矫正，有利于保持犯罪人与社区的联系、避免监狱内的犯罪传染、合理配置社会资源、降低行刑成本。

宽严相济刑事政策的关键要求在于区别对待，对轻微犯罪实行轻缓处理，集中司法资源对付严重刑事犯罪。在首先考虑被告人所犯罪行的社会危害性大小的前提下，更加充分地考察被告人的主观恶性与人身危险性，是准确把握和正确适用宽严相济刑事政策从“严”或者从“宽”要求的关键。一方面要强调对主观恶性深、人身危险性大的被告人，要依法从严惩处；另一方面同时强调对主观恶性不深、人身危险性不大的被告人，要依法从宽处理。对于所犯罪行不重、主观恶性不深、人身危险性较小、有悔改表现、不致再危害社会的犯罪分子依法从轻或减轻处罚，正是体现了宽严相济刑事政策的要求。从宽处罚的方式之一便是依法适用缓刑、管制、单处罚金等非监禁刑。非监禁刑的扩大适用是刑罚轻缓化的历史发展趋势的必然要求，对于非监禁刑的深入探索和广泛适用不仅有利于构建中国特色的社会主义刑罚制度，也有利于对不需要、不适宜监禁或继续监禁的罪犯有针对性地实施社会化的矫正，充分利用多方力量最大限度地化消极因素为积极因素，维护社会稳定，更加有利于合理配置行刑资源，使监禁刑与非监禁刑两种行刑方式相辅相成，增强刑罚效能，降低行刑成本。其中，缓刑是我国刑法规定的一种非常重要的非监禁执行方式，近年来在司法实践中得到很好的应用，应当继续强调对缓刑和各类非监禁刑的适用。

社区矫正作为一种新兴的非监禁刑罚执行活动，更是得到了多方面的重视。2003 年 7 月， 最高人民法院、最高人民检察院、公安部、司法部《关于开展社区矫正试点工作的通知》下发以后，社区矫正试点工作正式展开，北京、天津、上海、江苏、浙江和山东等省（市）成为第一批试点。接着，为推动社区矫正试点工作积极稳妥开展，确保这项改革依法规范进行，2004 年 5 月 9 日，司法部印发《司法行政机关社区矫正暂行办法》，成为社区矫正试点工作制度化、法制化建设的重要组成部分，也对各级司法行政机关开展社区矫正工作起到了指导作用。2005 年 1 月 20 日，“两院两部”又联合发布了《关于扩大社区矫正试点范围的通知》，将河北等 12 个省（自治区、直辖市）作为第二批社区矫正试点地区。2009 年 9 月 2 日，“两院两部”发布《关于在全国试行社区矫正工作的意见》，社区矫正作为一种新的非监禁刑执行活动，通过数年的实践，现已在全国范围内广泛展开，并已积累了众多有益经验，但也出现了许多亟待解决的问题，如国家立法、经费保障、队伍建设、制度完善等。如何充分考虑各种量刑因素以决定是否适用社区矫正及其他非监禁刑，是在深入贯彻宽严相济刑事政策中需要认真探讨的问题。

（二）依法从宽处理的考察要素

本条分三个层次规定了对于具有从宽情节犯罪分子的处理方法，为宽严相济刑事政策的依法从“宽”提供了具体指导。

1. 所犯罪行的严重程度

对社会的危害程度是对犯罪分子进行刑罚裁量的本质依据。犯罪的社会危害程度，是指犯罪行为对社会造成或可能造成的损害程度。行为的社会危害性是犯罪的最本质特征，是通过犯罪事实、犯罪性质和情节来共同表现出来的。只有全面查清这些事实，才能对犯罪行为的社会危害性程度进行综合准确的评价。

犯罪事实，是指“发生在犯罪实施过程中的表明社会危害性及其程度的一切主客观事实情况的总和”。[①]对于犯罪构成没有选择要件的罪行来说，犯罪构成实际上就是定罪情节，与界定犯罪性质和找准法定刑具有直接关系。然而，对于犯罪构成具有多个选择要件的罪行来说，犯罪构成事实不一定都是定罪情节。只要具备其中任何一个选项便可成立该种犯罪，如果行为人实施该种犯罪同时又具有多个并列选择的构成事实，那么其社会危害性程度就大于那些只具有一项构成事实的犯罪。在这种情况下，应当选择其中一个构成实施作为定罪情节去充足犯罪构成的起码要求，定罪剩余的那些构成事实，理所当然转化为量刑情节。犯罪构成事实以外的其他犯罪事实，是在犯罪实施过程中与主客观构成要件有密切关系的事实情况，如特定的犯罪时间、犯罪地点、犯罪方法、犯罪对象、危害结果等。在不以这些因素作为犯罪构成要件的犯罪中，这些主客观事实情况便是犯罪构成事实以外的其他犯罪事实。由于其具有表明行为社会危害性程度的属性，是确定处罚轻重的依据，因而属于量刑情节的范畴，并且是重要的组成部分。

2. 主观恶性与人身危险性等其他因素

从刑法规定自首、立功等制度的精神来看，量刑时应考虑一些案外情节，如犯罪人的个人情况、犯罪前的表现与犯罪后的态度等。刑

① 赵秉志. 当代刑法学[M]. 北京：中国政法大学出版社，2009：345.

罚的目的之一是预防犯罪人重新犯罪，这就决定了量刑时还必须考虑犯罪人的再犯可能性，而上述情节正是说明犯罪人再犯可能性大小的重要因素。这虽不是刑法第 61 条的明文规定，但根据刑法有关规定的精神，它们应成为量刑根据的内容之一。

将主观恶性作为追究刑事责任时应当考虑的因素，符合我国刑法的规定。我国刑法第 14 条第 1 款规定：“明知自己的行为会发生危害社会的结果，并且希望或放任这种结果发生，因而构成犯罪的，是故意犯罪。”根据我国刑法主客观相统一的原则，主观恶性和客观危害两者相结合共同反映了行为的社会危害性。主观恶性的评价因素主要与犯罪的心理事实相关，要从犯罪人的犯罪动机、犯罪预谋、犯罪过程中的具体情节以及被害人的过错等方面综合判断其主观恶性。如在犯罪的罪过形式中，直接故意、间接故意、过于自信的过失和疏忽大意的过失，其主观恶性呈递减状态；又如犯罪动机，同样是盗窃，为给亲人治病而偷盗少量钱财与纯粹出于贪利动机的盗窃相较而言，前者的主观恶性要小于后者。由于非监禁刑执行方式的开放性，犯罪人主观恶性的大小直接影响了适用非监禁刑的可能性和最终效果，也成为法院在决定是否对行为人适用非监禁刑时需要重点考虑的因素。

人身危险性是行为人由于某种危害行为而表现出来的危险状态，所要关注的问题主要是行为人的危险状态问题，即通过对行为人的主观状态和客观环境的分析，来判断行为人对社会到底有没有威胁。从人身危险性理论的发展来看，再犯可能性无疑包含在内，而对于初犯可能性应归属于人身危险性之内容，也逐渐成为被大多数学者认可的趋势。无论是对于初犯可能的判断还是对于再犯可能的判断，其实质都是对具有危险状态的人是否会实施犯罪的判断。因此，应当从犯罪人有无前科、一贯表现、是否为初犯或偶犯等方面综合判断其人身危险性。

犯罪分子的悔罪表现主要体现在，归案后积极坦白交代自己的犯罪事实，积极退赃，犯罪后积极采取措施避免危害结果的发生或扩大，向受害人赔偿损失、赔礼道歉等。上述因素在量刑时均应充分考虑，尤其是贯彻宽严相济刑事政策的从宽一面时，必须全面考虑犯罪人具有的从宽处罚的因素。

（三）非监禁刑和社区矫正与依法从宽处理的关系

当法院对行为人依法从宽处理的时候，有多种实现方式，非监禁刑就是其中之一，而社区矫正就是一种非监禁的刑罚执行方式。

从理论上讲，依法从宽处理、适用非监禁刑首先要求行为人符合法定的条件，如适用缓刑时，最关键的条件就是对犯罪分子适用缓刑确实不致再危害社会。由于非监禁刑对犯罪分子不予关押，而将其留在社会上进行监督考察，为了避免社会再次遭受犯罪分子的侵犯，就必须考虑对犯罪分子适用缓刑其是否不致再危害社会。除此之外，也需要具备能够适用非监禁刑的现实条件。例如，现实中经常出现的情况是，行为人符合缓刑等非监禁刑的法定条件，也具备适用社区矫正的自身因素，但由于户籍不在服刑地，无法进行实践中的监管，导致最终无法适用。针对此类“人户分离”的问题，可尝试建立异地托管制度，即对于“人户分离”的社区服刑人员，由户籍所在地的社区矫正机关委托其暂住地的社区矫正机关协助办理，辅以居住地变更核准制度、信息通报制度等配套措施，以最大限度减少适用社区矫正和其他非监禁刑的现实阻力，将依法从宽处理的实效落在实处。

搞好社区矫正工作需要进一步健全各项领导体制和工作机制，需要相关部门的协调配合和社会力量的广泛参与。如司法行政机关要切实履行指导管理社区矫正工作的职责，牵头组织有关单位和社区基层组织开展社区矫正工作。人民检察院则主要应加强对社区矫正各执法环节的法律监督，发现有违法情况时应及时提出纠正意见。公安机关要加强对社区服刑人员的监督，对托管、漏管等违反社区矫正管理规定的社区服刑人员依法采取惩戒措施，对重新违法犯罪的社区服刑人员及时依法处理。

对于人民法院来说，在定罪量刑时应依法充分适用非监禁刑和非监禁刑罚执行措施，在符合法定条件的情况下，尽可能扩大社区矫正的适用范围。首先，从适用对象的选择方面，对可能适用社区矫正的被告人，在做出裁判之前，以书面征求意见、实地调查等方式了解判决对象的一贯表现，考察其是否具备实质的帮教条件，对罪行轻微、主观恶性不大的未成年犯、老弱病残犯以及罪行较轻的且具有悔罪表现、适用非监禁刑不致再危害社会的犯罪分子重点考虑，从源头上把握准适用对象。其次，在审批手续方面，对照社区矫正和非监禁刑的适用标准，由承办人填写审批表，说明适用理由，对依法可能适用社区矫正的犯罪人，在审理中可以委托司法行政机关进行审前社会调查，并将有关法律文书及时抄送司法行政机关。对拟适用社区矫正的对象进行逐级审查监督，避免适用社区矫正过程中的徇私舞弊现象，既要保证符合条件的犯罪人能够适用社区矫正，又要杜绝对根本不符合条件的犯罪人法外施恩，以免造成刑罚适用中的不公和对社会造成新的潜在危害。最后，在落实执行方面，对经过审批拟定判处社区矫正的犯罪人，可以要求其与自己的家庭、社区建立帮教关系，签订帮教协议，做出接受帮教的保证；法院同时配合社区矫正机构对社区服刑罪犯进行教育转化，通过定期回访考察掌握罪犯在社区服刑的情况；对于未成年被告人，还可以要求其监护人做出承诺，切实履行监护职责，充分利用家庭和社会力量，进行教育、感化、挽救和改造，最大限度保证实施矫正的效果。

二、民间融资集团犯罪成员的区别处罚

（一）相关刑事政策的内涵解读

民间融资领域集团犯罪现象十分突出，对此，应结合《意见》第30条第1款的规定，对集团犯罪成员进行区别处罚。该条规定：“对于恐怖组织犯罪、邪教组织犯罪、黑社会性质组织犯罪和进行走私、诈骗、贩毒等犯罪活动的犯罪集团，在处理时要分别情况、区别对待：对犯罪组织或集团中的为首组织、指挥、策划者和骨干分子，要依法从严惩处，该判处重刑或死刑的要坚决判处重刑或死刑；对受欺骗、胁迫参加犯罪组织、犯罪集团或只是一般参加者，在犯罪中起次要、辅助作用的从犯，依法应当从轻或减轻处罚，符合缓刑条件的，可以适用缓刑。”

我国的刑法理论根据共同犯罪能否任意形成，将共同犯罪分为任

意共同犯罪和必要共同犯罪。犯罪集团是必要共同犯罪的一种，即根据刑法分则的规定，只能由二人以上的共同行为才能构成犯罪。刑法第 26 条第 2 款规定："3 人以上为共同实施犯罪而组成的较为固定的犯罪组织，是犯罪集团。"犯罪集团通常具有如下特征：（1）成员的多数性。这是犯罪集团在组成人员上量的特征，司法实践中，犯罪集团在成员人数多在三人以上，有的达到数十、数百甚至上千人。（2）具有共同实施犯罪的目的性。这是犯罪集团在主观方面的重要特征，也是它与基于低级趣味或封建习俗而形成的落后组织以及其他非法组织相区别的重要标志。（3）具有较强的组织性。这是犯罪集团的组织特征，犯罪成员相对固定，有的犯罪集团内部还形成多层次的体系，具有严格的等级性。（4）具有相当的稳固性。其组织机构和活动计划都是出于长远的考虑，不是为了实施一次犯罪而临时结伙，在实施一次犯罪之后，该组织或联合体仍继续存在。

犯罪集团是组织性高、目的性强的一种共同犯罪，对社会的危害极大，历来是司法实务部门防范打击的重点。1979 刑法中并未明确规定犯罪集团，仅在主犯的规定中提到了犯罪集团，其第 23 条第 1 款规定："组织、领导犯罪集团进行犯罪活动的或者在共同犯罪中起主要作用的，是主犯"。1997 刑法第 26 条除在第 2 款明确规定了犯罪集团的概念外，第 3 款还规定了组织、领导犯罪集团的首要分子的刑事责任，即"按照集团所犯的全部罪行处罚"；另外第 97 条也规定了首要分子的概念，即"在犯罪集团或者聚众犯罪中起组织、策划、指挥作用的犯罪分子"。当前我国正处于经济转轨、社会转型期，快速发展的同时也带来了众多的矛盾，这些矛盾积累到一定程度，加之部分犯罪分子的组织和利用，极易激化各种社会矛盾，恐怖组织犯罪、邪教组织犯罪、黑社会性质组织犯罪等具有明显组织性特征的犯罪也日渐猖獗。2010 年 6 月 13 日，公安部召开会议部署 2010 年严打整治行动，将严重影响群众安全感的个人极端暴力犯罪、涉枪涉爆犯罪、黑恶势力犯罪作为此次严打的重点之一，犯罪集团的危害可见一斑。犯罪集团的形成有一定的过程，一旦达到刑法必须予以严厉打击的程度，即说明其组织程度和危害性已经达到了相当严重的地步。但同时需要注意的是，犯罪集团中的成员由于所处的地位不同，在共同犯罪中所起的作用也大不相同，对于起主要作用的骨干分子和受胁迫参加而起次要、辅助作用的从犯，其量刑必须有所差异，才能体现宽严相济刑事政策的主旨。

（二）犯罪集团中共同犯罪人刑事责任的认定与处理

本条针对的是犯罪组织、犯罪集团，均是特殊的共同犯罪，在处罚时除了应遵循对一般的共同犯罪的处断原则外，还要着重考虑其特殊性。本条分两个方面对此做出了明确规定，不仅强调应对犯罪组织或集团中的首要分子、骨干分子从严惩处，同时明确了对受欺骗、威胁而参加犯罪的犯罪人应当依法从宽处罚的原则。这为在民间融资的共同犯罪中如何贯彻区别对待的原则、实现宽严相济的刑事政策提供给了具体的指导。

犯罪集团是组织形式较高的共同犯罪，共同犯罪人在共同犯罪中所实施的行为不可能完全相同，所起的作用也有大小之分，在认定其刑事责任时必须依据一定的标准。我国刑法按照共同犯罪人在共同犯罪中的作用，将其分为主犯、从犯和胁从犯，同时，又根据分工标准，划分出教唆犯。在犯罪集团中，涉及的共同犯罪人主要有以下几种：主犯，包括犯罪集团的首要分子、骨干分子及其他主犯；从犯，即在犯罪集团中起次要或辅助作用的犯罪分子；胁从犯和教唆犯虽然是与主犯和从犯并列的两类共犯人，但依照其所起作用大小，也可以归为主犯和从犯。

犯罪集团中的首要分子，是指组织、领导犯罪集团进行犯罪活动的犯罪分子，通常表现为负责组建犯罪集团、网罗集团成员、制定犯罪活动计划、召集犯罪会议、布置犯罪任务、指挥集团成员进行具体的犯罪活动等。根据刑法第 26 条第 3 款规定，对于组织、领导犯罪集团的首要分子，按照集团所犯的全部罪行处罚。对于首要分子，要依法从严惩处，该判处重刑或死刑的要坚决判处重刑或死刑。从客观方面看，犯罪集团的首要分子实施了组织行为，在大多数情况下，首要分子并不实际参与分担集团成员所实施的某种犯罪的实行行为，却要对成员为执行犯罪集团的计划而实施的犯罪负担刑事责任，这是否与罪责自负原则相矛盾？从形式上看，犯罪集团的首要分子负担的责任不仅是自己的行为产生的刑事责任，也对他人实施的犯罪行为负责，这种责任的承担似乎与罪责自负的原则相悖。但是从共同犯罪的特点来分析则并非如此。从主观方面看，犯罪集团的首要分子与集团成员之间具有意思联络，相互之间具有将他人的行为视为自己行为一部分的意思，彼此强化犯罪意图；从客观方面看，首要分子的组织行为并非孤立，而是与集团成员的行为相互联系、相互利用的。集团成员的犯罪行为在首要分子的组织、策划或指挥下实施，后者对于共同犯罪的发生和进展具有决定性的作用。尤其对于恐怖组织犯罪、邪教组织犯罪和黑社会性质组织犯罪而言，首要分子所担任的不仅是组织和策划等角色，还起了更为主要的“精神领袖”的作用，因此，对组织、领导犯罪集团的首要分子，按照集团所犯的全部罪行处罚，符合罪责刑相适应的基本原则。

此处应注意，犯罪集团所犯的全部罪行，并不等同于犯罪集团成员所犯的全部罪行，因为在某些情况下可能出现成员超出共谋实施犯罪的情况。根据主客观相统一的原则，行为人只有在对其行为可能或必然造成的危害结果主观上具有罪过的情况下才构成犯罪，要构成共同犯罪则行为人必须存在共同犯罪故意。犯罪集团的首要分子只应对其组织、策划和指挥范围内的犯罪行为承担刑事责任，对于实行过限不应当承担刑事责任。同样道理，对于首要分子以外的主犯，应当按照其所参与或者具体组织、指挥的全部犯罪处罚。

对于受欺骗、胁迫而参加犯罪组织和犯罪集团的行为人或一般参加者，应根据其在共同犯罪中所起的作用来追究刑事责任，起次要、辅助作用的，应当依法从宽处理。刑法第 27 条第 2 款规定：“对于从犯，应当从轻、减轻处罚或者免除处罚。”这说明，刑法对于犯罪集团的成员并非一概视之，而是严格遵守了区别对待的原则，并不因单纯参加犯罪集团而一概科处重刑。

就犯罪集团而言，首要分子的刑事责任程度重于组织成员，应对其策划、指挥的罪行承担刑事责任。然而现实表明，集团成员完全可能积极实施极其严重的犯罪。在这种情况下，仍应综合考虑多种因素、具体分析刑事责任的承担，不能认为在任何情况下首要分子都绝对负主要责任。

一方面，根据刑法总则关于共同犯罪处罚原则的精神，虽然犯罪集团的首要分子应对集团所犯的全部罪行负责，但就首要分子仅具有总体性、概括性故意，且没有具体策划、指挥的具体犯罪而言，仍应根据共犯人在共同犯罪中所起的作用大小予以处罚。对于起主要作用的首要分子和骨干分子，依法从严惩处，该判处重刑或死刑坚决判处重刑或死刑，这不仅符合罪责自负的基本原则，同时也是宽严相济刑事政策中“严”的基本要求。另一方面，应当贯彻罪责刑相适应原则，犯罪人承担的刑事责任不仅要与罪质相适应，还要与犯罪情节相适应，与犯罪人的人身危险性相适应。在罪质相同的情况下，情节的区分会导致量刑的区别。对于受欺骗或胁迫的参加者来说，其人身危险性相对较低，在共同犯罪中所起的作用也有限，依法从宽处理，符合宽严相济刑事政策中“宽”的要求。尤其是对于符合缓刑条件的，可以适用缓刑，并不能因为行为人是犯罪集团的成员而排除缓刑的适用。这样不仅可以节省司法资源以集中惩处严重的刑事犯罪，同时也可以较好地实现犯罪人的再社会化。

整体来讲，对于民间融资犯罪组织和犯罪集团的组织者、领导者和其他骨干成员要依法重判重罚；但对于其中具有法定从轻、减轻情节的，该从宽的还是要从宽处理；对于犯罪情节较轻的其他参加人员以及初犯、偶犯、未成年犯，要依法从轻、减轻处罚，以分化瓦解犯罪分子，减少社会对抗，促进社会和谐，取得法律效果和社会效果的统一。在决定刑罚时，要全面、综合考虑行为人的社会危害性、罪过、罪责、人身危险性等因素，以有利于恢复被破坏的社会秩序、严惩极少数，教育、挽救大多数为出发点，切实贯彻宽严相济的刑事政策，最大限度地消除不和谐因素。

三、共同犯罪中的主从犯认定

（一）相关刑事政策的内涵解读

《意见》第31条规定：“对于一般共同犯罪案件，应当充分考虑各被告人在共同犯罪中的地位和作用，以及在主观恶性和人身危险性方面的不同，根据事实和证据能分清主从犯的，都应当认定主从犯。有多名主犯的，应在主犯中进一步区分出罪行最为严重者。对于多名被告人共同致死一名被害人的案件，要进一步分清各被告人的作用，准确确定各被告人的罪责，以做到区别对待；不能以分不清主次为由，简单地一律判处重刑。”本条针对的是一般共同犯罪案件，以区别于前述《意见》第30条规定的有组织犯罪、集团犯罪。在民间融资领域，也有构成共同犯罪、但不构成犯罪集团的案件，因此，有必要就该条的贯彻实施进行探讨。

共同犯罪是指二人以上共同故意犯罪。共同故意和共同行为是共同犯罪必须具备的主客观要件。共同犯罪故意，是指各行为人通过意思的传递、反馈而形成的，明知自己是和他人配合共同实施犯罪，并且明知共同的犯罪行为会发生某种危害社会的结果，而希望或者放任这种危害结果发生的心理态度[①]。共同犯罪行为不仅指各共犯人都实施了同一犯罪构成的行为，而且各共犯人的行为在共同故意支配下相互配合、相互协调、相互补充，形成一个整体。共同犯罪行为不是单独犯罪行为的简单相加，而是二人以上的犯罪行为在共同犯罪故意基础上的有机结合[②]。根据刑法学界的通行观点，我国《刑法》以作用分类法为主，以分工分类法为辅，将共同犯罪人分为主犯、从犯、胁从犯、教唆犯四类。组织、领导犯罪集团进行犯罪活动的或者在共同犯罪中起主要作用的，是主犯。在共同犯罪中起次要或者辅助作用的，是从犯。被胁迫参加犯罪的，是胁从犯。教唆他人犯罪的，是教唆犯。其中，主犯、从犯、胁从犯是根据各共犯人在共同犯罪中的不同作用做的分类，教唆犯则是根据分工对共犯人做的分类。实践中，对于教唆犯，应当按照其在共同犯罪中所起的具体作用认定为主犯或者从犯，并进行相应的处罚。根据《刑法》第26、27、28条的规定，对组织、领导非法犯罪集团的首要分子，按照集团所犯的全部罪行处罚；对其他主犯（包括一般共同犯罪的主犯），应当按照其所参与的或者组织、

① 高铭暄．刑法专论[M]．北京：高等教育出版社，2006：331—332.
② 高铭暄．刑法专论[M]．北京：高等教育出版社，2006：333.

指挥的全部犯罪处罚。对于从犯，应当从轻、减轻处罚或者免除处罚。对于胁从犯，应当按照犯罪情节减轻处罚或者免除处罚。在具体案件中，对从犯、胁从犯如何处罚，应综合考虑犯罪的性质、从犯或胁从犯行为对犯罪结果的作用大小以及胁从犯受胁迫的程度等因素来确定。

作为与单个人犯罪相对而言的一种特殊、复杂的故意犯罪形态，共同犯罪具有单个人犯罪所不具有的特点。由于形式上表现为二人以上共同实施犯罪，共同犯罪人之间可能预谋商量，分工配合，采用更为狡猾、周密的犯罪手段，使犯罪易于实施；还可能在事后相互包庇，共同毁灭罪证，从而易于逃避追究。因此，共同犯罪的突出特点就在于比单个人犯罪具有更为严重的社会危害性。故共同犯罪不仅是我国刑法理论界长期以来的重点研究对象，在我国刑事立法上也历来是作为一个重点问题进行专门规定的。我国 1979 年《刑法》以一节、五条对“共同犯罪”做了专门规定，修订后的 1997 年《刑法》继续沿用了 1979 年《刑法》对共同犯罪的体例、定义以及分类。然而，共同犯罪人虽然共同实施某一犯罪，但在共同犯罪过程中的地位、具体作用却往往因参与方式、参与程度、分工等的不同而有差别，各自行为的具体社会危害性也就不同，加之各共犯人的自身情况、主观恶性和人身危险性也存在差异，故各个共犯人实际承担的刑事责任和应受处罚的轻重就必然会有区别。而在司法实践中，不具体区分各共犯人的地位、作用，不充分考虑各共犯人自身情况的差异，导致实际量刑不当或失衡的现象，仍然不在少数。其中，尤为突出的问题是，对多名主犯，不加区分地判处同样的刑罚和多人致死一人的，对各行为人一律判处重刑甚至死刑。此外，各法院由于对法律的理解、对政策的把握等不同，对共同犯罪人的处罚也存在较大的差异。

不仔细区分共同犯罪中各共犯人的具体地位、作用，量刑上不体现“宽严相济”的刑事政策，显然不利于打击犯罪、保障民生。在我国现阶段构建社会主义和谐社会的大背景下，妥善处理共同犯罪案件，突出打击重点，该宽则宽，该严则严，区别对待，对于有效分化瓦解犯罪分子、维护社会稳定、促进社会和谐，具有十分重大的意义。

（二）共同犯罪中主从犯区分的考察要素

本条分三个层次对一般共同犯罪案件的处理做出了明确规定，尤其强调了对多名主犯、致死一名被害人的多名被告人，应进一步分清罪责，区别对待的问题，为“宽严相济”刑事政策在一般共同犯罪中的贯彻提供了切实、具体的指导。

1. 在一般共同犯罪案件中，首先应准确区分主从犯

根据《刑法》第26、27条的规定，在一般共同犯罪中，起主要作用的是主犯；起次要或者辅助作用的是从犯。区分主犯和从犯，应当以各共同犯罪人在共同犯罪中的地位和作用为根据。从犯意的提起、犯罪人的纠集、具体行为分工以及各共犯人相互之间的关系等方面，涉及财产的犯罪还可从出资、分赃等方面，仔细比较各共犯人在共同犯罪中的具体地位和作用。主犯的行为对共同犯罪的完成具有至关重要、不可或缺的作用；而从犯的行为在共同犯罪中仅起次要或辅助作用，这种次要或辅助性行为不会改变犯罪发展的总进程，对整个犯罪活动的实施和完成不具有重大影响。此外，主犯和从犯在主观恶性、人身危险性方面也会存在差异，通常前者的主观恶性相对更深，人身危险性相对更大，应正确认定各共犯人的罪责以适用刑罚。在司法实践中，认定主从犯必须严格从案件事实和证据出发，仔细甄别被告人的供述，必要时结合各共犯人的罪前罪后表现、生活经历等因素加以区分。只要根据查明的事实和证据能分清主从犯，就不能不加区分地一律认定为主犯或者实际都按照主犯处罚。对于确有证据证明在共同犯罪中仅起次要或者辅助作用的，不能因为其他共犯人未到案而不认定为从犯，甚至认定为主犯或按主犯处罚。只要认定为从犯，无论主犯是否到案，都应当依照刑法规定从轻、减轻或免除处罚。

胁从犯、教唆犯虽然是刑法中与主犯、从犯并列规定的两类共犯人，但在具体案件中，应根据事实和证据，通过判定其在共同犯罪中实际发挥的作用，来准确认定其为主犯、从犯或胁从犯。根据《刑法》第28条的规定，胁从犯是被胁迫参加犯罪的共犯人。实际上，仅从参与犯罪的原因上界定胁从犯并不严谨。实践中，有些共犯人在参加犯罪时虽然受到了胁迫，但在犯罪的进一步发展过程中未再受到胁迫，

却仍然主动实施了帮助行为，或者因受到胁迫参加犯罪后，行为变得积极、主动，甚至在犯罪的实施和完成过程中起了主要作用，就不能再机械地按胁从犯论处，而应当根据其在共同犯罪中所起的实际作用，认定为主犯或从犯并适用相应刑罚。因此，准确地说，胁从犯不但在参加犯罪时受到了胁迫，而且在整个犯罪过程中，这种胁迫始终未消除，其自由意识始终受到限制。只有在这种情况下，才能按照他的具体犯罪情节减轻处罚或免除处罚。

教唆犯是共同犯罪理论中备受争议的问题之一。根据《刑法》第29条的规定，教唆他人犯罪的，是教唆犯。教唆犯是从犯罪的发起、分工角度对共犯人的分类，在实践中，仍然应当根据其在共同犯罪中实际发挥的作用，认定为主犯或从犯，适用相应的刑罚。教唆犯是犯罪意图的提起者，是引起他人犯罪的原因，没有教唆犯的教唆，他人就不可能犯罪，因此，教唆犯在共同犯罪中往往起主要作用，是主犯。但是也不能绝对化，在个别场合，教唆犯也可能在共同犯罪中仅起次要作用，如教唆他人帮助别人犯罪等，对这样的教唆犯就应以从犯论处。

2. 在多名主犯中，应进一步区分出罪行最为严重者

在共同犯罪中起主要作用的往往不止一人，很多案件中，各个共犯人都是主犯。对于一案有多名主犯的，同样应当根据案件事实和证据，分清各自罪责的大小，以适用相应刑罚。对其中罪责最严重的主犯适用最重的刑罚，对其他主犯适用相对较轻的刑罚；而不能不加区分，一概适用同等重刑。对多名主犯进一步区分出罪行最严重者，主要是基于以下三方面根据。

其一，对多名主犯进一步区分罪责大小是罪责刑相适应原则的当然要求。罪责刑相适应是我国刑法规定的三大基本原则之一。我国《刑法》第5条规定：“刑罚的轻重，应当与犯罪分子所犯罪行和承担的刑事责任相适应。”该原则要求，“犯多大的罪，就应承担多大的刑事责任,法院也应判处其相应轻重的刑罚,做到重罪重罚，轻罪轻罚，罪刑相称，罚当其罪；在分析罪重罪轻和刑事责任大小时，不仅要看犯罪的客观社会危害性,而且要结合考虑行为人的主观恶性和人身危险性，

把握罪行和罪犯各方面因素综合体现的社会危害性程度，从而确定其刑事责任程度，适用相应轻重的刑罚。”① 在共同犯罪中区分出主从犯，适用不同刑罚，是罪责刑相适应原则的落实，而在多名主犯中，进一步区分出罪行最为严重者，对其适用相对其他主犯更重的刑罚，同样是罪责刑相适应原则的当然要求和具体实现。虽然从整体上看，各主犯对共同犯罪的实施和完成都起主要作用，但就个体而言，各个主犯各自实施的行为对犯罪结果的影响力、在共同犯罪中的具体作用等不会完全相同，而且各主犯在主观恶性、人身危险性方面也存在差异，各主犯的罪责必然也有差别。因此，根据罪责刑相适应的原则，即使对同一案件中的多名主犯，也应进一步分清罪责，对其中罪行最为严重者适用最重的刑罚。

其二，对多名主犯进一步区分罪责大小是实现刑罚目的的必然要求。根据当前刑法理论界通行的观点，刑罚目的一是报应，二是预防犯罪。报应论强调以行为人已经实施的犯罪危害和行为人的罪责大小为基础，与罪责刑相适应原则的要求一致，对罪责最大的主犯处以最重刑罚，对罪责相对较小的主犯适用相对较轻的刑罚，这也是刑罚正义的要求。预防犯罪刑罚目的体现的是功利主义，强调通过行为人所犯罪行大小和人身危险性大小，考虑对其适用刑罚的社会效果，注重实现刑罚预防犯罪的目的和防卫社会的效果。对罪行最严重的主犯适用最重刑罚包括死刑，是与其罪责相适应的，均衡了其犯罪所造成的危害后果，体现了报应的观念；同时，罪行最严重的主犯很多情况下是累犯、再犯、惯犯等主观恶性较深、人身危险性较大的犯罪人，对其适用相对其他主犯更重的刑罚也体现了预防犯罪的功利思想。同样，对罪行相对较轻的主犯适用相对较轻的刑罚，也体现了报应和预防犯罪的刑罚目的。

其三，对多名主犯进一步区分罪责大小是贯彻“宽严相济”刑事政策的重要体现。“宽严相济”的基本含义是，针对不同犯罪和不同犯罪人，区别对待，该宽则宽，该严则严，有宽有严，宽严适度；其核

① 高铭暄，马克昌. 刑法学[M]. 北京：北京大学出版社、高等教育出版社，2000：30.

心理念就是不同情况区别对待。如前所述，各主犯虽然在共同犯罪中都起主要作用，但各自行为的社会危害性、各自的主观恶性、人身危险性都存在差异。在多名主犯中进一步区分出罪责大小，以分别适用轻重不同的刑罚，是“宽严相济”刑事政策在共同犯罪中更为具体的表现，也反映了我国长期以来奉行的重点打击少数、分化瓦解犯罪的思想。

3. 多名被告人共同致死一名被害人的，应准确确定各被告人的罪责

多名被告人致死一名被害人的案件，往往涉及对共犯人判处重刑甚至死刑，因此，在裁量刑罚时，需要特别注意区分各共犯人的作用，分清罪责，对其中罪行最严重者判处最重刑罚。不加区分，一律判处重刑甚至死刑的做法是有违罪责刑相适应原则和“宽严相济”基本刑事政策的。尤其是在依法可能判处死刑的案件中，根据“严格控制和慎重适用死刑”的政策要求，对共同致死一名被害人的多名被告人，通常情况下不能一律判处死刑，要根据案件事实和证据，区分出罪行最严重的被告人判处死刑。

在多名被告人共同致死一名被害人的案件中，应综合考虑各被告人在共同犯罪中的具体作用、其主观恶性、人身危险性等因素，来准确确定各被告人的罪责。

首先，区分各被告人在共同犯罪中的具体作用，是确定各被告人罪责的基础。实践中，应当从犯罪活动的全过程，即犯罪预备、犯罪实行、犯罪后续各个阶段，根据查明的事实和证据，综合比较各被告人的具体作用。

犯罪预备阶段通常包括提起犯意、准备犯罪工具、选择犯罪对象、踩点、预谋等环节。区分各被告人在这一阶段的具体作用，原则上以确定提起犯意者为主，结合其他环节的行为，具体分析。一般情况下，提起犯意、组织邀约他人参与的被告人比被组织、受邀约的被告人作用大。在司法实践中，证实有关犯罪预备事实，尤其是犯意提起这一事实的证据往往只有各被告人供述，如果被告人供述一致，自然容易认定。但常见的是各被告人供述不一致、相互推诿的情形，这就要结

合各被告人自身情况、与被害人的关系等因素，从能认定的事实入手，分析判断。

分析各被告人在犯罪实行阶段的作用时，首先要明确一点，各被告人应当都是实行犯；对于组织、指挥他人实施犯罪的组织犯来说，其作用一般大于实行犯。各实行犯在该阶段实施的具体行为是区分他们在共同犯罪中具体作用的关键，要从具体犯罪的构成要件出发，结合案件事实和相关情节，全面展开分析。如抢劫案件中，实施暴力行为的被告人比没有实施暴力行为的被告人作用大，直接造成被害人伤亡结果的被告人比实施其他暴力行为的被告人作用大，持枪抢劫的被告人比没有持枪的被告人作用大，首先对被害人实施侵害行为的被告人比跟随其后实施侵害行为的被告人作用大，等等。司法实践中，要尽量根据客观性证据、证人证言等来准确认定各被告人的作用，只有被告人供述的，如果各被告人供述一致，也能认定。

犯罪后续阶段一般指毁灭罪证、分赃、销赃等环节。分析各被告人在这一阶段实施的具体行为，对于区分他们在共同犯罪中的作用具有补充作用，特别是在根据在案证据，无法准确区分各被告人在前两个阶段的作用时，区分各被告人在此阶段的作用大小，就给适用死刑提供了依据。一般而言，抛尸、分尸或实施其他毁灭罪证行为的被告人比没有参与这些行为的被告人作用大，主持分赃的被告人比其他被告人作用大，分赃多的被告人比分赃少的被告人作用大，负责销赃的被告人比其他被告人作用大。司法实践中，要根据有关物证、相关证人证言以及被告人供述来认定此阶段的事实。

其次，区分各被告人在主观恶性、人身危险性以及自身情况等方面的差异，是确定各被告人罪责的重要依据。如果通过上述三个阶段的全面比较，仍然无法准确区分被告人在共同犯罪中的具体作用，那就应当通过考察各被告人自身情况、犯罪前后表现等方面，来区分各被告人在主观恶性、人身危险性方面的差异，从而确定各被告人的罪责。如具有累犯、再犯、惯犯等前科的被告人比不具有违法犯罪前科的被告人罪责大；犯罪后自首、积极救助被害人、有立功表现的被告人比其他被告人罪责小。

在此，需要特别说明的是雇凶犯罪的情形。雇凶杀人、伤害致死一名被害人的案件，一般不宜同时判处雇凶者和受雇者死刑立即执行。雇凶者是犯罪的“造意者”、发起者，没有其“雇凶”的行为，犯罪也就不可能发生，因此一般情况下，雇凶者对案件的发生负有最主要的责任。但是在具体量刑时，仍然应当根据案件具体情况，区别对待。对于与受雇者共同直接致死被害人，或者虽然没有直接致死被害人，但实施了整个犯罪的组织、策划、指挥行为的雇凶者，应当认定为罪行最严重的主犯；如果雇凶者只是笼统提出犯意，没有实施具体的策划、指挥行为，受雇者积极实施犯罪行为，甚至超出雇凶者的授意范围，造成被害人死亡的，则受雇者可能是罪行最严重的主犯。

总之，对于多名被告人共同致死一名被害人的案件，只要综合全案犯罪事实，结合各被告人自身情况，全面分析、比较，总是能区分出各被告人的罪责大小，确定罪行最严重的被告人，对其适用最重的刑罚甚至死刑，从而确保“宽严相济”刑事政策和“严格控制死刑、慎重适用死刑”政策的切实贯彻落实。

主要参考文献

一、著作类

[1] 曹子丹，侯国云. 中华人民共和国刑法精释[M]. 北京：中国政法大学出版社，1997.

[2] 王作富. 刑法分则实务研究[M]. 北京：中国方正出版社，2010.

[3] 高铭暄，马克昌. 刑法学[M]. 北京：北京大学出版社、高等教育出版社，2007.

[4] 熊选国，任卫华. 刑法罪名适用指南[M]. 北京：中国人民公安大学出版社，2007.

[5] 张明楷. 诈骗罪与金融诈骗罪研究[M]. 北京：清华大学出版社，2006.

[6] 赵秉志. 新千年刑法热点问题研究与适用（下）[M]. 北京：中国检察出版社，2001.

[7] 李海东. 日本刑事法学者（上）[M]. 中国法律出版社、日本成文堂，1995.

[8] 陈兴良. 本体刑法学[M]. 北京：商务印书馆，2001.

[9] 张德友. 不能犯——刑事上的法外空间[M]. 吉林：吉林人民出版社，2002.

[10] 高铭暄. 中国刑法学[M]. 北京：中国人民大学出版社，1989.

[11] 张明楷. 刑法学[M]. 北京：法律出版社，2007.

[12]. 王志祥. 危险犯研究[M]. 北京：中国人民公安大学出版社，2004.

[13] 舒洪水. 危险犯研究[M]. 北京：法律出版社，2009.

[14] 刘媛媛. 现代刑法中的危险问题研究[M]. 北京：法律出版社，2013.

[15] 马松建，史卫忠. 刑法理论与司法认定问题研究[M]. 北京：中国检察出版社，2001.

[16] 杨敦先. 改革开放与刑法发展[M]. 北京：中国检察出版社，1993.

[17] 鲜铁可. 新刑法中的危险犯[M]. 北京：中国检察出版社，1998.

[18] 李海东. 刑法原理入门（犯罪论基础）[M]. 北京：法律出版社，1998.

[19] [德]乌尔里希・贝克. 世界风险社会[M]. 北京：吴英姿、孙淑敏，译. 南京：南京大学出版社，2004.

[20] [英]安东尼・吉登斯. 现代性——吉登斯访谈录[M]. 尹弘毅，译. 北京：新华出版社，2000.

[21] 杨雪冬等. 风险社会与秩序重建[M]. 北京：社会科学文献出版社，2006.

[22] [德]乌尔里希・贝克. 风险社会[M]. 何博闻，译. 北京：译林出版社，2004.

[23] 郭云忠. 刑事诉讼谦抑论[M]. 北京：北京大学出版社，2008.

[24] 张明楷. 刑法格言的展开[M]. 北京：法律出版社，2003.

[25] 陈兴良. 刑法的价值构造[M]. 北京：中国人民大学出版社，2006.

[26] [意]切萨雷・贝卡利亚. 论犯罪与刑罚[M]. 黄风，译. 北京：中国大百科全书出版社，1993.

[27] 王明星. 刑法谦抑精神研究[M]. 北京：中国人民公安大学出版社，2005.

[28] 熊永明，胡祥福. 刑法谦抑性研究[M]. 北京：群众出版社，2007.

[29] 刘岩. 风险社会理论新探[M]. 北京：中国社会科学出版社，2008.

[30] 孙立平. 转型与断裂：改革以来中国社会结构的变迁[M]. 北京：清华大学出版社，2004.

[31] [美]迈克尔·利夫，米切尔·考德威尔. 摇摇欲坠的哭墙[M]. 潘伟杰等，译. [M]. 北京：新星出版社，2007.

[32] 周道鸾，张军. 刑法罪名精释[M]. 北京：人民法院出版社，2003.

[33] 张明楷. 刑法学（下）[M]. 北京：法律出版社，1997.

[34] 马克昌. 经济犯罪新论[M]. 武汉：武汉大学出版社，1998.

[35] 刘宪权，卢勤忠. 金融犯罪理论专题研究[M]. 上海：复旦大学出版社，2002.

[36] 马克昌. 比较刑法原理[M]. 武汉：武汉大学出版社，2002.

[37] [俄]俄罗斯联邦总检察院. 俄罗斯联邦刑法释义[M]. 黄道秀，译. 北京：中国政法大学出版社，2000.

[38] 赵秉志. 刑法修正案罪刑理解适用[M]. 北京：中国法制出版社，2009.

[39] 刘树德. 绑架罪案解[M]. 北京：法律出版社，2003.

[40] 赵秉志. 刑法分则要论[M]. 北京：中国法制出版社，2010.

[41] 何秉松. 刑法教程[M]. 北京：中国法制出版社，1997.

[42] 郭立业，杨迎泽. 刑法分则适用疑难问题解[M]. 北京：中国检察出版社，2000.

[43] 储槐植. 美国刑法（第三版）[M]. 北京：北京大学出版社，2005.

[44] 刘仁文. 美国模范刑法典及其评注[M]. 北京：法律出版社，2005.

[45] 周光权. 法定刑研究[M]. 北京：中国方正出版社，2000.

[46] 高铭暄，赵秉志. 中国刑法立法文献资料精选[M]. 北京：法律出版社，2007.

[47] 高铭暄，赵秉志. 新中国刑法立法文献资料总览（上）[M]. 北京：中国人民公安大学出版社，1998.

[48] 高铭暄，赵秉志. 新中国刑法立法文献资料总览（中）[M]. 北

京：中国人民公安大学出版社，1998.

[49] 高铭暄，赵秉志. 新中国刑法立法文献资料总览（下）[M]. 北京：中国人民公安大学出版社，1998.

[50] 王作富. 刑法[M]. 北京：中国人民大学出版社，2009.

[51] 郎胜. 中华人民共和国刑法释义[M]. 北京：法律出版社，2009.

[52] 何秉松. 刑法教科书[M]. 北京：中国法制出版社，1995.

[53] 赵秉志. 当代刑法学[M]. 北京：中国政法大学出版社，2009.

[54] 高铭暄. 中华人民共和国刑法的孕育和诞生[M]. 北京：法律出版社，1981.

[55] 高铭暄. 刑法专论[M]. 北京：高等教育出版社，2006.

二、论文类

[56] 刘为波.《关于审理非法集资刑事案件具体应用法律若干问题的解释》的理解与适用[J]. 人民司法，2011（5）.

[57] 李晓强. 集资类犯罪研究[D]. 山东：山东大学，2012.

[58] 彭冰. 非法集资行为的界定[J]. 法学家，2011（6）.

[59] 董福庆. 非法吸收公众存款犯罪初探[J]. 辽宁警专学报，2009（6）.

[60] 李勋文. 金融危机背景下如何处理民间融资与非法集资的界限[J]. 法制与社会，2009（22）.

[61] 刘媛媛. 刑法谦抑性及其边界[J]. 理论探索，2011（5）.

[62] 刘媛媛. 论非法吸收公众存款罪的立法完善[J]. 浙江金融，2007（9）.

[63] 刘宪权. 刑法严惩非法集资行为之反思[J]. 法商研究，2012（4）.

[64] 黄韬. 刑法完不成的任务——治理非法集资刑事司法实践的现实制度困境[J]. 中国刑事法杂志，2011（11）.

[65] 杨兴培，刘慧伟. 论刑法介入民间金融活动的原则和界限[J].

海峡法学，2012（3）.

[66] 刘仁文，田坤. 非法集资犯罪适用法律疑难问题探析[J]. 江苏行政学院学报，2012（1）.

[67] 谢望原，张开骏. 非法吸收公众存款罪疑难问题研究[J]. 法学评论，2011（6）.

[68] 刘媛媛. 论非法吸收公众存款罪的认定[J]. 浙江金融，2010（11）.

[69] 赵秉志，万云峰. 非法吸收公众存款罪探讨[J]. 人民司法，2004（2）.

[70] 闫平超. 2003 年至 2012 年全国法院审理集资诈骗案件情况分析[J]. 法制资讯，2013（12）.

[71] 侯婉颖. 集资诈骗罪中非法占有目的的司法偏执[J]. 法学，2012（3）.

[72] 张建，俞小海. 集资诈骗罪对象研究中的认识误区及其辨证[J]. 中国刑事法杂志，2011（6）.

[73] 蔡道通. 死刑刑事政策视野下的集资诈骗罪死刑适用正当性质疑[J]. 法学论坛，2013（6）.

[74] 刘远. 集资诈骗罪的死刑适用[J]. 华东政法大学学报，2011（5）.

[75] 董文辉，孙志华. 论集资诈骗罪死刑的配置旨趣及最终命运[J]. 黑龙江省政法管理干部学院学报，2012（3）.

[76] [日]野村稔. 刑法中的危险概念[M]. [日]西原春夫主编，李海东等译：日本刑事法的形成与特色. 北京：中国法律出版社，1997.

[77] 徐燕. 我国金融风险成因分析与防范研究[J]. 经济师，2009（7）.

[78] 陈松林. 中国金融安全问题研究[D]. 上海：华中农业大学 2001.

[79] 康均心，李娜. 我国金融安全的法律建构探究[J]. 武汉公安干部学院学报，2012（1）.

[80] 刘淑珺. 日本刑法学中的谦抑主义之考察[M]//陈兴良. 刑事

法评论（第22卷）. 北京：北京大学出版社，2008.

[81] 田国秀. 风险社会环境对当代个体生存的双重影响[J]. 哲学研究，2007（6）.

[82] 郝艳兵. 风险社会下的刑法价值观念及其立法实践[J]. 中国刑事法杂志，2009（7）.

[83] 姜俊山. 风险社会语境下的环境犯罪立法研究[D]. 吉林：吉林大学，2010.

[84] 张明楷. “风险社会”若干刑法理论问题反思[J]. 法商研究，2011（5）.

[85] [德]乌尔里希・贝克，威廉姆斯. 关于风险社会的对话[M]. 薛晓源，周战超. 全球化与风险社会. 北京：社会科学文献出版社，2005.

[86] 庄友刚. 风险社会理论研究述评[J]. 哲学动态，2005（9）.

[87] 程新英，柴淑芹. 风险社会及现代发展中的风险[J]. 学术论坛，2006（2）.

[88] 王拓. 风险刑法理论的现代展开[D]. 北京：中国政法大学，2009.

[89] 曾志辉. 风险社会背景下交通犯罪的立法研究[D]. 广州：华南理工大学，2011.

[90] [德]克劳斯・罗克信. “刑法的任务不是法益保护吗”[M]. 樊文，译，陈兴良. 刑事法评论（第19卷）. 中国政法大学出版社，2006.

[91] 王立志. 风险社会中刑法范式之转换——以隐私权刑法保护切入[J]. 政法论坛，2010（2）.

[92] 劳东燕. 公共政策与风险社会的刑法[J]. 中国社会科学，2007.

[93] 黎宏，结果无价值论的展开[J]. 法学研究，2008（5）

[94] 王振. 坚守与超越：风险社会中的刑法理路之流变[J]. 法学论坛，2010（4）.

[95] [日]伊东研祐. 现代社会中危险犯的新类型[M]. 郑军男，译.

载何鹏，李洁. 危险犯与危险概念. 长春：吉林大学出版社，2006.

[96] 薛晓源，刘国良. 法治时代的危险、风险与和谐[J]. 马克思主义与现实，2005（3）.

[97] 王立争. 民法谦抑性的初步展开[J]. 法学杂志，2009（7）.

[98] 陈莹. 试论刑法谦抑性[J]. 法商论丛，2009（2）.

[99] 马克昌. 我国刑法也应以谦抑性为原则[J]. 云南大学学报（法学版），2008（5）.

[100] 时延安. 刑法的谦抑还是刑罚权的谦抑?[M]//赵秉志. 刑法论丛（第 13 卷）. 法律出版社，2008.

[101] 储怀植，薛美琴. 刑法谦抑——由一则建议稿引发的思考[J]. 云南大学学报（法学版），2005（3）.

[102] 蒋建峰. 罪之谦抑理念的提倡[J]. 山东公安专科学校学报，2004（3）.

[103] 贾学胜. 非犯罪化与中国刑法[M]//陈兴良. 刑事法评论（第 21 卷）. 北京：北京大学出版社，2007.

[104] 梁根林. 非刑罚化——当代刑法改革的主题[J]. 现代法学，2000（6）.

[105] 邱兴隆. 有利被告论探究——以实体刑法为视角[J]. 中国法学，2004（6）.

[106] 赵书鸿. 风险社会的刑法保护[J]. 人民检察，2008（1）.

[107] 张明楷. 司法上的犯罪化与非犯罪化[J]. 法学家，2008（4）.

[108] 付立庆. 刑法危机的症结何在[J]. 云南大学学报（法学版），2007（5）.

[109] 刘仁文. 国外的环境犯罪与立法[J]. 外国法译评，1995（1）.

[110] 赖修桂，赵学军. 从许霆案看刑法的谦抑性[J]. 法律适用，2009（2）.

[111] 顾培东. 公众判意的法理解析[J]. 中国法学，2008（4）.

[112] 代波，齐沁霞. 非法吸收公众存款罪的理论缺陷及完善[J]. 新疆警官高等专科学校学报，2005（1）.

[113] 康正平等. 农村金融融资瓶颈与民间信用的替代效应分析

[J]. 农村金融体制改革，2004（12）.

[114] 陈正川等. 民间借贷制度安排和对非法金融活动制度约束[J]. 福建金融，2004（12）.

[115] 刘贵涛，张成法. 非法吸收公众存款罪与集资诈骗罪比较研究[J]. 辽宁公安司法管理干部学院学报，2001（1）.

[116] 冯亚东，刘凤科. 非法吸收公众存款罪的本质及立法失误[J]. 人民检察，2001（7）.

[117] 李希惠. 论非法吸收公众存款罪的几个问题[J]. 中国刑事法杂志，2001（4）.

[118] 肖中华. 论非法集资犯罪的制度防范和刑法惩治[J]. 人民检察，2000（10）.

[119] 陈兴良. 目的犯的理论探究[J]. 法学研究，2004（3）.

[120] 郭涛. 关于犯罪构成理论中危害结果与犯罪客体的理论思考[J]. 政法学习，1996（3）.

[121] 高铭暄，张智辉. 论刑法立法的完善问题[M]//赵秉志. 刑事法治发展研究报告（2003 年卷 • 上册）. 北京：中国人民公安大学出版社，2003.

[122] 张惠君. 民营企业融资与民间金融的发展[J]. 广东轻工职业技术学院学报，2004（9）

[123] 吴世亮，郭海婷. 中小企业贷款难如何破题[J]. 中国高校科技与产业化，2005（1—2）.

[124] 王自力. "地下钱庄合法化"是个馊点子[J]. 银行家，2004（10）.

[125] 胡一荆. 民间金融与地方经济发展——温州融资模式的启示[J]. 南方经济，2003（3）.

[126] 高艳东. 诈骗罪与集资诈骗罪的规范超越：吴英案的罪与罚[J]. 中外法学，2012（2）.

[127] 肖世杰. 从吴英案看我国民间金融的监管困局与改革路径[J]. 法学论坛，2012（6）.

[128] 刘燕. 发现金融监管的制度逻辑[J]. 法学家，2004（3）.

[129] 王朋. 论洗钱罪的主体范围[J]. 河南公安高等专科学校学报，2010（2）

[130] 赵新彬. 洗钱罪主观问题研究[J]. 河南师范大学学报（哲学社会科学版），2007（4）.

[131] 贾宇，舒洪水. 论洗钱罪的主体[J]. 国家检察官学院学报，2005（6）.

[132] 孙华南，肖乾利. 洗钱罪上游犯罪之再扩容研究[J]. 西部经济管理论坛，2011（4）.

[133] 吕庆明，陈捷. 洗钱罪法律适用问题研究[J]. 金融理论与实践，2009（10）.

[134] 张秋华，丛中笑. 我国涉税犯罪刑事立法的法源与演进[J]. 税务研究，2007（7）.

[135] 张明楷. 逃税罪的处罚阻却事由[J]. 法律适用，2011（8）.

[136] 逄锦温. 逃税罪的立法修正与司法适用[J]. 中国审判，2009（12）.

[137] 赵琦. 由“偷税罪”的修改引发的思考[J]. 法治论坛，2010（1）.

[138] 刘荣. 刑事政策视野下的逃税罪[J]. 中国刑事法杂志，2010（12）.

[139] 盛冲. 绑架罪若干问题研究[D]. 北京：中国政法大学 2007.

[140] 杨春雷. 论绑架罪[D]. 哈尔滨：黑龙江大学，2004.

[141] 孙涛. 刑法修正案（七）对绑架罪的调整与刑罚适用[J]. 中国检察官，2009（5）.

[142] 朱明，姜新国. 也论绑架罪的几个问题[J]. 河南职业技术师范学院学报，2004（1）.

[143] 黄嵩. 论非法拘禁罪与绑架罪认定中的若干难点[J]. 法学评论，2004（4）.

[144] 钟庆. 绑架罪相关犯罪形态研究[D]. 北京：中国政法大学，2009.

[145] 刘树德. 绑架罪罪数认定研究[J]. 中国刑事法杂志，2003

（3）.

[146] 阮方民. 论新刑法中相对负刑事责任年龄规定的适用[J]. 浙江大学学报，1999（2）.

[147] 潘慧庆. 对绑架罪中人质死亡情形的定罪量刑分析[J]. 河南公安高等专科学校学报，2008（4）.

[148] 姚兵. 包容加重犯概念之提倡[J]. 广西政法管理干部学院学报，2008（5）.

[149] 孟庆华. 关于绑架罪的几个问题[J]. 法学论坛，2000（1）.

[150] 王志祥. 绑架罪中"杀害别绑架人"新论[J]. 法商研究，2008（2）.

[151] 张明楷. 绑架罪中"杀害被绑架人"研究[J]. 法学评论，2006（3）.

[152] 陆诗忠. 绑架罪的立法改进及其相关问题[J]. 法学，2008（12）.

[153] 杜国强. 绑架罪若干问题研究[J]. 河北法学，2001（6）.

[154] 张永红，孙涛. 绑架罪法定刑的立法完善[J]. 广州市公安管理干部学院学报，2007（4）.

[155] 赵秉志，彭新林. 我国死刑制度改革的路径与步骤[J]. 法学，2009（2）.

[156] 冯卫国. 死刑裁量若干问题探讨[J]. 杭州商学院学报，2003（5）.

[157] 赵秉志，黄晓亮. 论死刑适用标准的统一化问题——以限制死刑适用为立场[J]. 政治与法律，2008（11）.

[158] 杨志国. 认定绑架罪"情节较轻"的几个理论问题[J]. 中国刑事法杂志，2009（11）.

[159] 高铭暄，张杰. 刑法学视野中被害人问题探讨[J]. 中国刑事法杂志，2006（1）.

[160] 阴建峰. 故意杀人罪死刑司法控制论纲[J]. 政治与法律，2008（11）.

[161] 项谷等. 严重暴力犯罪死刑适用的酌定标准[J]. 法学，2009

（11）.

[162] 张军. 死刑政策的司法适用[M]//中国人民大学刑事法律科学研究. 明德刑法学名家讲演录（第一卷）. 北京：北京大学出版社，2009.

[163] 黄明儒. 论绝对确定的死刑及其替代措施[J]. 湘潭大学学报（哲学社会科学版），2006（3）.

[164] 汪本立，谢彤. 试论绝对确定法定刑的利弊及其适用[J]. 山东法学，1998（5）.

[165] 胡迪. 绑架罪法定刑的现状解读与未来出路[J]. 内蒙古民族大学学报，2010（4）.

[166] 付立庆. 论绑架罪的修正构成的解释与适用[J]. 法学家，2009（3）.

[167] 黄晓亮. 共同犯罪案件适用死刑的实体与程序问题[M]//赵秉志. 死刑个案实证研究. 北京：中国法制出版社，2009.

[168] 赵秉志等. 死刑个案实证研究报告[M]//赵秉志. 死刑个案实证研究，北京：中国法制出版社，2009.

[169] 黄晓亮. 论暴力犯罪死刑的未来走向[J]. 法学杂志，2009（3）.

[170] 刘志伟. 通过死缓减少死刑立即执行的路径探究[J]. 政治与法律，2008（11）.

[171] 张军，姜伟，郎胜. 量刑中的酌定减轻处罚[M]//张军. 刑法纵横谈（总则部分）. 北京：北京大学出版社，2008.

[172] 冯卫国. 论酌定减轻处罚制度及其完善[J]. 政治与法律，2009（2）.

[173] 蒋熙辉. 论特别减轻制度[M]//陈兴良. 刑事法判解（第 3 卷）. 北京：法律出版社，2001.

[174] 储槐植. 现在的罪刑法定[J]. 人民检察，2007（11）.

[175] 徐立，胡剑波. “许霆案”减轻处罚的根据与幅度分析[J]. 法商研究，2009（5）.

[176] 史明武，王辉. 论我国的法官酌定减轻处罚裁量权[J]. 中央

政法管理干部学院学报，2000（2）.

[177] 胡学相. 论量刑中减轻处罚和免除处罚的适用[J]. 人民司法，2004（8）.

[178] 张永红，孙涛. 酌定减轻处罚刍议[J]. 国家检察官学院学报，2007（5）.

[179] 张波. 减轻处罚之“法定刑”含义新探[J]. 法治论丛，2003（6）.

[180] 赵秉志，彭新林. 关于许霆案的法理问题思考[M]//赵秉志. 刑法论丛（第 14 卷）. 北京：法律出版社，2008.

[181] 赵秉志. 刑法修正案（八）（草案）》热点问题研讨[M]//赵秉志. 刑法论丛（第 24 卷）. 北京：法律出版社，2010.

[182] 彭辅顺. 宽严相济的刑事政策在减刑中的运用[J]. 前沿，2008（7）.

[183] 陈永生. 论减刑、假释裁决权之归属[J]. 中国刑事法杂志，2007（4）.

[184] 姚明军，杨柳. 对我国减刑制度的理性思考[J]. 青海社会科学，2004（1）.

[185] 徐静村. 减刑假释制度改革若干问题研究[J]. 法治研究，2010（2）.

后　记

民间融资问题是随着我国社会主义市场经济向纵深发展而逐步凸显出来的。20 世纪 90 年代，一批重大的民间融资案件接连被曝光。进入 21 世纪以来，民间融资领域更是大案要案频发。刑法如何介入民间融资领域，其广度、深度、限度如何合理权衡，成为摆在刑法学界面前非常重要的研究课题。2013 年，我们有幸获得了教育部人文社科项目的资助，开始对这一领域展开较为深入的研究。这本专著，即是我们初步探索这一领域的结果。

民间融资领域所涉刑法问题十分广泛，为了使研究的内容更为直观和深入，我们没有就该领域的所有问题逐一展开研究，而是集中选择了较为重要的论题进行阐述。其中，既有关于民间融资刑法基本理念的探索，也有关于民间融资所涉罪名的阐释，希望能进一步促进民间融资刑法问题的研究走向深入。

从发展轨迹来看，我国的政策和相关法律对民间融资问题的态度，大致经历了一个由紧到松的逐步发展历程，这一点尤其表现在民法领域率先全面认可民间借贷合同的法律效力。刑法在未来修订的过程中如何面对这一发展趋势，值得刑法学界不断研究下去。

我们对民间融资刑法问题的研究还只处于起步阶段，书中难免存在不当之处，尤其是对不少问题的阐述还不够深入。此外，对一些重大论题，因思考得不够成熟，未能在书中展开分析。今后，我们仍将在这一领域不断探索。

王立争

2017 年 5 月 20 日

后记